Hans Ritte

Schwedisch

Ein Sprachkurs für Schule, Beruf
und Weiterbildung

Max Hueber Verlag

Zum Lehrbuch sind außerdem erhältlich:

Arbeitsbuch – Hueber-Nr. 1.5158
2 Cassetten – Hueber-Nr. 3.5158
2 Compact-Discs – Hueber-Nr. 6.5158

Für eine umfassende Darstellung der schwedischen Grammatik empfehlen wir:
Schwedische Grammatik (Neubearbeitung) – Hueber-Nr. 5235

Das Werk und seine Teile sind urheberrechtlich geschützt.
Jede Verwertung in anderen als den gesetzlich zugelassenen
Fällen bedarf deshalb der vorherigen schriftlichen
Einwilligung des Verlags.

Hinweis zu § 52a UrhG: Weder das Werk noch seine Teile dürfen ohne
eine solche Einwilligung überspielt, gespeichert und in ein Netzwerk
eingespielt werden. Dies gilt auch für Intranets von Firmen und von Schulen
und sonstigen Bildungseinrichtungen.

6.	5.	4.		Die letzten Ziffern
2008	07	06	05 04	bezeichnen Zahl und Jahr des Druckes.

Alle Drucke dieser Auflage können, da unverändert,
nebeneinander benutzt werden.
3. Auflage 1997
© 1993 Max Hueber Verlag, 85737 Ismaning, Deutschland
Verlagsredaktion: Stephen Fox; Manfred Zimmer, München
Umschlaggestaltung: Alois Sigl, München
Zeichnungen: Paul Netzer, Berlin
Gesamtherstellung: AZ Druck und Datentechnik GmbH, Kempten
Printed in Germany
ISBN 3–19–005158–5

Vorwort

Das Lehrwerk *Schwedisch* führt in das moderne Schwedisch ein, das auch in Finnlandschweden gesprochen und in den Nachbarländern Dänemark und Norwegen zumindest verstanden wird. Das mit Lektion 30 erreichte Lernziel entspricht im Wesentlichen den Anforderungen, die an den „Grundbaustein Dänisch" des Deutschen Volkshochschul-Verbandes gestellt werden. Das Lehrwerk bietet neben einem Grundwortschatz zahlreiche Begriffe des täglichen Lebens, die es dem Lernenden ermöglichen, seine Ausdrucksweise zu variieren und zu differenzieren. Die zahlreichen Satzmuster helfen bei der Realisierung wirklichkeitsbezogener Sprechanlässe. Der kommunikative Charakter von *Schwedisch* kommt in den zahlreichen Sprechsituationen (Bevorzugung der Dialogform) und in den kooperativen Arbeitsformen des Übungsteils zum Ausdruck. Der Lernende wird motiviert, von seinen persönlichen Lebensumständen zu erzählen, was bei einem Schwedenaufenthalt sehr wichtig sein kann. Zugleich erhält er Einblicke in die Lebensverhältnisse der Menschen des Gastlandes. Erweiterung der sprachlichen und der grammatikalischen Kenntnisse gehen dabei Hand in Hand.

Neben den auf Partner- und Gruppenarbeit abgestimmten Übungen finden sich – vor allem im Arbeitsbuch – zahlreiche Übungen, mit deren Hilfe die neu erlernten Wörter und sprachlichen Strukturen wiederholt und gefestigt werden können.

Die beiden Cassetten bzw. CDs zu *Schwedisch* enthalten zum einen die Texte des Lehrbuchs. Die Aufnahme ermöglicht es dem Benutzer, sich an die Wiedergabe von Texten durch verschiedene Sprecher zu gewöhnen und sich auf die dadurch bedingten Unterschiede im Sprechtempo und in der Intonation einzustellen. Zum anderen finden sich auf den Cassetten bzw. CDs die Hörverständnisübungen des Arbeitsbuches. In beiden Fällen weist das Cassettensymbol darauf hin, dass eine Tonaufnahme angeboten wird.

Folgende Symbole dienen der Orientierung innerhalb des Lehrbuches und des Arbeitsbuches:

🔲 Text auf Cassette bzw. CD
🔲 Partnerarbeit
🔲 Gruppenarbeit

Bei der sprachlichen Beurteilung des Lehrwerks waren uns Barbro Börjesson-Heins, Barbro Heijbel, Gertrud Malmkvist-Harlacher und Björn Sandmark eine wertvolle Hilfe. Ihnen allen möchten wir an dieser Stelle unseren herzlichen Dank aussprechen.

Wir wünschen Ihnen beim Lernen viel Spaß und Erfolg!

Quellenverzeichnis

Seite	15:	Hans Sjögren, Stockholm
Seite	16:	Schwedisches Touristik-Amt, Hamburg; unten: SJ/Industrifotografen AB, Stockholm, © Björn Enström
Seite	17:	Studio C. A. Reklamefoto, Stockholm, © Björn Lundbladh
Seite	23:	Gotlands Touristforening, Visby
Seite	25:	© Tourist Guide in Stockholm
Seite	26:	Vasa Museum, Stockholm
Seite	27:	Schwedisches Touristik-Amt, Hamburg; Mitte: Stockholms Konserthusstiftelse
Seite	34:	Franz Specht, Melusinen-Verlag, München
Seite	45:	AB Storstockholms Lokaltrafik; SJ/Industrifotografen AB, Stockholm, © Per-Erik Svedlund
Seite	47:	Stena Line Service, Kiel
Seite	54:	Åhléns AB, Stockholm
Seite	62:	Carl Larsson: Lisbeth mit der gelben Tulpe, © Langewiesche, Königstein; Selma Lagerlöf: Süddeutscher Verlag, Bilderdienst, München; Schwedisches Touristik-Amt, Hamburg
Seite	64:	Schwedisches Touristik-Amt, Hamburg
Seite	71:	SJ/Industrifotografen AB, Stockholm, © Björn Enström
Seite	72:	Stortorgskällaren, Stockholm
Seite	81:	Ikea Deutschland
Seite	82:	oben: Schwedisches Touristik-Amt, Hamburg; unten: Ikea Deutschland
Seite	84:	Schwedisches Touristik-Amt, Hamburg
Seite	87:	Bild & Fakta, Stockholm, © Per Bergström
Seite	90:	Pressens Bild AB, Stockholm, © Beng Almquist
Seite	95:	Schwedisches Touristik-Amt, Hamburg
Seite	97:	Trafiksäkerhetsverket, Borlänge
Seite	100:	Schwedisches Touristik-Amt, Hamburg
Seite	101:	Schwedisches Touristik-Amt, Hamburg
Seite	114:	Kaiander Sempler, © Sveriges Turistråd, Stockholm
Seite	115:	Schwedisches Touristik-Amt, Hamburg; Skånes Turistråd, Lund; Töpfer: © Anders Engmann, Reiten: © Thorsten Persson
Seite	119:	Bildgeschichte aus: "Hört mit!" Sveriges Radio, Stockholm
Seite	121:	SJ/Industrifotografen AB, Stockholm, © Björn Enström
Seite	124:	links: Siemens; rechts: Volvo Car Corporation, Göteborg
Seite	129:	Svenskt Pressfoto, Stockholm
Seite	144:	oben: © 1992 Barry Appleby/Distr. BULLS; unten: Stockholms Loppet
Seite	150:	Franz Specht, Melusinen-Verlag, München; Mitte: AB Storstockholms Lokaltrafik, Stockholm, © M. Eheblom
Seite	152:	Pressens Bild, Stockholm, © Stig A. Nilsson
Seite	154:	© 1992 KFS/Distr. BULLS
Seite	162:	Pressens Bild AB, Stockholm, © Lars Olsson
Seite	165:	Pressens Bild AB, Stockholm, © Hans T. Dahlskog; © 1992 NAS/Distr. BULLS
Seite	166:	Foto: Schwedisches Touristik-Amt, Hamburg; Text: Vi, Stockholm
Seite	167:	Schwedisches Touristik-Amt, Hamburg
Seite	169:	Schwedisches Touristik-Amt, Hamburg
Seite	171:	Kaiander Sempler, © Sveriges Turistråd, Stockholm

Wir haben uns bemüht, alle Inhaber von Text- und Bildrechten ausfindig zu machen. Sollten Rechteinhaber hier nicht aufgeführt sein, so wären wir für entsprechende Hinweise dankbar.

Inhalt

Lektion	Themenbereiche	Redeabsichten	Grammatik
1 Seite 12	Name; Herkunft; Nationalität; Landeskunde; Urlaubsarten	Begrüßung, sich und andere vorstellen, darauf reagieren; nach Nationalität und Sprachkenntnissen fragen und darauf antworten; nach dem Namen fragen, sagen, wie man heißt; fragen, wo ein Ort liegt, darauf antworten; sich verabschieden	**Personalpronomen; Adjektive und Substantive** zur Bezeichnung der Nationalität; **Interrogativadverb** *varifrån, var*
2 Seite 17	Telefonische Verabredung; Besuch in Konditorei; Gegenstände des täglichen Gebrauchs; Zahlen von 1–12	Telefongespräch einleiten, nach dem Befinden fragen, darauf reagieren; sich bedanken; etwas berichten; Verabredung treffen; etwas bestellen; nach dem Preis fragen, Preis nennen	**Substantiv/ Unbestimmter Artikel, bestimmter** (angehängter) **Artikel**
3 Seite 21	Reisebüro; Unterbringungsarten im Vergleich; Landeskunde (Stockholm); Zahlen ab 13	Reisewünsche äußern; Rückfragen stellen; etwas richtig stellen; etwas bestätigen; Zufriedenheit ausdrücken; etwas berichten; sich entschuldigen und darauf reagieren; um Auskunft bitten, Auskunft geben	**Infinitivformen** schwacher und starker Verben; *Jag skulle vilja, Du kan, Finns det (...) att + Infinitiv*; **Personalpronomen** für **Sachen; Personalendungen** Präsens **(Konjugationen)**
4 Seite 29	Einkauf; Gewichte und Maßeinheiten; Preise im Vergleich; Freizeitprogramm; Alphabet	Verkaufsgespräch führen; Vergleiche anstellen; nach Vor- und Nachnamen fragen, Namen buchstabieren lassen; etwas zeitlich einordnen; über Zukünftiges sprechen	**Starke** („unbestimmte") **Form** des **Adjektivs** im **Singular** (als Attribut bzw. Prädikat); Wortstellung („Inversion"); **Hilfsverben** zur Bildung des **Futurs** und zur Erklärung einer **Absicht**

Lektion	Themenbereiche	Redeabsichten	Grammatik
5 Seite 34	Familie; Verwandtschaft; Uhrzeit; Fahrplan; Zeitangaben; Brief aus dem Urlaub; Urlaubsbeschäftigungen	Verwandtschaftsbeziehungen klären; Sympathie ausdrücken; etwas kommentieren; Zeitplan aufstellen; sich brieflich ausdrücken; zu Besuch einladen; um Antwort bitten	**Objektform des Personalpronomens;** unbestimmte **Pluralform der Substantive (Deklinationen); Possessivpronomen** *min, din, sin*
6 Seite 40	Auf der Bank und auf der Post; Postsendungen im Vergleich; häusliche Verrichtungen	Anliegen formulieren, rückfragen; etwas zeitlich einordnen; jemandem Anweisungen geben; Wichtigkeit betonen	**Pluralform** der attributiv verwendeten **Adjektive;** die **Präpositionen** *i* und *på;* Bildung des **Imperativs**
7 Seite 45	Zugreise; Einkauf auf Fähre; an der Grenze; Zollbestimmungen; Alltagsprobleme; Zeiteinheiten; Längenmaße	Orientierungsfragen stellen und darauf reagieren; um Entschuldigung bitten; Vermutung und Überzeugung äußern; Schlüsse ziehen; sachliche Auskünfte geben; um Gefallen bitten; Bereitschaft erklären, Gruß ausrichten	*Hur mycket / hur många, hur lång tid / hur länge;* **Interrogativpronomen** *vems;* **Possessivpronomen** (a. reflexiv, b. nichtreflexiv)
8 Seite 51	Autofahren in Schweden; im Hotel; Kleiderkauf; die Farben; Ordinalzahlen	Wegbeschreibung geben; widersprechen; Befürchtung äußern; Sprachkenntnisse beurteilen; sich nach freiem Zimmer erkundigen; Vorliebe und Abneigung formulieren; Vorschlag unterbreiten	Richtungsadverbien; **schwache** („bestimmte") **Form** des **Adjektivs** im Singular; **Adjektivartikel**
9 Seite 57	Häusliche Situation; Kinobesuch; Kartenbestellung; menschliche Bedürfnisse	Von sich erzählen; Telefongespräch führen; sich nach Befinden erkundigen und darauf reagieren; etwas telefonisch bestellen; Bedürfnisse äußern; ermahnen; ungehalten sein	Demonstrativadverb *de här / de där;* **bestimmte Pluralform der Substantive; Indefinitpronomen** *någon, något, några;* **Pluralform** der prädikativ (= in der Satzaussage) verwendeten **Adjektive**

6   Inhalt

Lektion	Themenbereiche	Redeabsichten	Grammatik
10 Seite 62	Landeskunde *(landskap)*; Urlaubsaktivitäten; Tagesablauf in schwedischer Familie	Etwas übersichtlich darstellen; jemanden über Tagesablauf instruieren; Vorgänge zeitlich einordnen; Freude zum Ausdruck bringen	**Kasus** (Nominativ, **Genitiv,** Objektform); *där* als Demonstrativ- und als Relativadverb; *var* vor indirektem Fragesatz; **Adverb;** indefinite **Zeitbestimmung** *(vid ... tiden)*
11 Seite 67	Lebensdaten einer schwedischen Frau; Kinderbetreuung; Charakterisierung eines Ferienhauses, Mietbedingungen	Zeitlich und örtlich einordnen und kommentieren; Ferienwohnung beschreiben; Brief einleiten und abschließen	**Imperfekt** der starken und schwachen Verben; Entfernungs-, Gewichtsangaben usw. mit Hilfe des Genitivs
12 Seite 72	Restaurantbesuch; Speisen und Getränke; räumliche und zeitliche Orientierungshilfen	Telefonisch etwas bestellen; auf Reservierung Bezug nehmen; Bestellung von Speisen und Getränken; andere einladen; Zufriedenheit oder Missfallen äußern; sich beschweren	Unterschiedliche **Adverbbildung** zur Bezeichnung a. einer **Lage,** b. einer **Bewegungsrichtung** *(bort – borta* usw.); Zeitangaben *(idag, i morse* etc.)
13 Seite 79	Schwedische Küche, Einrichtungsgegenstände; schwedisches Rezept; Formen der Bewirtung; Gartenparty; Mengenbezeichnungen	Arbeitsgespräch führen; Anweisungen geben; über Vergangenes berichten; Freude über Gelingen zum Ausdruck bringen	**Partizipform** der schwachen Verben **(Perfektpartizip),** ihre Verwendung als Attribut oder Prädikatsteil
14 Seite 85	TV-Programme; Bücher; im Tabakladen *(tobaksaffären)*	Sich anhand von Programmen orientieren; widersprechen; eigenen Standpunkt vertreten; argumentieren; Wünsche nachdrücklich äußern; sich auf verschiedene Weise bedanken	**Deponenzien** Verben mit passiver Form und aktiver Bedeutung); **reziprokes Verb;** veränderte Stellung der **Präposition** im **Nebensatz**

Lektion	Themenbereiche	Redeabsichten	Grammatik
15 Seite 90	Flohmarkt; Verlust einer Tasche; Anruf bei Taxizentrale	Für etwas werben; Begeisterung und Skepsis zum Ausdruck bringen; Verlust anzeigen; Eigenschaften beschreiben; Bedauern ausdrücken, Hilfe versprechen	**Perfektbildung** der starken und schwachen **Verben** (*ha* + **Supinum**); die verschiedenen Bedeutungen von *stiga*
16 Seite 94	Vergleich Kleinstadt/Großstadt; schwedische Verkehrszeichen und -regeln; im Autosalon	Persönliche Erfahrungen brieflich formulieren; Vergleiche anstellen; Stellung beziehen; Vor- und Nachteile eines Kaufangebots erörtern; Abneigung und Vorliebe äußern; etwas bezweifeln; widersprechen	**Komparation** der **Adjektive** (Positiv, Komparativ, Superlativ); **Modalverben** (Übersichtstabelle)
17 Seite 100	Gotland; Mieten eines Zimmers, Wegbeschreibung, Orientierungshilfen; verschiedene Wohnmöglichkeiten	Sich erkundigen und Auskunft erteilen; Verabredung treffen; etwas vorschlagen, Zustimmung äußern; von Erlebtem erzählen	Mit *-för* zusammengesetzte **Ortsadverbien**; **Passiv** (a. s-Passiv, b. aus *bli* + Perfektpartizip zusammengesetztes Passiv); Vergangenheitsform von Zeitangaben
18 Seite 104	Schriftliche Einladung, Zu- und Absage; Höflichkeitsphrasen; verschiedene Gratulationskarten; auf dem Flughafen; Freizeitgestaltung	Jemanden zu etwas einladen; Freude bekunden; absagen, Absage begründen; gratulieren zu verschiedenen Anlässen; Befürchtungen äußern; sich einer saloppen Ausdrucksweise bedienen	**Wortbildung: Wörter** auf *-is;* **Reflexivpronomen**
19 Seite 110	Auf dem Polizeirevier; Schwedische Feste und Sitten; Lucialied *(Luciasången)*	Verlust melden; nach Hergang fragen; Hergang schildern; Angaben zur eigenen Person machen; Erlebnisbericht geben; Gefühle beschreiben; Neugier äußern	Zusammensetzungen mit *som helst;* **indirekte Fragesätze**; Wechsel von *vem/vem som* und *vad/vad som*

Inhalt

Lektion	Themenbereiche	Redeabsichten	Grammatik
20 Seite 115	Besuch im Reisebüro; verschiedene Urlaubsangebote, moderne Formen der Freizeitgestaltung; Banküberfall	Vorschläge machen und darauf reagieren; Vor- und Nachteile erörtern; Bedenken und Zustimmung äußern; sachliche Darstellung eines Handlungsverlaufs (Polizeibericht)	**Indefinitpronomen** *sådan/sådant, sådana* und *annan/annat, andra*; **Relativpronomen**; **Adverb + Präposition** zur Bezeichnung von zielgerichteten Bewegungen
21 Seite 120	Am Fahrkartenschalter; Rabatt *(Sverigekort)*; Umzug; Räume des Hauses; Rechte und Pflichten des Mieters	Erkundigungen einholen; Freunde über veränderte Wohnsituation informieren; Rücksichtnahme zum Ausdruck bringen; Glück wünschen; eine Rechtslage verständlich darstellen	**Präsenspartizip** (a. als Adjektiv, b. als Substantiv); **Indefinitpronomen** *varje, varannan/vartannat, var/vart*
22 Seite 124	Arbeit und Arbeitsbedingungen; Arbeitsmaterialien; verschiedene Berufe; in der Autowerkstatt, Teile des Autos; Anruf beim Pannendienst	Nach Berufsmerkmalen erkundigen; nähere Angaben zu Pannensituation machen; nach Standort fragen, Standort bestimmen; Einschränkungen machen	**Indefinitpronomen** *mycket* und *lite(t)*; **Kongruenz (Inkongruenz)** von Subjekt und Prädikat; **Lagebezeichnungen** durch Präposition
23 Seite 129	Das Wetter; Telefongespräch mit hilfsbereitem Nachbarn; Umweltschutzmaßnahmen (Würfelspiel)	Wetterbericht; etwas zu bedenken geben; eine Lösung vorschlagen; zustimmen; Bedauern und Zufriedenheit äußern, Gesellschaftsspiel kommentieren	**Plusquamperfekt**; temporale **Präpositionen**
24 Seite 135	Beim Arzt, Diagnose und Behandlung; Körperteile; schwedische Krankenversicherung	Von körperlichen Beschwerden reden; sich nach Lebensumständen erkundigen; Diagnose stellen; über Behandlungsmöglichkeiten sprechen; sich bildhaft ausdrücken	**Frage**, eingeleitet durch *vad ... för slags*; **Präpositionen** *i* und *om* zur Bezeichnung des Verhältnisses von Menge und Zeit

Inhalt 9

Lektion	Themenbereiche	Redeabsichten	Grammatik
25 Seite 141	Brieflicher Rückblick auf Auslandsreise; Merkmale eines Stadtviertels; persönliche Freizeitbeschäftigungen; Kontaktanzeigen	An etwas erinnern; Erstaunen äußern; sich nach etwas erkundigen; von sich erzählen; Selbstdarstellung (Alter, Aussehen, Vorlieben, Partnerwunsch)	**Verb** mit **modaler Funktion + Infinitiv** des **Hauptverbs;** Verwendung des **Perfekts** (Fortdauer einer Handlung in der Gegenwart)
26 Seite 146	Stellenanzeigen; Vorstellungsgespräch; Berufe; Arbeitsbedingungen	Stelle anbieten; telefonische Verbindung herstellen; nach Anliegen fragen; Wünsche äußern; die eigene berufliche Situation anderen vorstellen; eine Sendung moderieren	**Konjunktiv** (Möglichkeit, Irrealis, Wunsch, höfliche Bitte); **„Wanderung" der Adverbien** im Nebensatz
27 Seite 152	Tageszeitungen; Textsorten innerhalb einer Zeitung; Frühlingsanzeichen in der Natur	Verschiedene Möglichkeiten erörtern; jemandem gängige Bezeichnungen erklären; eine Vorliebe begründen	Als **Adjektiv** verwendetes **Perfektpartizip** der starken Verben; **zusammengesetzte Substantive** (Komposita)
28 Seite 157	Reklamation und Umtausch im Kaufhaus; Kleider und Mode	Sich über etwas beschweren; Verständnisfragen stellen; ungehalten sein; etwas richtig stellen; Forderung mit Nachdruck vertreten; Erörterung von Modefragen; Komplimente machen; Verwendung umgangssprachlicher Ausdrücke	**Stellung** der **Präposition** bei Voranstellung des Präpositionalobjekts
29 Seite 162	Hochzeit; schwedische Kirche; Schulsystem; politische Parteien; Ausländerwahlrecht	Verwunderung und Gefallen zum Ausdruck bringen; Widerspruch äußern; Verständnisfragen stellen; die persönliche Einstellung deutlich machen; Zustimmung äußern	**Fehlen** des **Adjektivartikels** vor bestimmten Adjektiven, die gedanklich einen Gegenbegriff enthalten

Lektion	Themenbereiche	Redeabsichten	Grammatik
30 Seite 166	Wikingerzeit und Heute; Schweden im Überblick (Wirtschaft, Natur etc.	Zeitlich getrennte Situationen vergleichen; einen Sachverhalt übersichtlich darstellen und kommentieren, Schlussfolgerungen ziehen	Doppelte **Konjunktionen** im Satzinneren *(både – och, varken – eller, antingen – eller)*; satzverbindende Konjunktionen (Gesamtübersicht)

Aussprache	172

Grammatik- und Sachregister	175

Wortschatz	176

Hinweise für die Benutzung   176

Lektionswortschatz   177

Wortschatz der Hintergrundtexte   219

Gesamtwortschatz (Alphabetische Wortschatzliste)   220

Verzeichnis der starken und unregelmäßigen Verben   247

Lektion 1

1

Göran:	Är du från Stockholm, Ulf?
Ulf:	Nej, jag är från Göteborg!
	. . .
Lars:	Är ni från Stockholm?
Ulla och Ulf:	Nej, vi är från Göteborg.
	. . .
Inger till Göran:	Är Ulf från Stockholm?
Göran:	Nej, han är från Göteborg.
Inger:	Är Ulla också från Göteborg?
Göran:	Ja, hon är också från Göteborg.
	. . .
Anna till Göran:	Kommer Ulla och Ulf från Sverige?
Göran:	Ja, de kommer från Sverige.

2

Singular	Plural
1. jag	vi
2. du	ni
3. han hon det	de (dom)

3

Varifrån är du? – Jag är från Malmö.
Är du också från Malmö? – Nej, jag är från Lund.

Varifrån är dina kurskamrater? Fråga!
Woher sind Ihre Kursnachbarn? Fragen Sie!

12   Lektion 1

4

Variera samtalet:
Variieren Sie das Gespräch:
danska – norska – finska – franska –
italienska – spanska

5

■ Hej. Jag heter Jens.
 Vad heter du?
△ Jag heter Torleif.
■ Är du svensk?
△ Nej, jag är norrman. Och du då?
■ Jag är dansk.
△ Jaha. (till Birgitta:) Är du också dansk?
□ Nej, jag är svensk.
△ Svensk?
□ Ja, jag är från Skåne!

6

Erik är **svensk**. Karin är **svensk(a)**. De talar **svenska**.
Aage är **dansk**. Birthe är **dansk(a)**. De talar **danska**.
Peter är **tysk**. Sabine är **tysk(a)**. De talar **tyska**.
Oliver är engelsman. Jill är **engelsk(a)**. De talar **engelska**.
Jean är fransman. Jeanette är fransyska. De talar **franska**.
Paavo är finländare. Sirkka är finländsk(a). De talar **finska**.
Alberto är italienare. Emanuela är **italiensk(a)**. De talar **italienska**.
Carlos är spanjor. Carmen är spanjorska. De talar **spanska**.

Lektion 1

7

Presentera dig själv. Presentera din kurskamrat / din man / din fru / din lärare / din vän för de andra.
Stellen Sie sich selbst vor. Stellen Sie Ihren Nachbarn / Ihren Mann / Ihre Frau / Ihren Lehrer / Ihren Freund den anderen vor.

8

Visa på Sverigekartan.
Zeigen Sie auf der Schwedenkarte.

Var ligger Stockholm /
        Uppsala /
        Malmö /
        Göteborg /
        Vänern /
        Vättern?

Lektion 1

9

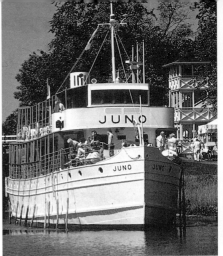

Jag intresserar mig för   ○ bussemester
                                    ○ båtsemester
                                    ○ bilsemester
                                    ○ cykelsemester
                                    ○ tågsemester
                                    ○ vandringssemester.

Lektion 1

Lektion 2

1

Clas ringer till Anders.

Anders: 12 11 05.
Clas: Hej! Det är Clas.
Anders: Hej, Clas! Hur har du det?
Clas: Tack, bara bra! Och du då?
Anders: Fint! Ringer du från Skara?
Clas: Nej, jag är i Stockholm just nu.
Anders: Var i Stockholm?
Clas: Jag är på hotell *Svea*.
 Kan vi träffas på stån?
Anders: Klockan fem är jag på *Åhléns*. Vi kan träffas på kafeterian där och dricka en kopp kaffe!
Clas: Okay, klockan fem alltså. Hej så länge!
Anders: Hejdå!

2

Frågor på texten
Fragen zum Text
1. Är Anders telefonnummer "11 12 05"?
2. Är Clas i Skara?
3. Varifrån ringer han?
4. Träffas de på hotellet?
5. När är Anders på *Åhléns*?
6. Vad kan de göra där?

3

1	**2**	**3**	**4**	**5**
ett (en)	två	tre	fyra	fem
6	**7**	**8**	**9**	**10**
sex	sju	åtta	nio	tio
11	**12**	**/ 0**		
elva	tolv	noll		
20	**21**	**22**		**···27···**
tjugo	tjugoett	tjugotvå		... tjugosju ...

4

Räkna.
Rechnen Sie.

4 + 7 =   5 + 5 =   3 + 4 =
7 − 4 =   8 − 1 =   12 − 3 =
9 : 3 =   8 : 2 =   12 : 4 =

+ plus
− minus
: delat med

6 + 6 = 12
Sex plus sex är tolv.
(eller: Sex plus sex
är lika med tolv.)

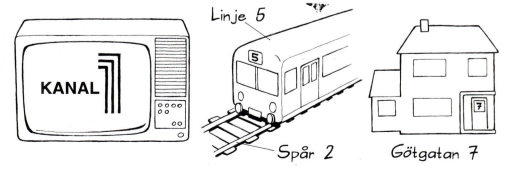

18   Lektion 2

5

Herr och fru Bengtsson är på ett konditori.
Herr B.: Jag tar en bulle, tack.
Expediten: En bulle, ja tack.
Fru B.: En smörgås med ost.
Exp.: En smörgås med ost. Kaffe?
Fru B.: Ja, tack.
Herr B.: Jag vill ha te.
Exp.: Kaffe och te står där borta. Det är självservering!
Herr B.: Tar du brickan? Jag betalar!

6

En bulle kostar sju kronor.

Vad kostar en smörgås med ost / skinka / leverpastej?
Vad kostar en kopp kaffe? en kopp te?

Smörgås med ost............12:-
Smörgås med skinka..........22:-
Smörgås med leverpastej....20:-
Bulle........................7:-
Kaffe.......................11:-
Te...........................9:-

Lektion 2

7

Det här är **en** servitris.
Servitris**en** heter Maria.

Det här är **en** klocka.
Klocka**n** är fem.

Det här är **ett** hotell.
Hotel**let** ligger i Göteborg.

Det här är **ett** frimärke.
Frimärke**t** kostar 1 krona.

9

en gaffel	– gaffel**n**
en semester	– semester**n**
ett fönster	– fönstr**et**
ett nummer	– numr**et**

Bilda bestämd form.
Bilden Sie die bestimmte Form.

1. Var är (spegel)?
2. Var är (cykel)?
3. Har du (telefonnummer)?
4. Jag behöver (penna)!
5. (Klocka) är två.
6. (Frimärke) ligger på bordet.
7. Jag intresserar mig för (båtsemester).
8. (Fönster) är öppet.

Artikel	
obestämd	bestämd
en (Utrum)	**-en** (Utrum)
ett (Neutrum)	**-et** (Neutrum)

8

På bordet finns en gaffel, en penna, en cigarettändare, ett glas och en sax. Vad behöver du när du vill ...
Auf dem Tisch sind ...
Was brauchst du, wenn du ... willst?

a. skriva ett brev b. dricka saft c. tända en cigarett d. äta e. öppna ett mjölkpaket?

Jag behöver ...

Lektion 2

Lektion 3

1

- ■ – Femtitvå!
- ○ – Vilket nummer har du?
- △ – Femtiåtta!
  ...

- ■ – Femtiåtta!
- ○ – Det är din tur!
- △ – Jaså!

en nummerlapp

Lektion 3   21

2

- Hej!
- △ Hej! Jag skulle vilja semestra på Gotland.
- Jaha. Vill du bo på hotell?
- △ Nej, inte på hotell.
- Du kan hyra lägenhet också.
- △ Jaha.
- Eller hyra en stuga.
- △ Vad kostar det?
- Den här stugan till exempel är på fyra rum och kök och kostar tretusen kronor i veckan!
- △ Finns det vandrarhem också?
- Javisst! Ska det vara i Visby?
- △ Ja.
- Du städar och bäddar själv. Och så kan du laga mat. Det finns ett kök där. Vandrarhemmet ligger här. (Hon visar på kartan.)
- △ Jag skulle vilja cykla på Gotland. Finns det cykel att hyra?
- Ja, det gör det.
- △ Fint! – Tack så mycket!
- Ingen orsak!

3

Hur skulle du vilja bo? Välj bland alternativen! Prepositionen finns inom parentes.
Wie möchten Sie gerne wohnen? Wählen Sie unter den Alternativen. Die Präposition steht in Klammer.

a. lägenhet (i) b. stuga (i) c. tält (i) d. husvagn (i) e. vandrarhem (på) f. hotell (på)

22   Lektion 3

4

Kryssa för vad du vill ha (t.ex. öppen spis). Vilken stuga har det? Jämför resultatet.

Kreuzen Sie an, was Sie haben wollen (z. B. offenen Kamin). Welches Ferienhäuschen hat es? Vergleichen Sie das Resultat.

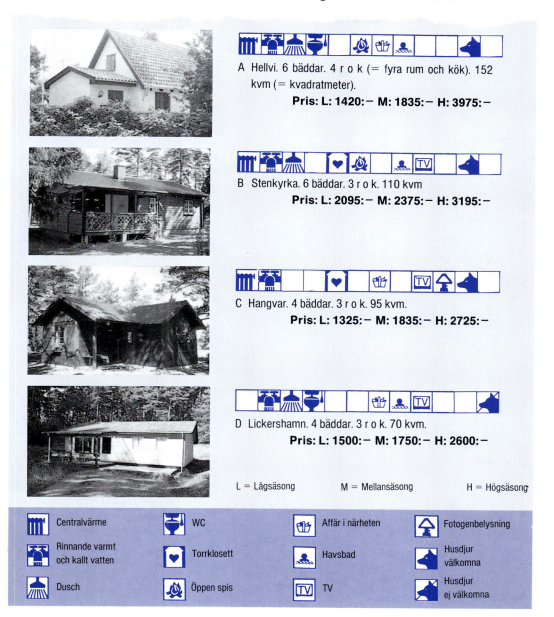

5

Infinitiv:
semestra   bo
cykla   ha
hyra
vara

Jag skulle vilja
Du kan   } + infinitiv
Finns det cykel att

6

13	14	15	16
tretton	fjorton	femton	sexton

17	18	19
sjutton	arton	nitton

20	30	40	50
tjugo	tretti(o)	fyrti(o)	femti(o)

60	70	80	90
sexti(o)	sjutti(o)	åtti(o)	nitti(o)

100	101	102...
(ett)hundra	hundraett	hundratvå...

200	1000
tvåhundra...	(ett)tusen

1 000 000
en miljon

7

Vilket telefonnummer har

a. Hotel Anglais?
b. Hotel Oden?
c. Clas på Hörnet?
d. Scandic Hotel (2)?
e. Alfa Stockholm Hotel?
f. Hotel Mälardrottningen?

Hotels
☐ = med Restaurang

ALFA STOCKHOLM HOTEL Marknadsvägen 6, Årsta	81 06 00
ANGLAIS Humlegårdsgatan 23	24 99 00
CLAS PÅ HÖRNET Surbrunnsgatan 20	16 51 30
MÄLARDROTTNINGEN Södra Riddarholmskajen 4	24 36 00
HOTEL ODEN Karlbergsvägen 24	34 93 40
SCANDIC HOTEL Solna E4/E18 Järva Krog	85 03 60
SCANDIC HOTEL Ekgårdsv. 2 (E4) Kungens Kurva	7 10 04 60

8

A: 211 40 87
B: Hej, det är Sven!
A: Det här är 211 40 87!
B: Är det inte 211 40 78?
A: Nej, det är 87 på slutet!
B: Jaså, det är fel nummer...
   Förlåt!
A: För all del!

24   Lektion 3

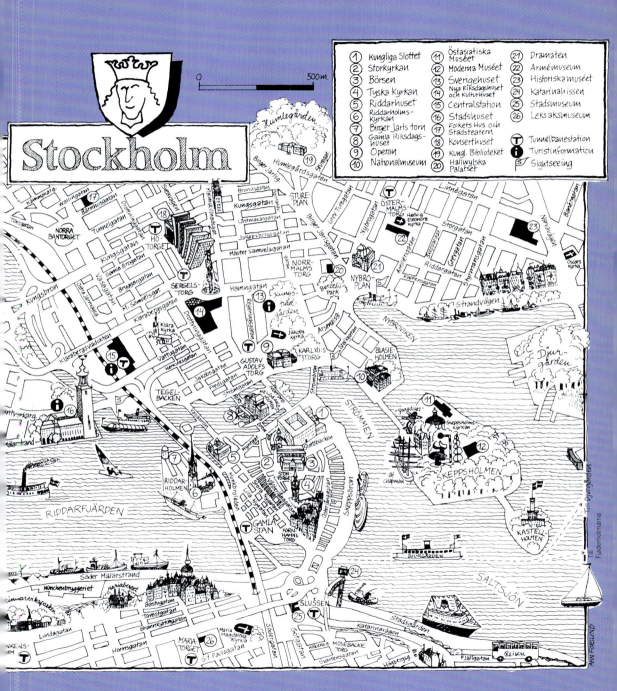

9

- Ursäkta, var ligger slottet?
- Det ligger i Gamla Stan.
- Gamla Stan?
- Ser du kyrkan där? Den ligger i Gamla Stan.
- Finns regalskeppet Wasa också där?
- Nej, det ligger på Djurgården.
- Tack så mycket!
- För all del!

singular	plural
den – det	de

Regalskeppet Wasa

Lektion 3

10

"den" eller "det"? Svara på frågorna. (Den / Det ligger ...)
Antworten Sie auf die Fragen.

1. Var ligger Konserthuset? (vid Hötorget)
2. Var ligger restaurangen Gyllene Freden? (i Gamla Stan)
3. Var ligger resebyrån? (runt hörnet)
4. Var ligger Kungliga Biblioteket? (i Humlegården)
5. Var ligger Moderna Museet? (på Skeppsholmen)
6. Var ligger Dramaten? (vid Nybroplan)

Kungliga Slottet

Konserthuset

Dramaten

Gamla Stan

Lektion 3   27

11

Sven semestrar på Gotland.	(att) semestra	– jag semestr**ar**
Karin ringer till Kerstin.	(att) ringa	– jag ring**er**
Tomas bor i Stockholm.	(att) bo	– jag bo**r**
Jag flyger till Mallorca.	(att) flyga	– jag flyg**er**
Clas går till *Åhléns*.	(att) gå	– jag gå**r**

presens

12

Vilket verb fattas?
Welches Verb fehlt?

1. Karin från hotellet.

5. Kerstin  ett äpple.

2. Mamma  ett brev.

6. Saxen  på bordet.

3. Per  fönstret.

4. Min man  maten.

7.

28   Lektion 3

Lektion 4

1 🔊

Fru Berg, expediten

△ Kan jag få en bit ost, två, tre hekto så där.
■ Vilken sort?
△ Vad heter den där osten?
■ Det är herrgårdsost. Ska vi ta den?
△ Ja, tack.
■ Någonting annat?
△ Finns det prinskorv?
■ Jadå.
△ Vad kostar den?
■ Den kostar åtta kronor hektot. Hur mycket ska vi ta?
△ Två hekto, tack.
■ Två hekto, ja tack?
△ Ett halvt kilo köttfärs, tack.

■ Var det bra så?
△ Ja, tack.

2

```
    1 gram
  100 gram    = 1 hekto
    5 hekto   = ett halvt kilo
 1000 gram    = 1 kilo

    1 deciliter
   10 deciliter = 1 liter

    1 krona    = 100 öre
```

3 👥

Variera samtalet. Ostsorter att välja på:
Variieren Sie das Gespräch. Käsesorten zur Auswahl: Grevéost/prästost.
Korv att välja på: falukorv/medvurst.
Kött att välja på: oxfilé/fläskfilé.

Lektion 4   29

4

Anders, Inger

A: SOLGLANS – vad kostar flaskan?
I: 16 kronor.
A: Det är dyrt! SNYGG kostar bara 14 kronor!
I: Ja, men det är en liten flaska.
A: Jämförpriset då?
I: SOLGLANS 15 kronor – SNYGG 16 kronor.
A: SNYGG kostar alltså 16 kronor per liter, SOLGLANS bara 15. Så vi spar en krona!
I: Där ser man! Vi tar SOLGLANS!

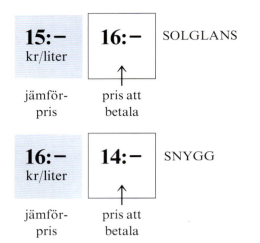

15:– kr/liter	16:–	SOLGLANS
jämförpris	pris att betala	

16:– kr/liter	14:–	SNYGG
jämförpris	pris att betala	

5

Vi jämför olika varor.

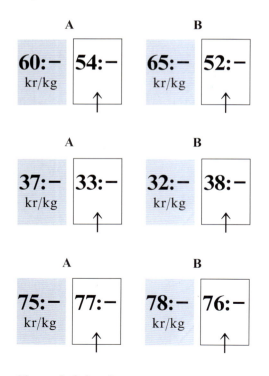

A: 60:– kr/kg   B: 54:– (↑)
A: 65:– kr/kg   B: 52:– (↑)

A: 37:– kr/kg   B: 33:– (↑)
A: 32:– kr/kg   B: 38:– (↑)

A: 75:– kr/kg   B: 77:– (↑)
A: 78:– kr/kg   B: 76:– (↑)

6

en **liten** flaska	ett **litet** paket
en **stor** flaska	ett **stort** paket
en **billig** ost	ett **billigt** hotell

flaskan är **liten**	paketet är **litet**
flaskan är **stor**	paketet är **stort**
osten är **billig**	hotellet är **billigt**

7

Hur mycket spar du när du köper 1 kilo Grevéost i den här affären?

a. 500 g Luxus kaffe?   d. 250 g jordgubbar?
b. 1 kilo fläskkotlett?   e. 275 g majonnäs?
c. 1 kilo falukorv?   f. 600 g ärter?

LUXUS Kaffe 17.50
(24.50) vac 500 g
Priset gäller t o m lördag 30/9.

Lektion 4

Falukorv
(57.55) kg
39.50

Ärter
(12.40) 600 g
9.80

Grevéost
Runmärkt (67.70) kg
57.00
Priset gäller t o m lördag 23/9.

Majonnäs
Äkta eller Lätt
(17.65) 275 g
15.80

Fläsk-kotlett
i bit (67.80) kg
49.00

BOB Jordgubbar
djupfrysta hela
(10.90) 250 g
9.00

8

A B C D E
F G H I J
K L M N O
P Q R S T
U V W X Y
Z Å Ä Ö

9

▲ Vad heter du i efternamn?
☐ Schulze.
▲ Hur stavar man namnet?
☐ S-c-h-u-l-z-e
▲ Vad heter du i förnamn?
☐ Peter.

Lektion 4

10

Hur stavar man ditt namn? Hur stavar man namnet på din hemort?
("Ü" finns inte i svenskan.)

11

| Hon | flyger | på tisdag. | Sie | fliegt | am Dienstag. |
| På tisdag | flyger | hon. | Am Dienstag | fliegt | sie. |

| Han | kommer | klockan fem. | Er | kommt | um fünf Uhr. |
| Klockan fem | kommer | han. | Um fünf Uhr | kommt | er. |

12

Vad gör Agneta Bengtsson den här veckan?

På måndag spelar hon tennis.

På tisdag deltar hon i en studiecirkel i engelska.

På onsdag går hon på en konstutställning.

På torsdag ser hon ett TV-program om invandrare.

På fredag går hon på dans på Stadshotellet.

På lördag kommer Arne och Kerstin på besök.

På söndag tar hon det lugnt och stannar hemma.

32   Lektion 4

13

Vad gör Björn den här veckan? Bilda meningar som börjar med veckodagen.
Bilden Sie Sätze, die mit dem Wochentag beginnen. (Gå på bio / titta på TV / gå på diskotek / hälsa på goda vänner / gå på museum / spela kort / äta ute / tvätta och städa / gå på teatern / gå till varuhuset / gå till resebyrån.)

14

15

Avsikt	Futurum
Katarina **tänker** spela Squash.	Resan **kommer att** kosta 5000 kronor.
Katarina **ska** spela Squash.	**Ska** resan kosta så mycket?
tänka / skola + infinitiv	komma att / skola + infinitiv

16

Titta på almanackan på sidan 32. Vad ska Agneta Bengtsson göra på tisdag / onsdag / måndag? Vad tänker hon göra på torsdag / fredag? När kommer hon att vara hemma? När kommer hon att få besök?

Lektion 4

Lektion 5

1

Ingrid och Tomas tittar på foton.

○: Vem är det här?
△: Det är min far.
○: Hur gammal är han?
△: Han är femti år.
○: Han ser trevlig ut. Är det här din mor?
△: Nej, det är min faster. Hon bor i Danmark.
○: Har du inget foto på din mor?
△: Jo, det här är min mor.
○: Du liknar henne faktiskt!

△: Det här är min bror.
○: Jag tror jag känner honom. Han är judotränare, inte sant?
△: Världen är liten!

2

	mor	far	dotter	son	syster	bror
min mors ... är min →	mormor	morfar			moster	morbror
min fars ... är min →	farmor	farfar			faster	farbror
min dotters ... är min →			dotterdotter	dotterson		
min sons ... är min →			sondotter	sonson		
min systers ... är min →			systerdotter	systerson		
min brors ... är min →			brorsdotter	brorson		

föräldrar (= min mamma och min pappa); farföräldrar/morföräldrar
syskon (= min bror eller min syster)
kusin (= min fasters/mosters dotter eller son)

3

Ta själv med några foton och visa dem för dina kurskamrater.

De frågar dig "Vem är det här?", " Är det här din syster?", "Hur gammal är din syster / bror etc.?"

4

jag	**mig**	vi	**oss**
du	**dig**	ni	**er**
han/hon	**honom/henne**	de (dom)	**dem (dom)**

Lektion 5

7

16.10
Klockan är tio minuter över fyra (tio över fyra).

15.50
Klockan är tio minuter i fyra (tio i fyra).

08.00
Klockan är åtta (på morgonen).

20.00
Klockan är åtta (på kvällen).

10.00
Klockan är tio (på förmiddagen).

15.00
Klockan är tre (på eftermiddagen).

8

Tomas till Eva:
"Tåget går kvart i två på eftermiddagen. Vi är framme klockan fyra på eftermiddagen. Båten går fem över sex och är framme tjugo i tio på kvällen. Expresståget till Paris går två minuter över tio och är i Paris klockan sju på morgonen."

Fyll i tidtabellen (använd siffror).

	Avgång	Ankomst
Tåg		
Båt		
Expresståg		

9

I Stockholm är klockan kvart i ett.
Vad är klockan i Düsseldorf (etc.)?

Vad är klockan nu? (Tyskland)
Räkna ut vad klockan är i Stockholm / Tokyo / Hongkong / London / New York.

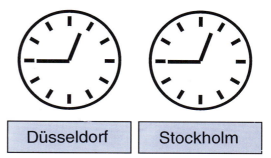
Düsseldorf   Stockholm

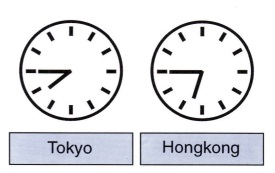
Tokyo   Hongkong

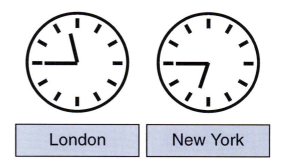
London   New York

Lektion 5

10

Elisabet Ekman
Sjövägen 11

721 21 Ystad

postnumret

Kära Elisabet!

Hur har ni det i sommarvärmen? Ungarna badar hela dagarna. Det finns tre sjöar i närheten! Min man brukar fiska där under helgen. Tyvärr är han inte ledig nu. Kanske kan han ta ut sin semester i slutet av juni. Sommarstugan ligger mitt i skogen. Det finns massor av lingon och blåbär. Kan ni inte komma ut och hälsa på över helgen? Vi kan gå ut i skogen tillsammans och plocka bär.

Hör av dig!
Många hälsningar
Britta

38 Lektion 5

11

> Pär ringer till **sin** syster.
> Astrid ringer till **sin** bror.
> De ringer till **sin** mor.

12

Vad skulle du (dina kurskamrater) vilja göra? Alternativ att välja på: plocka svamp, cykla, titta på kyrkor, springa i skogen, fjällvandra, tälta, åka skidor ...

13

I.	en flicka	två flick**or**	en klocka	två klock**or**
II.	en pojke	två pojk**ar**	en bil	två bil**ar**
III.	en son	två sön**er**	en bok	två böck**er**
IV.	ett vittne	två vittne**n**	ett äpple	två äpple**n**
V.	ett barn (en lärare	två barn två lärare)	ett hus	två hus

14

Här är det många fel. Hittar ni dem?

1. Pär har två bröder, Inger och Kerstin.
2. Anders och Olle är Margaretas döttrar.
3. Vättern och Vänern är Sveriges stora städer.
4. I skogen kan vi plocka äpplen.
5. Sven, kan du köpa två kilo vin?
6. I Glemmingebro finns det två kyrkor att hyra.
7. På hotellet bor två danskar från Stockholm.
8. Jag skulle vilja ha en ostsmörgås med leverpastej.

Lektion 5

Lektion 6

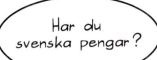

1

Variera samtalet. Välj mellan följande valutor.
Wählen Sie zwischen folgenden Geldsorten.

Lektion 6

2

Jag skulle vilja växla 500 kronor.
Kan jag få växla 500 kronor?
Var snäll och växla de här pengarna!

3 ▶️

Kunden, banktjänstemannen

- Hej!
▷ Hej! Jag skulle vilja lösa in den här checken!
  Hur mycket är det i svenska pengar?
- Fjortonhundra kronor.
▷ (skriver:) Fjortonhundra.
  Varsågod!
- Tack.
▷ Jag skulle vilja växla hundra D-mark också!
  Hur mycket är det i svenska pengar?

Kunden, kassörskan

■ Ska vi ta en tusenlapp, en femhundralapp, två hundralappar och tre tiokronor?
▷ Nej, kan jag få två femhundralappar, fem hundralappar, fyra femtilappar, två tiokronor och tio enkronor istället?
■ Två femhundralappar, fem hundralappar, fyra femtilappar, två tiokronor och tio enkronor ... varsågod!
▷ Tack så mycket!

4 👥

Växla 100 svenska kronor på olika sätt.

I kassan

Lektion 6

5

en stor flaska ett stort paket	stor**a**	flaskor paket
en svensk bil ett svenskt hus	svensk**a**	bilar hus
en liten bil ett litet hus	sm**å**	bilar hus
en enkel stuga en mogen banan en vacker kyrka en gammal bil		en**kl**a stugor mog**n**a bananer vac**kr**a kyrkor ga**ml**a bilar

7

 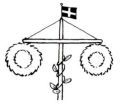

På vintern (från december till februari) kan man åka skridskor. På sommaren (i augusti) äter man kräftor. Diskutera med de andra:
Diskutieren Sie mit den anderen:

När kan man (1) plocka svamp, (2) bada, (3) plocka körsbär, (4) segla, (5) åka skidor, (6) dansa kring majstången, (7) dansa kring julgranen, (8) fjällvandra?

6

Månader: **Årstider:**

januari
februari   vinter
mars
april   vår
maj
juni
juli   sommar
augusti
september
oktober   höst
november
december
⋮

i juli
på sommaren

8

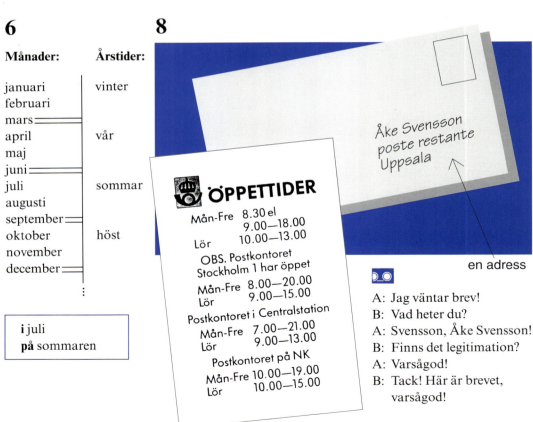

A: Jag väntar brev!
B: Vad heter du?
A: Svensson, Åke Svensson!
B: Finns det legitimation?
A: Varsågod!
B: Tack! Här är brevet, varsågod!

42   Lektion 6

9

Ett rekommenderat brev:
  Du får ett kvitto på posten.
Ett expressbrev:
  Det går fort.
Ett poste restante-brev:
  Du hämtar brevet på posten.

En trycksak:
  Texten är tryckt eller kopierad.
Ett vykort:
  På ena sidan finns ett fotografi eller en bild.

10

Vad kan det vara för brev eller kort?

A
P.S. Har du ingen permanent adress i Uppsala? Det är säkert jobbigt att hämta mina brev på posten!

C
Jag skickar här manuset till en liten novell. Kan ni trycka den i tidningen "obs"?

B
Vi möter svenska författare som Jan Fridegård, P.C. Jersild, Karen Boye och Anna Wahlgren men också stora namn i världslitteraturen som Cora Sandel, Erskine Caldwell, Rómulo Gallegos, Maxim Gorkij, etc.
Noveller att tala och skriva om 1
Beställnings nr: 542-1232-4
F-pris: 89:00
Format: 167 x 240
Omfång: 224 sidor

D
Så här ser det ut på ön. Vi bor på hotellet till höger.

E
Det är mycket viktigt att du får brevet före avresan till Paris, så jag skickar det

11

Fru Malmqvist reser till Mallorca på semester. Dottern "Maggan" (Margareta) stannar hemma och tar hand om alla krukväxter, kanariefågeln och katten.

Fru Malmqvist:
Glöm inte att låsa när du går!
Stäng fönstret i vardagsrummet och släck ljuset!
Och så en mycket viktig sak till: Vattna mina blommor och mata Misse och kanariefågeln!
Vad var det mer? Jo, sätt inte på radion mitt i natten.
Och snälla du, rök inte så mycket!
För att inte glömma huvudsaken: Lova att skriva en rad till mamma då och då!

Maggan! M a g g a n! Var är du?? Maggan ...

12

att mata Imperativ: mata!	jag mat**ar**
att glömma Imperativ: glöm!	jag glömm**er**
att gå Imperativ: gå!	jag g**år**

13

Vad vill Fru Malmqvist att Maggan ska göra? (Hon vill t.ex. inte att Maggan sätter på radion mitt i natten.)

14

Du vill att din kurskamrat beställer en taxi. Vad säger du till honom?
Du vill att han köper ett paket knäckebröd åt dig. Vad säger du?
Du vill att din lärare talar långsamt. Vad säger du?
Du vill att din kurskamrat stänger fönstret. Vad säger du?
Flickan i hotellreceptionen vill att du textar. Vad säger hon?
Sven vill inte att Agneta röker så mycket. Vad säger han?
Du vill att Erik lånar dig 100 kronor. Vad säger du?

Lektion 7

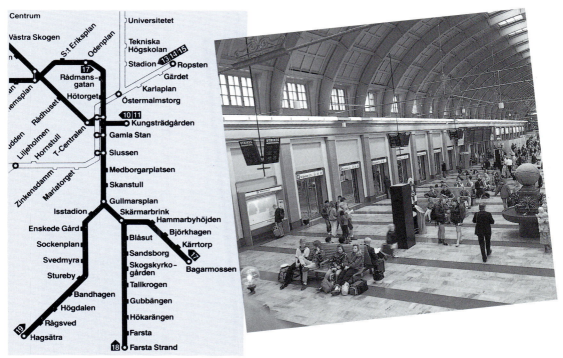

1 🔊

Herr och fru Ek

△ Hinner vi dricka en kopp kaffe?
● Det tror jag nog. Klockan är halv åtta. Tåget går tretton minuter över åtta, så vi har nästan tre kvart på oss.
△ När är vi framme i Köpenhamn?
● Klockan 14.40. – Expresståget till Hamburg går bara fem minuter senare från samma perrong.
△ Finns det restaurangvagn på tåget?
● Nej, det gör det inte. Men vi kan äta på båten. De har ett jättestort smörgåsbord!
△ Jag skulle kunna handla på båten. Presenten till Barbara till exempel. Hon ska få en liten flaska parfym. Jag vet att hon är förtjust i parfym.
● Jag tänker handla tobak.
△ Hur lång tid tar resan från Danmark till Tyskland?
● Cirka en timme, så vi har gott om tid.
△ Kolla att du har passet och platsbiljetten!
● Här är en trevlig liten kafeteria.
△ Vi går väl in då!

2

Frågor på texten
1. Hinner de dricka en kopp kaffe?
2. Från vilken perrong går expresståget till Hamburg?
3. När går expresståget?
4. Vad kan de göra på båten mellan Rødby och Puttgarden?
5. Vad ska Barbara få i present?
6. Vad tänker herr Ek handla?

Reser du med buss, bil, flyg eller tåg när du har semester?

Lektion 7

3

ett år	=	12 månader
en månad	=	4 veckor
en vecka	=	7 dagar (dar)
ett dygn	=	24 timmar
(en dag och en natt)		

en mil	=	10 kilometer
en kilometer	=	1000 meter
en meter	=	100 centimeter

4

Hur långt är det mellan
  Stockholm och Uppsala?
  Helsingborg och Kiruna?
  Stockholm och Göteborg?

Hur lång tid tar det att åka från
  Stockholm till Uppsala?
  Helsingborg till Kiruna?
  Stockholm till Göteborg?

	Borlänge	Falun	Gävle	Göteborg	Halmstad	Helsingborg	Jönköping	Kalmar	Karlskrona	Karlstad	Kiruna	Kristianstad	Linköping	Luleå	Malmö	Norrköping	Nyköping	Skellefteå	Stockholm	Sundsvall	Umeå	Uppsala
Borlänge		0.20	1.40	6.20	7.30	8.30	5.20	7.10	8.30	3.20	15.10	8.40	4.50	11.40	9.00	4.10	4.10	9.50	3.20	3.50	8.00	2.40
Falun	18		1.20	6.40	7.50	8.50	5.40	7.30	8.50	3.40	15.00	9.00	5.10	11.20	9.20	4.30	4.30	9.30	3.40	4.10	7.40	2.50
Gävle	108	90		7.40	8.30	9.20	6.10	7.30	8.40	5.00	13.50	9.30	4.50	10.00	9.50	4.20	3.30	8.10	2.20	3.00	6.30	1.20
Göteborg	442	460	514		2.10	3.00	1.50	4.40	4.40	3.40	21.20	3.50	3.20	17.30	3.30	3.40	4.30	15.50	5.50	10.30	14.00	6.20
Halmstad	525	542	590	145		1.10	2.20	3.20	3.20	5.40	22.10	1.50	3.50	18.20	1.40	4.20	5.00	16.40	6.20	11.20	14.50	7.10
Helsingborg	607	624	672	227	82		3.10	3.50	3.10	6.30	23.00	1.40	4.40	19.20	0.50	5.10	5.50	17.30	7.10	12.10	15.40	8.00
Jönköping	366	383	431	149	162	241		3.10	3.20	3.20	20.00	3.30	1.40	16.10	3.50	2.00	2.50	14.20	4.00	9.00	12.40	5.00
Kalmar	494	509	536	346	248	262	209		1.20	6.20	21.10	2.40	3.10	17.30	4.00	3.10	4.00	15.40	5.20	10.20	13.50	6.10
Karlskrona	558	575	619	341	207	200	226	84		6.30	22.20	1.30	4.30	18.30	2.50	4.20	5.10	16.50	6.30	11.30	15.00	7.20
Karlstad	214	232	322	245	385	467	234	431	460		18.40	6.40	3.40	14.50	7.00	3.30	3.50	13.00	4.00	7.40	11.20	4.10
Kiruna	1154	1136	1078	1577	1653	1735	1494	1603	1686	1353		23.20	18.20	4.00	23.30	17.50	17.20	5.40	16.00	11.00	7.30	5.10
Kristianstad	593	600	648	270	125	109	217	188	114	451	1711		4.50	19.30	1.30	5.10	6.00	17.40	7.20	12.20	15.50	8.10
Linköping	279	296	333	278	291	369	129	225	296	212	1400	330		14.40	5.10	0.40	1.20	13.00	2.40	7.40	11.10	3.30
Luleå	828	810	752	1251	1327	1409	1168	1277	1360	1041	333	1385	1074		19.30	14.10	13.30	1.50	12.10	7.10	3.40	11.20
Malmö	638	653	701	281	136	60	271	284	211	504	1764	101	398	1438		5.40	6.20	18.00	7.40	12.40	16.10	8.30
Norrköping	251	266	293	319	332	410	170	243	326	223	1360	371	42	1034	439		0.50	12.30	2.10	7.10	10.50	3.00
Nyköping	247	254	254	378	391	469	229	305	388	251	1332	430	101	1006	498	62		11.40	1.20	6.20	9.50	2.10
Skellefteå	695	677	619	1118	1194	1276	1035	1144	1227	908	460	1252	941	133	1305	901	873		10.20	5.20	1.50	9.30
Stockholm	222	229	173	478	497	575	335	411	494	313	1251	536	207	925	604	168	106	792		5.10	8.40	1.00
Sundsvall	297	279	221	720	796	878	637	746	829	510	858	854	543	532	907	503	475	399	394		3.40	4.10
Umeå	566	548	490	989	1065	1147	906	1015	1098	779	589	1123	812	262	1176	772	744	129	663	270		7.50
Uppsala	161	168	102	455	531	612	372	447	530	289	1180	573	244	854	641	204	165	721	72	323	592	

Lektion 7   47

5

Herr Kaufmann, tulltjänstemannen

- Har ni någonting att förtulla?
- Nej, jag har ingenting ...
- Sprit, cigaretter?
- Hur mycket sprit kan man ta med sig?
- En liter.
- Och hur många cigaretter?
- Trehundra.
- Jag har bara en liten flaska rom och lite tobak.
- Tack så mycket. God natt!
- God natt!

"Resanderansonen" är:

1 liter spritdryck eller 3 liter starkvin

5 liter vin (annat än starkvin)

15 liter starköl

300 cigarretter eller 150 cigariller
eller 75 cigarrer eller 400 g röktobak

6

| Hur mycket sprit? | Hur många cigarretter? |
| Hur lång tid tar det? | Hur länge stannar du i Sverige? |

7

1. Hur mycket vin kan man ta med sig (avgiftsfritt föra in)?
2. Hur mycket starköl?
3. Hur många cigarretter?
4. Vad brukar du ta med dig när du reser till Sverige/ när du kommer hem från semestern?

Lektion 7

8

Tåget går om en kvart. Vad hinner man göra? Vad tycker de andra?

a. äta på restaurang
b. köpa en tidning
c. äta en hamburgare
d. dricka en kopp kaffe
e. ringa hem
f. handla på varuhus
g. växla pengar
h. skriva ett vykort
i. gå på bio
k. dansa på Stadshotellet
l. ...

9

▲ Mårtensson.
● Här är Inger Lundén. Träffas Anna Mårtensson?
▲ Det här är hennes syster Märta. Anna är på stan och handlar.
● Hennes man då?
▲ Han är fortfarande på jobbet. Vill du ha hans telefonnummer?
● Det är lika bra att jag talar med dig. Vår flicka är på samma daghem som deras pojke. Jag brukar hämta barnen varje tisdag, men just idag har jag en tid hos tandläkaren och hinner nog inte dit i tid.
▲ Det ordnar sig. Jag kan hämta barnen. När brukar du hämta dem?
● Vid tolvtiden. Daghemmet är på Lillskogsvägen 32. Vår flicka heter Pyret, Pyret Lundén.
▲ De känner mig på daghemmet, så det är inget problem.
● Tack så hemskt mycket!
▲ Ingen orsak! Hejdå!
● Hejdå! Hälsa Anna när hon kommer hem!
▲ Tack, det ska jag göra.

Lektion 7

10

Frågor på texten

1. Är Anna hemma? 2. Vem pratar Inger med? 3. Var är Annas man? 4. Var är Annas och Leifs pojke? 5. Vill Inger ha Leifs telefonnummer? 6. Vem ska hämta barnen istället för Inger? 7. När brukar Märta hämta barnen?

11

1. **Min** bok ligger här (**mitt** brevpapper, **mina** böcker etc.).
2. **Din** bok ligger där (**ditt** brevpapper, **dina** böcker etc.).
3. **Hans** bok ligger här (**hans** brevpapper, **hans** böcker etc.).
   Hennes bok ligger där (**hennes** brevpapper, **hennes** böcker etc.).
   Dess (= barnets) bok ligger här (**dess** brevpapper, **dess** böcker etc.).

1. **Vår** bok ligger här (**vårt** brevpapper, **våra** böcker etc.).
2. **Er** bok ligger där (**ert** brevpapper, **era** böcker etc.).
3. **Deras** bok ligger där (**deras** brevpapper, **deras** böcker).

12

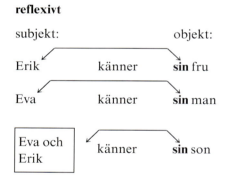

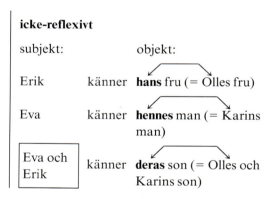

13

Selma Lagerlöf är en svensk författarinna. Känner du till någon (några) av hennes böcker? Astrid Lindgren är också en svensk författarinna. Vilka av hennes böcker känner du till? Ingmar Bergman är en svensk regissör. Känner du till några av hans filmer? Fråga andra kursdeltagare.

14

Vems bok är det här? Det här är min (din etc.) bok.
Vems böcker är det här? Det här är mina (dina etc.) böcker.

Lektion 8

1

Hon: Rakt fram till nästa gatukorsning! Nu till vänster!
Han: Det går inte! Gatan är enkelriktad!
Hon: Ta nästa tvärgata istället!
Han: Och nu då?
Hon: Det här är Odengatan, det är fel! Kör inte så fort så jag kan kolla på kartan!
Han: Jag kör in på nästa bensinstation och frågar där.
...
Han: Ursäkta, vi ska till hotell Nils Holgersson.
Mackföreståndaren: Då ska ni köra till höger. Fortsätt till nästa trafikljus, ta Hantverkargatan till vänster, korsa Blomgatan. Efter ca en kilometer kommer ni till ett stort DOMUS-varuhus. Där svänger ni till höger – gatan är enkelriktad. Kör rakt fram tills ni kommer till en stor park. Ta Parkvägen till höger. Hotellet ligger i hörnet av Parkvägen och Linnégatan.
Han: Tack så hjärtligt!
...

till höger   till vänster   rakt fram

Hon: Först till höger, fram till nästa trafikljus.
Han: Det här är Hantverkargatan. Här ska vi till vänster.
Hon: Nej, till höger!
Han: Först till vänster, sedan till höger!
Hon: Jag är rädd att vi aldrig kommer till hotellet. Vet du vad? Vi parkerar bilen och tar en taxi!

2

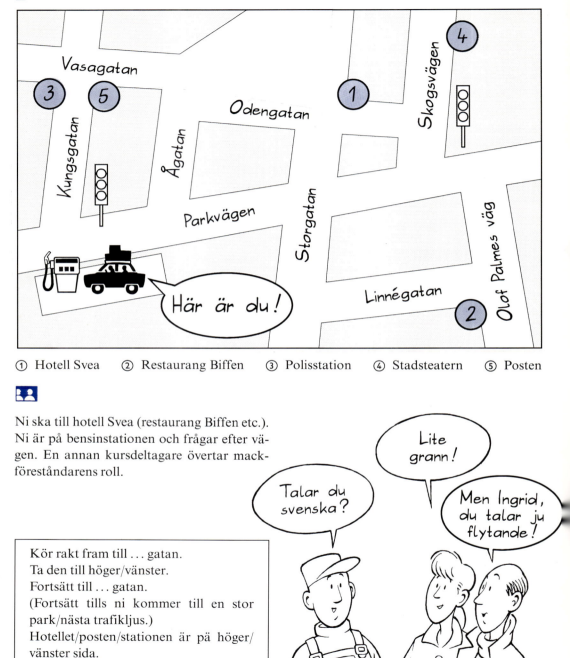

① Hotell Svea   ② Restaurang Biffen   ③ Polisstation   ④ Stadsteatern   ⑤ Posten

Ni ska till hotell Svea (restaurang Biffen etc.). Ni är på bensinstationen och frågar efter vägen. En annan kursdeltagare övertar mackföreståndarens roll.

Kör rakt fram till … gatan.
Ta den till höger/vänster.
Fortsätt till … gatan.
(Fortsätt tills ni kommer till en stor park/nästa trafikljus.)
Hotellet/posten/stationen är på höger/vänster sida.

3 🔊

Herr och fru Maier, portiern

△ Hej, finns det något dubbelrum ledigt?
■ Hej. Var det inte beställt?
△ Nej.
■ Hur länge tänker ni stanna?
△ Till på torsdag!
■ Ett ögonblick ... I natt går det bra. I morgon natt är vi redan fullbokade.
△ Det gör ingenting. Vi tar rummet. Vad kostar det?
■ Åttahundra kronor per natt. − Var vänlig och fyll i den här blanketten! − Tack. Det blir rum 305 på tredje våningen. Här är nyckeln. Ni kan ta hissen där borta!
△ Tack så mycket!

BOSTADSANMÄLAN ENLIGT UTLÄNNINGSFÖRORDNINGEN (Avser utomnordisk gäst som fyllt 16 år)		
Efternamn − Surname		
Alla förnamn − All first names		
Födelsedatum − Date of birth	Medborgare i − Citizen of	
År / Year	Månad / Month	Dag / Day
			Födelseland − Native country
			Hemland och hemort där − Country and place of domicile
Inrest i Norden den / Entered the Nordic area 1) on	Ankom den / Arrived on	från (senaste nattuppehåll) / from (last overnight stay)
Inrest i Sverige den / Entered Sweden on		

4

Fyll i blanketten.

(Herr Maier heter Klaus i förnamn. Han är född i Hamburg den 10 september 1956. Han kommer direkt från Tyskland. Senaste nattuppehåll: Hamburg.)

Lektion 8

5

Olle och Malin pratar om kläder.

■ Jag skulle behöva en ny skön kappa!
△ Du vet att jag älskar den gröna kappan.
■ Bli nu inte ledsen, Olle, men den är helt omodern! Jag avskyr färgen!
△ Då så. I morgon är jag ledig. Vi skulle kunna köpa en ny då. Själv skulle jag vilja köpa ett par byxor som matchar min nya kavaj!
■ Menar du den rutiga kavajen?
△ Ja, just det.
■ Vi skulle kunna passa på och pröva den nya restaurangen som matpatrullen i Dagens Nyheter rekommenderar!

en randig kavaj   en rutig kavaj   en mönstrad kavaj

54   Lektion 8

6

Variera replikerna i samtalet.

Att välja på:

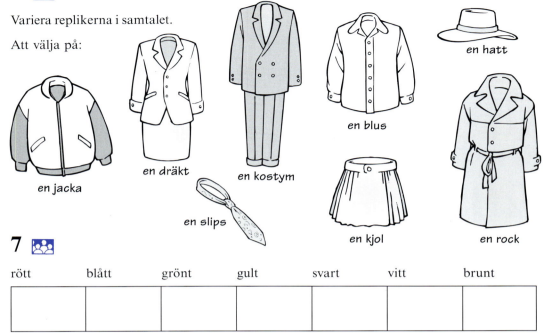

en jacka, en dräkt, en kostym, en slips, en blus, en kjol, en hatt, en rock

7

rött	blått	grönt	gult	svart	vitt	brunt

Fyll i rutorna med färgpennor! Fråga dina kurskamrater om deras älsklingsfärger. Vilken är din älsklingsfärg?
Diskutera vilka färger som är inne (på modet) just nu.

8

| en ny bil   – den **nya** bilen / min **nya** bil | en liten bil   – den **lilla** bilen / min **lilla** bil |
| ett nytt kök – det **nya** köket / mitt **nya** kök | ett litet barn – det **lilla** barnet / mitt **lilla** barn |

9

en röd blus + en ... kjol
en vit blus + en ... kjol
en ljusblå blus + en ... kjol
en mörkblå blus + en ... kjol
en svart blus + en ... kjol
en grön blus + en ... kjol
en gul blus + en ... kjol.

Vad kan man kombinera? Vad tycker du / dina kurskamrater?
Den ... blusen och den ... kjolen (etc.)
Du kan också ta en slips istället för blusen och en kavaj istället för kjolen.

Lektion 8   55

10

1	2	3	4	5	6	7
första	andra	tredje	fjärde	femte	sjätte	sjunde

8	9	10	11	12	13	14
åttonde	nionde	tionde	elfte	tolfte	trettonde	fjortonde...

20	21	22	30	40		100
tjugonde	tjugoförsta	tjugoandra...	trettionde	fyrtionde...		hundrade

LOYAL
RESOR MED OMTANKE

1/6 Cypern	1095
2/6 Kreta	1095
2/6 Algarve	1095
4/6 Mallorca	1095
4/6 Wien	–
4/6 Athen	1095
4/6 Bulgarien	1095
4/6 Skiathos	1495
5/6 Malta	1095
5/6 Rhodos	1095
6/6 Rom	1895
7/6 Madeira	1395
8/6 Cypern	1395
9/6 Lissabon	1395
9/6 Algarve	1395
12/6 London	2695

11

Till Cypern kan du flyga den första i sjätte. När kan du flyga till Mallorca / till Kreta / till Lissabon / till Rhodos / till Madeira / till London?

12

Julafton infaller den 24 december. När infaller juldagen / annandag jul / Valborgsmässoafton / påskdagen (I år infaller den ...) / annandag påsk / Luciadagen / nyårsdagen?

56 Lektion 8

Lektion 9

1

Malmö 10 juli

Hej!

Tack för vykortet! Frimärkena på kortet är jag mycket tacksam för! Bor ni kanske i ett av hotellen man ser på fotot? Är ni redan lika solbrända som människorna på stranden? Här hemma är allt som vanligt. Katterna och kanariefåglarna mår bra. Krukväxterna vattnar jag varje dag. Grannarna är också bortresta, så det är rätt lugnt nu. Jag brukar sitta på balkongen och plugga, åtminstone på förmiddagarna när solen ligger på.

Många hälsningar
Maggan

2

| De här/där burkar**na** | De här/där äppl**ena** |
| De här/där cigaretter**na** | De här/där päron**en** |

Jag tar ett kilo av de här äpplena!

De där päronen, är också mycket billiga!

3

Vad kostar morötterna?
De kostar 9:99 (nio och nittinio).

Bilda liknande dialoger!

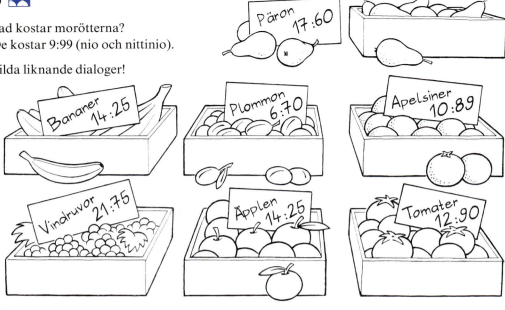

4

I.	människor	– människorna	– de gamla människorna (Jfr.: gamla människor)
II.	grannar	– grannarna	– de trevliga grannarna
III.	expediter	– expediterna	– de snälla expediterna
IV.	foton	– fotona	– de gamla fotona
V.	barn	– barnen	– de svenska barnen
	italienare	– italienarna	– de temperamentsfulla italienarna

5

Ingrid: Johansson.
Patrik: Träffas Mona? Det här är Patrik Sjökvist.
Ingrid: Ett ögonblick. Jag ska se om hon är hemma! Mona! Telefon till dig!
Mona: Vem är det?
Ingrid: Patrik Sjökvist eller Sjögren!
Mona: Jaså, Patrik. Hallå?
Patrik: Hej på dig! Hur har du det?
Mona: Bara fint. Och du då?

Lektion 9

Patrik: Tack, skapligt. Vi har mycket att göra på kontoret just nu. Tänkte föreslå att vi går på bio!

Mona: Gärna för mig! På RÖDA KVARN går det en gammal film med en svensk filmstjärna i huvudrollen.

Patrik: Vad heter den?

Mona: Det kommer jag inte ihåg. Den handlar om en ung svenska som är kär i en handikappad.

Patrik: Jaha. Finns det inte nån *rolig* film någonstans? Där man kan koppla av.

Mona: Jo, på CINEMA går det en film som heter "Kalle Anka i Söderhavet".

Patrik: Nej, nu driver du med mig! Vi går på din film. Men lova att vara där i tid!

Mona: Föreställningen börjar klockan sju. Ska vi säga kvart i sju?

Patrik: Kvart i sju är bra. Hej så länge!

Mona: Hejdå!

Första föreställningen:	kl 3.
Sista föreställningen:	kl 9.
Nästa föreställning:	kl 7.

6

1. Går det **någon** svensk film i Stockholm?
2. Har ni **något** enkelrum ledigt?
3. Bor det **några** svenskar på hotellet?

1. Nej, det går **ingen (inte någon)** svensk film just nu.
2. Nej, vi har **inget (inte något)** enkelrum ledigt.
3. Nej, det bor **inga (inte några)** svenskar här.

Lektion 9   59

7

Diskutera med dina kurskamrater vilken film ni skulle vilja se.
Var går filmen?
När börjar nästa föreställning?
Vilket telefonnummer har biografen?

8

"Filmen handlar om en svensk läkare som gifter sig med en amerikansk TV-stjärna"

Variera filmens innehåll. Välj bland en filmstjärna, en författare/författarinna, en regissör, en lärare, en expedit, en judotränare, en svensk/svenska, en tysk/tyska, en kursdeltagare, en flygvärdinna, en fattig flicka, en banktjänsteman, en handikappad, en miljonär.
Verb att välja på:

rädda
vara far till
tillbringa sin semester med
lära känna
gifta sig med
mörda
vara kär i
vara dotter till
adoptera

9

Röst: Röda Kvarn, biljettkontoret.
Patrik: Finns det biljetter kvar till sjuföreställningen?
Röst: Ja, det gör det. Vi har två kvar på sextonde bänk.
Patrik: Kan du lägga undan dem?
Röst: Hur var namnet?
Patrik: Patrik Sjökvist.
Röst: Var vänlig och hämta biljetterna senast kvart i sju.
Patrik: Kvart i sju. Tack!
Röst: Tack.

Lektion 9

10 🎧

Mamma: Maria, ska du inte gå och lägga dig?
Maria: Jag är inte trött än. Jag vill inte lägga mig!
Mamma: Alla små barn sover så här dags! Ska jag läsa en saga för dig?

Maria: Nejdå, jag vill leka med mina leksaker.
Mamma: Klockan är mycket, du kan leka i morgon i stället!
Maria: Jag är törstig, mamma.
Mamma: Du kan få ett glas saft, men sedan går du och lägger dig!

Maria: Kan jag få en bulle också?
Mamma: Inte kan du vara hungrig nu igen! Dessutom är det inte bra för tänderna! Gå nu och lägg dig! Och glöm inte att borsta tänderna och att gå på toaletten!
...
Mamma: Nu är mamma arg! Sitter du och glor på TV?!
Maria: Jag tänkte bara titta lite grann ...
Mamma: Marsch i säng!
Maria: (börjar gråta) Alltid ska du tjata, mamma!

11 👥

1. Vad äter du när du är riktigt hungrig?
2. Låter du ibland bli att äta? (Du kanske vill banta.)
3. Vad dricker du när du är mycket törstig?
4. Är du ofta sömnig på morgnarna?
5. Vad gör du för att hålla dig vaken när du arbetar på kvällen?
6. Kan du sova när du dricker kaffe på kvällen?
7. När brukar du lägga dig? När vaknar du?
8. Sover du ut på söndagarna eller när du är ledig?
   Eller stiger du upp som vanligt?
9. Blir du glad (pigg) när solen skiner?

Fråga dina kurskamrater!

12

Päronen är billig**a**.	Människorna är solbränd**a**.
Äpplena är dyr**a**.	Grannarna är trevlig**a**.

Bilda meningar.

1. Barnen (törstig)
2. Hotellen (ny)
3. Kjolarna (dyr)
4. Kapporna (billig)
5. Grannarna (trevlig)
6. Rummen (enkel)
7. Äpplena (mogen)
8. Husen (gammal)

Lektion 10

1 🎧

Det här är Värmland. I Värmland utspelar sig Selma Lagerlöfs debutroman "Gösta Berlings saga". Författarinnans barndomshem Mårbacka finns också där.

Här har vi Dalarna. I mitten av landskapet ligger Siljan, en stor sjö med många turistattraktioner. Känner ni till Carl Larssons målningar? Hans hem i Sundborn är ett museum numera.

Det här är Uppland med den gamla universitetsstaden Uppsala. I biblioteket där kan man se Silverbibeln från 500-talet. Det lönar sig också med ett besök på Linnés Hammarby!

Känner ni till Kurt Tucholskys roman "Schloß Gripsholm"? Gripsholms slott ligger i Södermanland, här alltså. Kurt Tucholskys grav finns på en kyrkogård i närheten av slottet.

Gotland är en ö där man kan cykla, bada och fiska. Här finns också den gamla Hansastaden Visby.

Det här är Skåne. Landskapet har fina badstränder. Ystad är en vacker gammal stad med många kyrkor, korsvirkeshus och smala gränder. Lund är landskapets universitetsstad.

2

Frågor på texten

1. Var utspelar sig Selma Lagerlöfs roman Gösta Berlings saga?
2. Vad heter sjön som ligger i mitten av landskapet Dalarna?
3. Vad kan man se på universitetsbiblioteket i Uppsala?
4. Var ligger Gripsholms slott där Kurt Tucholskys roman "Schloß Gripsholm" utspelar sig?
5. Var finns Tucholskys grav?
6. Vad heter ön där den gamla Hansastaden Visby ligger?
7. Vad är Ystad känt för?
8. I vilket landskap ligger Ystad?

3

Selma Lagerlöfs roman "Gösta Berlings saga" Mårbacka är författarinnans barndomshem. Siljan är landskapets turistattraktion. "Författarnas litteraturhistoria" "Barnens ö" är en bok av P C Jersild.	**genitiv**

4

Ersätt egennamnen som är kursiverade med orden som står inom parentes.

1. I morgon ska vi åka till Visby och titta på *Visbys* gamla ringmur. (stad)
2. Många svenskar åker till Dalarna på sin semester. Carl Larsson-museet, kyrkbåtarna på Siljan och Vasaloppet är *Dalarnas* turistattraktioner. (landskap)
3. Vi tänker köpa en resehandbok om Visby och Ystad. Vi vill veta mer om *Visbys och Ystads* historia. (städer)
4. Vi ska också resa till Värmland och Dalarna. Vad vet du om *Värmlands och Dalarnas* turistattraktioner? (landskap)

5

A. Gissa vad det här är:

a. Centralstationen i Stockholm
b. Stadshuset
c. Kungliga Biblioteket

B. Och det här?

a. Moderna Museet
b. Kulturhuset
c. En tunnelbanestation i Stockholm

6

Här är Åre. Där kan man åka skidor.
Här är Åre där man kan åka skidor.
Vet du var man kan åka skidor?

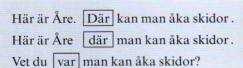

Lektion 10

7

ridning   restaurang   skidlift

segling   telefon   post

midnattssolen   bensinstation   fiske

8

■ Jag skulle vilja åka skidor.
△ Då är det bäst att åka till Åre.
På Åreskutan finns det mycket snö så här års.
...

○ Jag skulle vilja gå på Wasamuseet.
▲ Det kan vi göra efter lunchen.
Museet är stängt så här dags!
...

□ Var skulle vi kunna fiska?
△ Bara ni har fiskekort kan ni göra det i varje insjö där det finns fisk!
□ När kan man köpa det?
△ Det kan man köpa dagligen mellan klockan 10 och 17.

9

så här års
så här dags / dagligen

nyligen – äntligen – slutligen – möjligen

adjektiv + t + vis: vanlig → vanligtvis, naturlig → naturligtvis, möjlig → möjligtvis

adjektiv + t: sen → sent, plötslig → plötsligt, snabb → snabbt, god → gott
(Obs! bra → bra)

10

Vilket adverb passar?

1. 🌸 börjar det regna.

2. 🌸 snöar det ofta.

3. Äpplet smakar mycket 🌸.

4. Kör inte så 🌸.

5. 🌸 är jag alltid mycket hungrig.

6. SAS flyger 🌸 till München.

7. Varför kommer du så 🌸?

fort – dagligen – sent – plötsligt – sött – så här dags – så här års.

Lektion 10

11

Fru Ekblad ska vara på sjukhus ett par dagar. Hennes syster är här och tar hand om hushållet.

Fru Ekblad:
Jag är så glad att jag har dig här! Nu ska jag tala om hur vi brukar göra: Ungarna går upp vid 7-tiden. De kan själva göra i ordning frukosten tillsammans med Göran. Så det slipper du! Vid 5-tiden är alla hemma igen. Vi brukar äta middag vid 6-tiden. Sedan går Inga på en gitarrkurs medan Göran sitter på sitt rum och förbereder sina lektioner. Krister brukar göra läxorna. Så om du vill kan du gå ut på kvällarna. Jag brukar städa på fredag förmiddag när alla är i skolan eller på jobbet. I vardagsrummet dammsuger jag varannan dag. Ungarna skulle kunna hjälpa dig med att handla maten, att duka och att plocka in i diskmaskinen. Tvätten tar Göran hand om.

13

| klockan 15.57, 15.59, 16.04, 16.08 etc. |
| = vid fyratiden |

| klockan 7.30, 7.28, 7.33, 7.29 etc. |
| = vid halv åttatiden |

14

När brukar du gå upp på morgnarna? Går du upp före de andra? När brukar du äta lunch? Om du har en hund: När brukar du gå ut med hunden? Fråga de andra hundägarna när de går ut med hunden. När brukar du få posten? Fråga de andra när de får sin post. När går du vanligtvis och lägger dig? Om du har barn i skolåldern: När kommer de hem från skolan? Eller har du barn på dagis? När brukar du hämta dem?

12

Om du också har ett hushåll att sköta: Vem gör vad? (Andra hushållssysslor: Att plocka in i skåp, att frosta av kylen och frysen, att kasta soporna, att putsa fönster, att klippa gräsmattan, att vattna blommorna.)

Lektion 10

Lektion 11

1 🔊

Annas mamma berättar:

1977 (nittonhundrasjuttiosju) gifte jag mig med Göran. Fram till 1979 bodde vi i Falun. Sedan flyttade vi till en lägenhet i Solna. Göran fick jobb som TV-journalist på Sveriges Radio. Själv jobbade jag som sjukvårdsbiträde.
1980 fick jag dig. I början hade vi en dagmamma som tog hand om dig. Sedan var du på daghem. Du trivdes väldigt bra där.
1982 byggde vi villan här. Göran hade många fina uppdrag, både hemma och utomlands.

1985 var Göran i Amerika. Jag hälsade på honom och vi tillbringade en underbar semester i Florida. Du var hemma hos mormor.
1986 råkade jag ut för en bilolycka. Jag låg på sjukhus i flera månader. Göran tog barnledigt.
1988 slutade jag som sjukvårdsbiträde och började jobba som fotograf. Så småningom började jag samarbeta med Göran och fick många reportageuppdrag.
För två år sedan fick jag första pris i en fototävling.

Förra året gjorde vi en jorden runt-resa tillsammans, men den minns du naturligtvis.

2

Vad visar korten? (Jämför med text 1!)

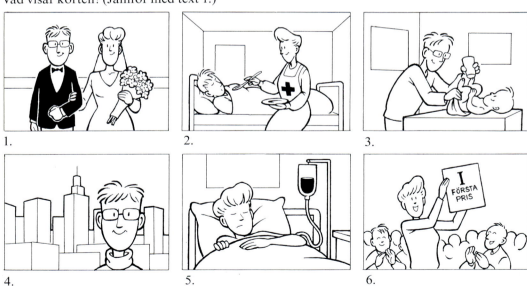

1.   2.   3.
4.   5.   6.

3

Svaga verb

Vi handlar i stan. Förr handl**ade** vi i byn.
I år reser vi till Grekland. Förra året res**te** vi till Finland.
Jag ringer inte hem idag. I går ring**de** jag hem två gånger!
Sven bor i Fagersta. Fram till 1989 bo**dde** han i Falun.
Jag går och lägger mig. I går **lade** jag mig mycket sent.

Starka verb

Claes skriver en ny bok. Förra året **skrev** han en bok om u-länderna.

Andra starka verb

bli – **blev**, få – **fick**, gå – **gick**, komma – **kom**, ligga – **låg**, sitta – **satt**, stå – **stod**, äta – **åt**, dricka – **drack**, sova – **sov**, se – **såg**, flyga – **flög**, ta – **tog**

4

Berätta själv. Börja med årtalet. Orden som följer kan hjälpa dig:

lära känna / flytta till ... / tillbringa semestern i (på) ... / sluta skolan / flyga till ... / gifta sig / segla / börja läsa svenska / köpa första bilen / bli konfirmerad / bli pensionerad / utbilda sig till ...

5

En dag i Kristers liv
Kombinera texten med bilderna.

- Han vaknade.
- Han steg (gick) upp.
- Han rakade sig.
- Han duschade.
- Han klädde på sig.
- Han åt frukost.
- Han åkte till jobbet.
- Han jobbade till klockan fem.
- Han kom hem från jobbet.
- Han såg en amerikansk film på TV.
- Han klädde av sig.
- Han lade sig.
- Han somnade.

Lektion 11

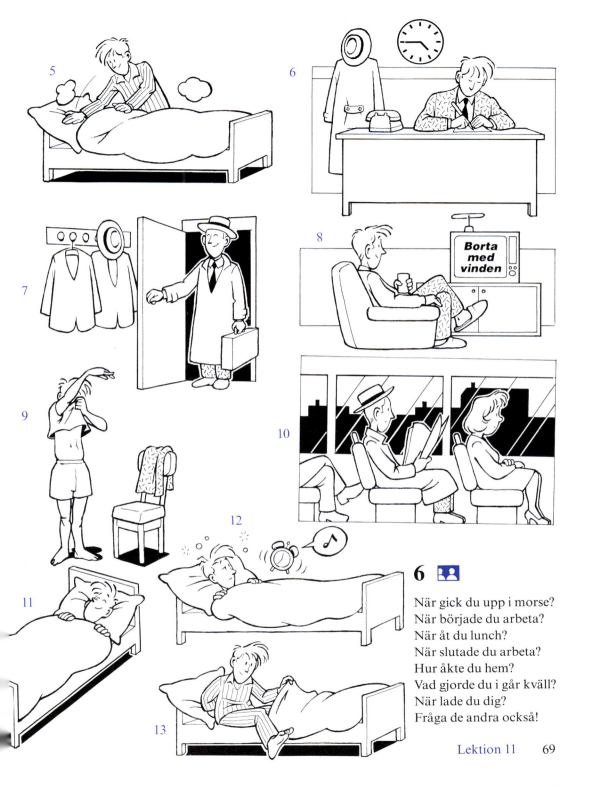

6

När gick du upp i morse?
När började du arbeta?
När åt du lunch?
När slutade du arbeta?
Hur åkte du hem?
Vad gjorde du i går kväll?
När lade du dig?
Fråga de andra också!

Lektion 11

7

SOMMARSTÄLLE på landet 1 eller 2 veckor. Sv t 2 glada cyklister. Tel. 083 – 43 78 27

Vänern nära badstrand, 4 rok, centralvärme, affären i närheten. 2800:–/v. Tel. 0501 – 33 04 43

VÄSTKUSTEN Stuga 3 rok, idyllisk, TV, 75 m till lanthandel. 2200:–/v. Tel. 092 – 29 72 05*

* rok = rum och kök
  2800:–/v. = 2800 kronor i veckan
  sv t = svar till

Mirjam Andersson
Kyrkvägen 33
540 66 Sjötorp

Marianne Stenkvist
Linnégatan 22, 2^{tr}
134 65 Stockholm

Sjötorp 15 juni

Tack för svaret på min annons i Dagens Nyheter. Här är några närmare upplysningar. Lägenheten är på fyra rum och kök. Två rum är på 15m², två på 12 resp. 10m². Det finns ett stort badrum och två toaletter. Huset har centralvärme. Det är ca tio minuters väg till stranden med cykel, men det finns också goda parkeringsmöjligheter ifall ni har bil. Lägenheten är ledig fr. o. m. lördagen den 14 juli. Tänker ni stanna två eller tre veckor? Hyran är 2800 kronor i veckan. Alla kostnader är inräknade. Lakan och filtar finns, ni bäddar och städar själva. I vardagsrummet finns öppen spis och TV.
Hör av er ungefär två veckor innan ni kommer. Jag är övertygad om att ni ska trivas i lägenheten.

Med vänlig hälsning

Mirjam Andersson

8

1. Hur stor är lägenheten? 2. Hur många rum har den? 3. Hur långt är det till stranden? 4. Går det att parkera bilen där? 5. När blir lägenheten ledig? 6. Hur mycket kostar den i hyra? 7. Ska man ta med sig lakan och filtar?

9

Beskriv din egen lägenhet / villa. Ligger den inne i centrum eller i utkanten av staden? Letar du efter en annan lägenhet?

10

Det är **fem minuters väg** till stranden.
Fjällstugan ligger på **1000 meters höjd.**
Vi köpte en **20-kilos säck** med potatis.

11

Vad är det här?

a. Centralstationen i Stockholm
b. Nationalmuseum
c. Operan

12

Arbetsförmedlingen förmedlar arbetsplatser (jobb).
Bostadsförmedlingen förmedlar bostäder.
Rumsförmedlingen förmedlar rum.
Kontaktförmedlingen förmedlar kontakter.
Telia förmedlar telefonsamtal.
Kreditbanken förmedlar lån (krediter).

Här finns arbetsförmedlingarna i Stockholms län

13

1. Har du telefonnumret till …? Jag behöver en lägenhet i Stockholm.
2. Har du telefonnumret till …? Jag söker plats som expedit.
3. Har du telefonnumret till …? Jag vill inte bo ensam längre.
4. Finns det något … i närheten? Jag skulle vilja ringa min kusin i Förenta Staterna (USA).
5. Finns det någon … i närheten? Jag behöver 8000 kronor.
6. Vet du var … ligger? Jag skulle vilja hyra rum.

Lektion 11   71

Lektion 12

1

Kerstin ska äta på restaurang i kväll, tillsammans med sin tyska gäst Jochen, sin syster Agneta och hennes lilla dotter Kiki. Hon ringer till en restaurang i Gamla Stan och beställer bord.

■ Restaurang Stortorgskällaren.
△ Vi skulle vilja beställa ett bord till i kväll.
■ Hur många är ni?
△ Vi är fyra personer.
■ När kan ni vara här?
△ Klockan sju.
■ Och namnet var?
△ Kerstin Almgren, A-l-m-g-r-e-n.
■ Det är antecknat. Fyra personer, klockan sju.
△ Tack för det!
■ Tack.

Svenskt

Karlshälls Gård
Långholmen, ☎ Hornstull. Tel. 668 07 10, 668 67 16. En herrgård mitt i Stockholm med en genuin samling franska grisaille tapeter från 1823, i den underbara dufourmatsalen. Gården, från 1837, är mest berömd för att brännvinskungen L.O. Smith (Han med 10 dubbelt renat brännvin) har bott här. Dufourmatsalen serverar ur det klassiska svenska kökets flora. Skänkstugan erbjuder dagligen rejäl, svensk husmanskost. *Öppettider:* månd-fre 11.30-22.00, lör 12.00-22.00, sön 12.00- 18.00

Stortorgskällaren
Stortorget 7, ☎ Gamla Stan. Tel. 10 55 33. Svenskt kök med varmrätter fr. ca 70 kr. Fullständiga rättigheter. Min. ålder 21 år.

Wärdshuset Markurell
Mäster Samuelsgatan 73, ☎-Centralen. Tel. 21 10 12. Varmrätter från 89:-. Fullständiga rättigheter. Bar med live musik. Bistro och hämtbutik. Köket stänger 24.00.

Källaren Diana
Brunnsgränd 2, ☎ Gamla Stan, Tel. 10 73 10. Specialitet: vilt, vildfågel, träkolsgrillat kött. Varmrätter från 56 kronor. Fullständiga rättigheter. Bar finnes. Källarvalv från 1525. Köket stänger 23.30. *Öppettider:* 11.30-24.00.

2

Välj själva!

Kerstin tar på sig sin färgstarka bomullsklänning och målar sig. Sen beställer hon en taxi och åker med Jochen till Huddinge där hennes syster bor. Agneta har en vacker sidenblus på sig som har samma färg som hennes ögon. Jochen är som vanligt iklädd kostym, det är bara slipsen som skiljer sig. Kiki liknar Pippi Långstrump, med ett undantag: Hennes klänning är inte lappad.

När de kommer in på restaurangen tar hovmästaren emot dem.
- Goddag! Var det beställt?
- Ja, jag ringde i morse. Almgren heter jag.
- Jaha, då är det fönsterbordet där borta! Följ med, så ska jag visa!

De sitter vid sitt fönsterbord. Servitrisen kommer med matsedeln.
- Varsågoda!
  (De tittar på matsedeln)
- Finns det någon genuin svensk maträtt?
- Vi har till exempel räkcocktail som förrätt. Sedan skulle man kunna fortsätta med kalvfilé Oscar. Det är med kokt potatis och grönsallad.
- Det tar jag!
- Jag vill hellre ha stekt fasanbröst med gräddsås.
- Jag också!
- Vad vill du ha, Kiki?
- Jag vill ha en Sjörövartallrik!
- En kalvfilé Oscar, två fasanbröst, en Sjörövartallrik ...
- ... och en räkcocktail. Är det någon mer som vill ha det som förrätt?
- Nej tack.
- Kan jag få gravlax med hovmästarsås.
- Ja, tack. – Någonting att dricka?

en karaff vin

ett glas apelsinjuice

en flaska mineralvatten

en flaska öl

Någon efterrätt?

fransk ost med vindruvor

blåbärskräm

en espresso

glass med jordgubbssås

Lektion 12

FÖRRÄTTER ~ STARTERS

LÖJROMSTOAST — 85:–
TOAST WITH WHITEBAIT ROE

GRAVLAX MED HOVMÄSTARSÅS — 72:–
CURED SALMON WITH SAUCE A LA MAITRE D'HOTEL

SMÖR, OST OCH SILL — 65:–
HERRING WITH CHEESE

RÖKT ÖSTERSJÖLAX MED RÄKOR I PEPPARROTSGRÄDDE — 80:–
SMOKED SALMON FROM THE BALTIC SEA WITH SHRIMPS IN HORSE-RADISH CREAM

RÄKOR MED TILLBEHÖR — 60:–
SHRIMPS WITH TOAST AND CHEESE

RÖKT RENSTEK MED LINGONSORBET — 50:–
SMOKED REINDEER WITH LINGONBERRIE SORBET

HUMMERSALLAD — 95:–
LOBSTERSALAD

DAGENS SOPPA — 60:–
SOUP OF THE DAY

SNIGLAR PROVENCALE — 79:–
SNAILS PROVENCALE

DAGENS SALLAD — 65:–
SALAD OF THE DAY

FISK ~ FISH

ÅNGKOKT SJÖTUNGAFILÉ MED RIESLINGSÅS, HUMMER OCH GRÖN SPARRIS — 212:–
BOILED FILE OF SOLE WITH SAUCE RIESLING, LOBSTER AND GREEN ASPARAGUS

HALSTRAD LAXFILÉ MED SAFFRANSÅS OCH SIKROM — 175:–
GRILLED FILE OF SALMON WITH SAFFRONSAUCE AND WHITEFISH ROE

POCHERAD RÖDTUNGAFILÉ MED GRÄDDKOKT KARL-JOHAN SVAMP — 135:–
POACHED FILE OF LEMON SOLE WITH CREAMBOILED MUSHROOMS

RIMMAD LAX MED DILLSTUVAD POTATIS — 120:–
SALTED SALMON WITH DILLSTEWED POTATOES

KALL INKOKT LAX MED SAUCE VERTE — 130:–
POACHED COLD SALMON WITH SAUCE VERTE

KÖTT - MEAT

TOURNEDOS A LA NELSON
Noisettes with creamboiled mushrooms — 190:-

FLÄSKNOISETTE MED GRÄDDKOKT KARL-JOHAN SVAMP
Noisettes with creamboiled mushrooms — 98:-

STEKT VITLÖKSMARINERAD LAMMYTTERFILE MED MYNTASÅS OCH GRATINERAD POTATIS
Fried garlicmarinated file of lamb with mintsauce and potato au gratin — 155:-

LÄTTRÖKT RENFILE MED JÄGARSÅS, HJORTRON O POTATISKROKETTER
Lightly smoked file of reindeer with huntersauce, cloudberries and croquettes of potatoes — 180:-

STEKT FASANBRÖST MED VILTGRÄDDSÅS OCH SKOGSBÄRSÄPPLE
Fried pheasantbreast with huntersauce and berrieapple — 170:-

FRÅN GRILLEN ~ FROM THE GRILL

OXFILE MED TILLBEHÖR
File of tenderloine with accesories — 165:-

FLÄSKNOISETTE MED TILLBEHÖR
Noisettes with accesories — 95:-

ENTRECÔTE MED TILLBEHÖR
Entrecôte with accesories — 150:-

DESSERT

HUSETS CHOKLADTÅRTA
Chokolatecake of the house — 35:-

GLASSTÅRTA MED FÄRSK FRUKT
Ice creamcake with fresh fruit — 45:-

SÄSONGENS BÄR MED VANILJGLASS OCH GRÄDDE
Berries of the season with icecream and whipped cream — DAGSPRIS

HUSETS SORBET MED EXOTISK FRUKT
Sorbet of the house with exotic fruits — 55:-

OSTTALLRIK
Assorted cheese — 85:-

PETIT FOUR — 15:-

PRISERNA INKLUDERAR SERVERINGSAVGIFT

Lektion 12

- ☐ Det blir 905 kronor, tack!
- ■ Här är 950 kronor. Det är jämnt.
- ☐ Tack så mycket. Välkomna tillbaka!

3

Spela den här scenen med hjälp av matsedeln. En av er är hovmästaren som anvisar bordet, en annan är servitrisen som tar upp beställningen och serverar.

> Kan jag få ...
> Skulle jag kunna få ...
> Jag skulle vilja ha ...
> Jag vill ha ...

4

5

Det är svårt med alla maträtterna! Din kurskamrat övertar servitrisens eller hovmästarens roll. Han/hon rekommenderar 1. Revbensspjäll 2. Ugnstekt kyckling 3. Kalops 4. Kokt gädda 5. Ostfrästa jordärtskockor 6. Oxbringa 7. Hälleflundra 8. Fylld kalkon 9. Krabba 10. Älgstek 11. Svampfylld gratinerad paprikalåda. Du frågar henne/honom t. ex. "Vad är kokt gädda för någonting?" Hon/han svarar med hjälp av madsedeln som är uppochnervänd.

KÖTTRÄTTER		FÅGEL	
Revbensspjäll	160:-	Ugnstekt kyckling	165:-
Oxbringa	145:-	Fylld kalkon	175:-
Kalops	125:-		
FISK		SKALDJUR	
Kokt gädda	140:-	Krabba	185:-
Hälleflundra	155:-		
VILT		GRÖNSAKSRÄTTER	
Älgstek	195:-	Ostfrästa jordärtskockor	130:-
		Svampfylld gratinerad paprikalåda	125:-

6

Det blir fönsterbordet där bort**a**!		bort	– borta
Var vänlig och ta bort getingen!		fram	– framme
		hem	– hemma
Skulle vi kunna sitta ut**e** idag?		in	– inne
I kväll tänker vi gå ut och äta.		ner	– nere
		upp	– uppe
Vi kan vara hem**ma** hos mig.		ut	– ute
Vi går hem till mig!			

Lektion 12   77

7

□: Var är pappa?
■: Jag tror han är nere i källaren.
○: Nej, han är nog uppe på vinden!
△: Ser ni inte att han är ute i trädgården och plockar äpplen?
□: Kan du gå ut och hämta honom, Lena?

8

Vilken färg är inne just nu?
Vad brukar du göra när du är nere någon gång?
Vem är först uppe i din familj på morgnarna?
Känner du till den amerikanska filmen "Borta med vinden"?

9

	i går morse	i morse	i morgon bitti	
i förrgår	i går	**idag**	i morgon	i övermorgon
	i går kväll	i kväll	i morgon kväll	

Idag är det den 17 juli. Klockan är tolv.
När kom ...

1. Johan? (Han kom den 16 juli kl 7 på morgonen eller ...)
2. Anders? (Han kom den 16 juli kl 19 eller ...)
3. Inga? (Hon kom idag kl 6 eller ...)
4. När ska Sven komma? (den 18 juli kl 20 eller ...)
5. När ska Lisa komma? (den 18 juli kl 6 eller ...)
6. När ska Barbro komma? (den 19 juli kl 19 eller ...)
7. När kom Marianne? (den 15 juli kl 7 eller ...)
8. När kommer Maud? (idag kl 21 eller ...)

Lektion 13

1

Det här är Pias lilla kök. Pia har allt man behöver när man inte bara vill laga mat i köket utan också ha det mysigt: Rutiga gardiner, en tyglampa, ett litet slagbord av trä med fyra stolar, diverse köksskåp, frysbox, mikrovågsugn, elspis och diskmaskin. Naturligtvis har hon också en massa köksredskap och kokkärl. Dessutom finns det många skålar, tallrikar, te- och kaffekoppar.
I kväll väntar hon gäster. De ska laga mat tillsammans och ha kul.

2

Försök att hitta några av de köksmöbler som texten handlar om. Beskriv också var de finns (t.ex. över/under, mellan, till höger om ..., på ...).

3

Eva (läser högt ur kokboken): Köttbullar ... fräs den finhackade löken guldgul i ett par matskedar lättbrynt smör, mosa potatisen och blöt upp skorpmjölet i litet vatten. Arbeta samman 500 g köttfärs och ingredienserna till en jämn färs och smaksätt den väl med salt och vitpeppar. ... Har du vitpeppar, Pia?

Pia: Få se ... här har vi den! Varsågod! – Nu återstår bara att forma färsen till runda bullar ... ungefär så här stora. Potatisen håller redan på att koka. Eva, vill du vara snäll och ta hand om grönsalladen?

Eva: Javisst, bara du visar var du har skålarna. Ett såll behöver jag också.

Pia: Ta den här skålen, den är lagom stor. Sållet finns här. Nu tror jag att vi kan börja med att steka köttbullarna.

Det vattnas redan i munnen på flickorna, men det dröjer en bra stund innan allt är klart och de kan slå sig ner vid köksbordet och börja äta.

4

1 msk smör
1 tsk socker
en nypa salt

1 dl mjölk
50 g mjöl

Lektion 13

5

Köttbullar

Här har du ingredienserna:
200 g färs av nötkött
200 g kalvfärs
100 g fläskfärs
1 ägg
2–3 dl grädde (mjölk) och vatten
2½ msk finhackad gul lök
½ dl osötat skorpmjöl
2 kalla, kokta potatisar
4–5 msk smör, margarin el. olja
salt, vitpeppar

Dessutom behöver du en eldfast form.

Kommer du ihåg hur man lagar köttbullarna?
Känner du till någon annan svensk maträtt? Vilka ingredienser behöver man?

(Verb som du kan behöva: fräsa, -er / mosa, -r / blöta, -er upp / arbeta, -r samman / smaksätta, -er / forma, -r)

6

> I köket vill man inte bara laga mat utan också ha det mysigt.

Komplettera meningarna.

1. På semestern vill man inte bara bada ...
2. I Stockholm kan man inte bara gå på operan eller på teatern ...
3. Till Tyskland kan man inte bara resa med tåg eller bil ...
4. På båten kan man inte bara handla ...
5. På många svenska restauranger får man inte bara utländska maträtter ...
6. Sverige gränsar inte bara till Norge ...

Lektion 13   81

7

På hotellet äter man **frukost** mellan kl 7 och 9.
Mellan klockan 12 och klockan 1 äter svenskarna **lunch**.
Mellan klockan 4 och klockan 6 äter de **middag**.
På sommaren kan man ha **kalas** i trädgården.
På båten och på många hotell har man **"gående bord"**.

8

När du går på restaurang kan du välja mellan självservering och bordsservering. Det här är en restaurang med självservering. Det går fort och kostar inte så mycket.

9

Erik berättar om ett knytkalas:

Kom som ni är, sa vi till grannarna och närmsta vännerna. Men ta med er stekt kyckling, lite sallad och något att dricka. Så håller vi tummarna för vackert väder och firar midsommaren med knytkalas i det gröna.
Och minsann, var inte vädermakterna goda mot oss! Och blev det inte ett fint kalas! När alla hjälps åt med dukning, tillagning och kostnader blir det verkligen inte svårt att ordna en fest för grannar och vänner.

10

	vara + perfekt particip*	
laga, -r	ma**ten** är färdiglaga**d**	färdiglagad mat den färdiglaga**de** maten
måla, -r	kök**et** är nymåla**t**	ett nymålat kök det nymåla**de** köket
bränna, -er	stek**en** är vidbrän**d**	en vidbränd stek den vidbrän**da** steken
djupfrysa, -er	kött**et** är djupfrys**t**	djupfryst kött det djupfryst**a** köttet
sy, -r	kavaj**en** är skräddarsy**dd**	en skräddarsydd kavaj den skräddarsydd**a** kavajen
bo, -r	hus**et** är obebo**tt**	ett obebott hus det obebodd**a** huset

* Jämför **ha + supinum** (= **perfekt,** → L15).

Han har ⎫
Hon har ⎬ laga**t** maten.
De har ⎭

Han har ⎫
Hon har ⎬ måla**t** köket.
De har ⎭

11

Kombinera orden.

Den djupfrysta   löken
     vidbrända   grönsaken
     nymålade   ön
     obebodda   soppan
     kokta   potatisen
     färdiglagade   dörren
     finhackade   steken

Lektion 13   83

12

1. Berätta när man äter i ditt hemland.
2. Äter du på jobbet?
3. Äter du ofta på restaurang?
4. Finns det självserveringsrestauranger där du bor?
5. Föredrar du bordsservering framför självservering?
6. Vad lagar du för mat när du får besök? Är det en fiskrätt eller...?

Det är ett kalas.

13

← Vad är det här och vad betyder det?

Lektion 13

Lektion 14

TV-PROGRAM **TORSDAG**

Kanal 1

19.00 Pippi Långstrump
7: Pippi i den första snön. Avsnitt 7 av 13.

19.39 Rock'n'roll tra la la
Musikalisk frågelek. Sista delen.
Även 7/1.

20.00 Vetenskapens värld:
Vårt inre universum
Så blir vi till. Människan består av hundra tusen miljarder celler. Detta inre universum har sitt ursprung i vårt yttre universums oändliga galaxer. Vi börjar resan i den fantastiska människokroppen med en äggcell som stöts ut ur äggstocken och följer hela förloppet fram till en ny människa.
Programvärd: Bo G Erikson.
Gäst: Professor Per-Olof Janson.
Del 1 av 3. Även 5/1 11.30

21.00 Aktuellt
med femdygnsprognos.

21.30 Sportnytt

21.50 Till sista andetaget
(Breathless) Amerikansk film från 1983. Kärleksthriller med Richard Gere och Valerie Kaprisky i huvudrollerna.
Regi: Jim McBride.

TV 2

19.50 Helt apropå
Sketcher från ett ganska hyperaktuellt år. Även 1/1.

20.30 Nyårsgala med årets artist
Traditionsenligt kommer TV 2:s Nyårsgala från Norrköping, där det nya året vakas in med en stor 60-talsfest med bl a Umberto Marcato, Lotta Engberg, Meta Roos, Roger Pontare, Bobbers och Vikingarna. Upplev de stora och små 60-talshändelserna och lyssna till personliga upplevelser från Täppas Fogelberg.

21.05 Täcknamn Coq Rouge
Svensk film från 1989. Spionthriller med Stellan Skarsgård som Jan Guillous romanhjälte Carl Hamilton. Man misstänker en planerad terroristaktion i Sverige och Hamilton får ett specialuppdrag, där spåren leder till Libanon. Regi och manus: Pelle Berglund.
Foto: Göran Nilsson.
I rollerna: Stellan Skarsgård, Krister Henriksson, Philip Zandén.

TV 3

19.00 Benny Hill

19.30 Grannar

20.00 Miami Vice

21.00 3 min

21.03 Stackars lilla rika flicka
Amerikansk miniserie från 1987 baserad på arvtagerskan Barbara Huttons liv.
I rollerna bl a: Farrah Fawcett, Burl Ives och Kevin McCarthy. Regi: Charles Jarrot. Del 1 av 3.

TV 4

19.00 Nyheterna
med nyårsväder.

19.05 Helgöppet
Annika Dopping med gäster.

19.30 Jeopardy!
Frågesport med Magnus Härenstam.

20.00 Tracys hämnd
Amerikansk serie. Slutet.

21.00 Sherlock Holmes:
Den fruktade inkräktaren

1

Det är många TV-program i kväll. Familjen kan inte enas om ett program som passar alla. Pappa vill se Aktuellt och dagens sportprogram. Mamma avskyr sportprogram och vill i stället se en amerikansk serie. Maria tycker att de amerikanska serierna är trista och föreslår en gammal deckare som TV 4 visar. Ulf är trött på deckare och familjeserier och vill i stället se en svensk långfilm som alla pratar om i skolan.

Pappa: I dagens sportprogram visar de även avsnitt ur andra halvleken av kvalmatchen Sverige–Italien. Det vill jag absolut se!

Mamma: Du vet mycket väl att de andra inte är intresserade av fotboll!

Ulf: Och de är inte intresserade av familjeserier heller!

Maria: Jag för min del avstår, bara det blir ett slut på grälet. Jag ska titta uppe hos mig!

Lektion 14   85

Ulf: Mamma, om jag bara kunde övertyga dig ... det är inte varje dag man får se en svensk långfilm.
Mamma: Jag har redan missat andra delen av serien, så jag vill inte missa tredje delen också!

Den österrikiska au pair-flickan kommer hem. Ulf ser sin chans. Han säger: Vi tänkte titta på ett svenskspråkigt TV-program i kväll. Vi tycker att det kunde vara nyttigt för dig att se det! Ingen vågar att säga emot. Alla vet ju att flickan är i Sverige för att lära sig språket!

2

Lista upp de olika argumenten.
Vilket argument avgjorde saken?
Vad skulle du själv vilja se?
Vad gör du när de andra vill se något annat program?
a. Jag försöker övertyga de andra.
b. Jag tar hänsyn till de äldre.
c. Jag avstår och gör någonting annat.
d. Jag är inte intresserad av TV.
e. Det spelar ingen roll vad det är för program.

3

a.
Det **vattnas** redan i munnen.
Hon **trivs** bra i Sverige.
Maria **lyckas** övertyga de andra.

b.
De kan inte **enas**.
Eva och Kristina **träffas** hemma hos Pia.
Vi **ses** i kväll.

Andra exempel: Jag **minns** att hon bodde i Solna på den tiden. Jag **hoppas** att det inte blir regn i morgon. Det **märks** att han är expert på det här. Det **känns** att våren är här.

Här **saknas** tre stolar. Han vill inte gå i skolan och **låtsas** vara sjuk. Det var hemskt varmt ute. Han började **svettas**.

4

Här är några böcker ur årets stora bokrea.
Du frågar din kurskamrat (som är bokhandlaren): Vem är författare till (t. ex. "Barnens ö"*)? Eller: Har ni någon bok av (t. ex. P. O. Enquist)? Han/hon svarar. (Använd böckerna till höger!)
Känner du till någon bok eller film som man skulle kunna kalla "jätterolig", "skakande", "underhållande" eller "hårresande"?

* P. C. Jersild

Lektion 14

5

Boken handlar om en familjefest.
Berätta vad boken handlar **om**.
Familjen som boken handlar **om** bor i en småstad.

6

Bilda frågor!
Exempel: berätta om (Vad ...?)
Vad berättar han om?

1. vara kär i (Vem ...?)
2. vänta på (Vem ...?)
3. vara rädd för (Vad ...?)
4. handla om (Vad ...?)
5. skriva till (Vem ...?)
6. vara arg på (Vem ...?)
7. vara glad över (Vad ...?)

7

A: Kan jag få Expressen, tack!
B: Ja, tack. Varsågod! Någonting annat?
A: En "Prince", tack.
B: Varsågod!
A: Tack.
B: Det blir 32 kronor, tack.
A: Varsågod!
B: Tack, tack!
A: Tack.

Lektion 14

Lektion 15

1

Det lönar sig med en utflykt till Skärholmen, Stockholms LOPPMARKNAD.
Behöver du kanske en skrivmaskin, en lampskärm, ett slagbord, en trasmatta eller en vas? I Skärholmen hittar du vad du söker. Det finns massor av prylar från den gamla goda tiden.
Priserna? Billigare än här kan det inte bli, var du än handlar. Men Stockholms LOPPMARKNAD är också ett lönande utflyktsmål för dem som vill sälja de saker som de hittat på vinden eller som mormor lämnat efter sig. Vare sig du vill köpa eller sälja, eller bara titta dig omkring – du är alltid hjärtligt välkommen till Skärholmen. Passa på och handla i Skärholmens stora köpcentrum som finns alldeles i närheten!

2

Malin kommer hem från loppmarknaden.
♀ Titta här, en gammal köksklocka!
♂ Vad har du betalt för den?
♀ Gissa!
♂ 50 kronor kanske?
♀ 30! Men den går inte.
♂ (skrattar) Då förstår man ju. Har du köpt några böcker också?
♀ Jo, titta här – en roman av Selma Lagerlöf, "Jerusalem" heter den, och så en gammal Evert Taube-skiva.

♂ Vad har du här?
♀ En tavla från 1912. Är den inte underbar?
♂ För min del tycker jag att den är väl romantisk!
♀ Äsch! En oljemålning för 220 kronor, det är väl inte så dumt! Vad sägs om de här tekopparna? Är de inte söta?
♂ Ja, det håller jag med om. De är nog rätt gamla.
♀ Men välbehållna. Jag minns att farmor hade sådana när jag var liten.
♂ Och priset?
♀ Lova då att du inte som vanligt kommer att säga att jag slösar med pengarna!
♂ Jag lovar!
♀ 1000 kronor!
♂ Men *tänka* får jag väl?

3

> Var **har** du **handlat** de här tekopparna?
> **Har** du **läst** Lars Gustafssons nya roman?
> **Har** Erik **varit** här?
> Hur länge **har** du **varit** i Sverige?

ha + supinum
(= **perfekt**)

4

Fråga de andra kursdeltagarna om de har

1. sett någon svensk film nyligen. 2. läst någon bok av Selma Lagerlöf. 3. varit på teatern nyligen. 4. redan bokat en resa till sommaren (vintern). 5. missat tåget någon gång. 6. glömt någonting i en taxi någon gång. 7. fått det tillbaka sedan. 8. glömt bilnyckeln inne i bilen någon gång. 9. ätit på restaurang utan att kunna betala. 10. flyttat nyligen. 11. gått upp tidigt idag.

5

Vad har Malin köpt på loppmarknaden? Vad skulle **du** vilja köpa (kläder, souvenirer, porslin, handarbeten, gardiner ...)?

6

Kerstin ringer till taxicentralen.

- ▶ Taxi Stockholm! Var god dröj ... var god dröj ... var god dröj ... var god dröj ... – Taxi!
- □ Hej, jag heter Kerstin Strand. Jag har glömt kvar min handväska i en taxi.
- ▶ Hur åkte du?
- □ Jag åkte från Odenplan till centralen.
- ▶ När glömde du väskan?
- □ Så där vid halv sjutiden.
- ▶ Kommer du ihåg taxins nummer?
- □ Nej, tyvärr gör jag inte det.
- ▶ Hur ser väskan ut?
- □ Den är svart, ganska ny ...
- ▶ Vad hade du i den?
- □ En portmonnä med ca 200 kronor i, mitt ID-kort, mitt körkort, mitt kreditkort, en nyckelknippa, mina solglasögon ...
- ▶ Tack, vi ska försöka att få tag i din handväska. Ring igen om en halvtimme!
- □ Tack så mycket för besväret! Hejdå!
- ▶ Hej!

7

En halvtimme senare ringer Kerstin till taxicentralen. Vad tror ni att hon säger? Vad tror ni att damen i växeln säger? Det finns två möjligheter.

Lektion 15

8

Kombinera texten med bilderna.

- Han stiger på tåget (på bussen).
- Han stiger av tåget (av bussen).
- Han stiger in i bilen.
- Han stiger ur bilen.
- Varsågod, stig in!
- Jan stiger upp.

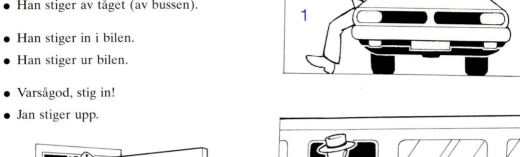

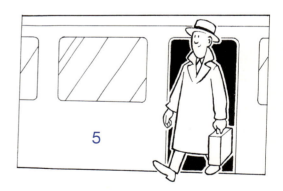

9

Sven ska till universitetet.
Var stiger han av T-banan? (... vid
T-banestationen ...)
Britta ska till slottet.
Var stiger hon av T-banan?
Maria och Bertil ska till central-
stationen (centralen).
Var stiger de av?

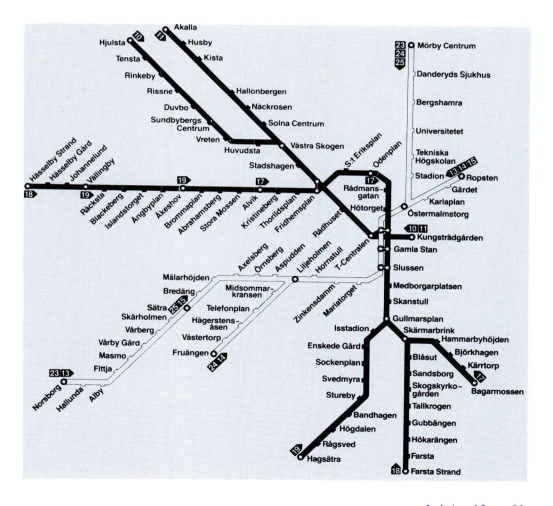

Lektion 16

1

Stockholm 6 januari

Hej Krister!

Vi har nu bott här i nästan ett år. Stockholm är en fantastisk stad, men det tar tid innan man vänjer sig vid en storstad. Lägenheten ligger i utkanten av stan, inte långt från tunnelbanestationen Bergshamra. Det är ett bostadsområde norr om stan. Lägenheten är mycket mindre än den vi hade i Köping, men några hundralappar dyrare.

Det fina med Stockholm är att det finns fler utbildningsmöjligheter för barnen och att det är mycket lättare att få jobb. Vi har mycket trevliga grannar, men det är på det hela taget svårare att få kontakt med människorna i en storstad. Bara när jag hämtar Margareta på daghemmet händer det att jag blir bekant med någon annan förälder.

Livet är mycket jäktigare här än hemma. Människorna har alltid bråttom till jobbet, hem eller till någon träff inne i stan. Men när du är ute och dansar eller går på bio någon kväll är det nästan alltid en tunnelbanestation eller en busshållplats i närheten, så du kommer hem i lagom tid.

Man är också mindre beroende av vädret här än hemma, men å andra sidan saknar jag den klarblå vinterhimlen och kakelugnens behagliga värme – vi har inte haft någon riktig vinter hittills.

Hör av dig!
Många hälsningar, också till föräldrarna
Din Lena

3

Positiv	Komparativ	Superlativ
dyr (dyrt)	**dyrare**	**dyrast**
stor (stort)	**större**	**störst**
liten (litet)	**mindre**	**minst**
typisk (t)	**mera** typisk(t)	**mest** typisk(t)

Adjektiv med omljud:
u→y: ung, yngre, yngst
å→ä: lång, längre, längst; låg, lägre, lägst
      trång, trängre, trängst
o→ö: grov, grövre, grövst

(Jämför: h**ö**g, högre, högst)

Positiv och komparativ/superlativ är olika:
bra, bättre, bäst; dålig, sämre, sämst; mycket, mer(a), mest; många, fler(a), flest(a); gammal, äldre, äldst.

Adverb:
gärna, hellre, helst; långt, längre, längst.

4

Jämför livet i en storstad med livet i ett litet samhälle på landet. En del argument hittar du i brevet ovan. Här följer några stödord: frisk/dålig luft; långt/nära till teater och konsert; gles/tät trafik; svårt/lätt att få kontakt med grannarna; ofarligt/farligt för barnen att leka utomhus; dåliga/bra utbildningsmöjligheter; mycket/lite buller.

5

Jämför dig med de andra kursdeltagarna.

Är de längre / äldre / yngre än du? Vem är längst / yngst / i klassen? Vem bor närmast kurslokalen? Vem åker längst för att komma hit?

2

Frågor på texten

1. Hur länge har Lena bott i Stockholm? 2. Ligger lägenheten inne i centrum? 3. Är lägenheten lika stor som den hon hade tidigare? 4. Är den lika dyr? 5. Hur är det med utbildningsmöjligheterna? 6. Var är Lenas dotter Margareta när hon och hennes man arbetar? 7. Är det lättare att hinna hem på kvällarna? 8. Varför? 9. Vad saknar Lena när det är vinter?

6

Den som vill köra bil behöver körkort. Det skaffar man sig i en trafikskola. Som utlänning kan du använda ditt körkort från hemlandet, men bara under ett år. Sedan måste du skaffa svenskt körkort.

Glöm inte bilbältet när du kör!

Den som kommer från höger har förkörsrätt.

Du får inte heller köra utan halvljus!

Det är livsfarligt att dricka alkohol när man ska köra. Du riskerar böter och fängelsestraff. Polisen kan också dra in körkortet. Men så långt behöver det ju inte gå!

Vet du att hastighetsbegränsningen är 50 kilometer i timmen i tättbebyggda områden, 70 eller 90 utanför tättbebyggda områden, och 110 på motorväg?

96   Lektion 16

7 👥

Vad betyder de här trafikmärkena? Fråga din kurskamrat!

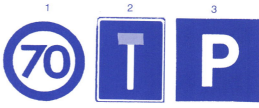

a. Enkelriktad gata.
b. Du får inte svänga till vänster.
c. Du får inte stanna.
d. Återvändsgränd.
e. Här får man parkera bilen.
f. Du får inte köra fortare än 70 kilometer i timmen.

I vårt land utmärks alltid gällande hastighetsbegränsningar. Här ovan ser du de hastighetsgränser som förekommer. Den som bryter mot hastighetsgränsen ökar olycksrisken. Han riskerar dessutom höga böter och återkallat körkort.
Husvagnsekipage får aldrig köra fortare än 70 km/h. Bilen ska vara utrustad med speciella backspeglar. Det är tillåtet att använda vägrenen för att underlätta framkomligheten för andra.

8

Infinitiv	Presens	Imperfekt	Perfekt
(att) skola	Man **ska** inte köra bil utan bilbälte.	skulle	[har skolat]
(att) vilja	Jag **vill** ta körkort.	ville	har velat
(att) kunna	**Kan** du köra?	kunde	har kunnat
(att) få	Här **får** du inte stanna!	fick	har fått
– – – – –	Du **måste** vara försiktig!	måste*	har måst
(att) behöva	Du **behöver** inte skaffa svenskt körkort.	behövde	har behövt

* imperfekt = presens

Lektion 16   97

9

1. Måste man skaffa svenskt körkort så fort man kör bil i Sverige?
2. Säger det här trafikmärket att man inte får köra in på gatan?
3. Behöver man ha halvljuset på bara när det är mörkt?
4. Får man köra utan bilbälte när man kör mycket försiktigt?
5. Betyder det här trafikmärket att man måste köra minst 110 kilometer i timmen?
6. Får man parkera bilen i en kurva?

10

Herr Andersson, fru Andersson

■ Jag tycker att vi ska ta den stora bilen där.
△ Jag vet inte, det är nog svårare att parkera med den. En mindre bil får plats i en liten parkeringslucka också och är mycket lättare att manövrera!
■ Du har rätt, älskling, men det är bra med ett stort bagageutrymme, till exempel när vi åker till landet någon gång.
△ Stora bilar drar mera bensin, glöm inte det!
■ Ja, men den här är mycket bensinsnålare än den vi har nu. Och så har den katalytisk avgasrening på köpet, så vi behöver inte ha dåligt samvete när vi kör fort!
△ Men den här färgen kan jag inte med!
■ Jamen, den finns ju i andra färger också.
△ Jag vill ha en vit bil! Förresten – vad kommer den att kosta?
■ Nu ska vi inte förstöra den här fina dagen med att tala om pengar!

11

Vilka egenskaper efterlyser *du* (dina kurskamrater) hos en bil?

Är du ute efter en miljövänlig och bensinsnål bil som dessutom är bekväm?

- accelerationssnabb
- sportig
- hög topphastighet

Bilen som övertygar!

Familjebilen med det höga andrahandsvärdet

Årets terrängbil

Lektion 16

Lektion 17

1

GOTLAND

Rosornas och fårens ö är inte bara en ljuvlig semesterö med milt klimat och långa sandstränder, det är också en ö berömd för sina fina livsmedelsprodukter och kulinariska specialiteter.

Det sägs att det som skiljer Gotland mest från övriga Sverige är språket. När Albert Engström försökte lära sig "gutemål" fick han, sade han, "en egendomlig smak av blod och hedendom i munnen". Här är lite köksgutiska: Lambaskalle = stekt, panerad fårskalle, Glödhoppa = tunna skivor halstrat saltat fårkött, Fårsmäcka = små biffar av kryddad lammfärs, Kytpölse = korv, Pärgraut = potatismos.

2

- 52 63 79.
- ▷ Kan jag få prata med fru Andersson?
- Det är jag.
- ▷ Mitt namn är Dieter Müller. Jag har fått adressen genom turistbyrån i Visby. Vi skulle vilja hyra rum.
- Ja, de har också ringt hit. Hur många är ni?
- ▷ Vi är två vuxna och ett barn på 4 år.
- Räcker det med ett rum? Vi kan i så fall ställa in en extrasäng.
- ▷ Ja, det går bra. Och vad är hyran?
- 300 kronor per dygn, inklusive frukost. Hur länge tänker ni stanna?
- ▷ Till på lördag i nästa vecka.
- Det går bra.
- ▷ Kan vi komma ut med detsamma?
- Jag tänkte just gå ut och handla, men jag är hemma efter elva. Ska vi säga halv tolv?
- ▷ Det går bra. Är det lätt att hitta?
- Huset ligger en bra bit utanför ringmuren, men det går bussar hit ut. Från busshållplatsen är det bara fem minuters väg.
- ▷ Adressen är Lillskogsvägen 3, stämmer det?
- Ja, det stämmer.
- ▷ Då kommer vi klockan halv tolv alltså!
- Välkomna!

3

Hitta på en fortsättning. (Man skulle kunna tänka sig att Dieter Müller och hans fru vill veta när de kan få frukost, om de kan få en nyckel till ytterdörren, om det finns cykel att hyra osv. Kanske fru Andersson bjuder dem på kaffe?)

4

Vad kallas Gotland i resebroschyren?
Hur är klimatet på ön?
Vad är ön också berömd för?
Vad är det som skiljer Gotland mest från övriga Sverige?

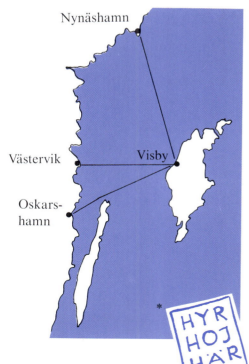

5 🔊

Visby är en pittoresk gammal stad på ön Gotland. På medeltiden tillhörde den Hansan. Den hade en lika stor betydelse för handeln i Östersjön som Lübeck i Tyskland. Den gamla ringmuren med sina torn är bevarad och det finns många ruiner efter medeltida kyrkor och kloster. Gränderna kantas av korsvirkeshus som är inramade av blommande trädgårdstäppor.
Det cyklas mycket på ön. När du ser den här skylten* vet du att det där finns en cykeluthyrning.
Raukarna är bisarra klippblock i vattenkanten som är karakteristiska för Gotland.

6 👥

Beskriv vad du ser på fotona.

Vad menas med hoj?
Be någon annan beskriva hur man tar sig över till ön från fastlandet.

Lektion 17

7

Passiv form

Det cyklas mycket på ön.
Banken öppnas kl 10.
Affären stängs kl 6.
Klänningen sys av mamma.

Jfr.: Man cyklar mycket på ön (= **aktiv** form)
Jfr.: Mamma syr klänningen (= **aktiv** form)

8

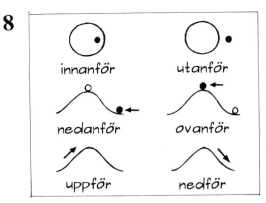

9

10

Du kan bo på många olika sätt:

– Du kanske har köpt villan eller lägenheten du bor i. Du äger den. Då har du i regel fått ett banklån som du så småningom återbetalar.
– Men du kan också vara hyresgäst och hyra av en privatperson eller av någon hyresgästförening.
– När du bor i samma hus eller i samma lägenhet som hyresvärden eller hyresvärdinnan är du inneboende.
– När du dessutom får frukost eller lunch resp. middag är du inackorderad.
– När ni är många som delar hus eller lägenhet bildar ni ett kollektiv.

11

(Ifall du är inneboende:) Har du en bra kontakt med din hyresvärdinna?
Bjuder hon på kaffe ibland?
Är hon nyfiken på vad du gör?
Kan du tänka dig att bo i ett kollektiv? Stryk under de argument som du tycker är riktiga!
a. Man kan inte vara i fred.
b. Man får en bra kontakt.

c. Det blir billigare.
d. Det är lättare att få hjälp.
e. Ingen vill ta hand om disken och städningen.
f. ...

12

på söndag – i söndags

13

Eva berättar:
I måndags blev jag bjuden på fest och fick ta en taxi hem.
I tisdags blev min bil påkörd av en annan bil.
I onsdags blev bilen lagad.
I torsdags blev den bortforslad av polisen. (Jag hade glömt att det var datumparkering!)
I fredags blev bilen underkänd av Svensk Bilprovning.

I lördags köpte jag rabattkort för tunnelbanan.

14

Lägenheten blir renover**ad**.   Huset blir renover**at**.
Lägenheterna/Husen blir renover**ade**.

Lampan blir tän**d**.   Ljuset blir tän**t**.
Lamporna/Ljusen blir tän**da**.

bli + perfekt particip
(= **passiv form**)

Mopeden blir **stulen**.   Smycket blir **stulet**.
Mopederna/Smyckena blir **stulna**. (Infinitiv: stjäla!)

15

Beskriv vad du ser på bilderna.
Använd bli + perfekt particip.
Välj bland verben nedan:

operera, -r / måla, -r / konfirmera, -r / forsla, -r bort / reparera, -r / bjuda, -er / klippa, -er

Herr Andersson ...
Dörren ...
Bilen ...
Pär och Sven ...
Gräsmattan ...
Anders ...
Bilen ...

Lektion 18

1 🎧

> Hej på er!
> Så klart att vi kommer!
> Tusen tack!
> Hälsa barnen!
> Karin och Åke

> Välkommen på en enkel middag lördagen den 23 maj kl 19 hemma hos oss.
> Mona och Björn

> Kära vänner!
> Tack för inbjudan. Det var en trevlig överraskning!
> Det ska bli så roligt att få komma
> Hjärtliga hälsningar
> Anna och Sven

2
Vem skickar inbjudningarna?
Vem tackar ja?
Vem tackar nej (lämnar återbud)?

> Hej Mona!
> Ett hjärtligt tack för inbjudan. Fred och jag är hemskt ledsna men just den 23 maj är vi bortbjudna till Freds avdelningschef. Vi kanske kan träffas en annan gång? Många hälsningar
> Ingalill

3 👥
Du har en svensk vän.
Bjud henne / honom till din födelsedagsfest.
En annan kursdeltagare övertar vännens roll och tackar ja / tackar nej.
(Det ska helst vara en skriftlig inbjudan och ett skriftligt svar.)

> Hej!
> Har ni lust att komma till oss på en liten fest lördagen den 23 maj kl 19? Det vore trevligt om ni kunde vara med!
> Hälsningar
> Mona och Björn

4

Lena är bjuden på födelsedagsfest. Hennes väninna Anna fyller år. Lena har med sig ett litet paket som innehåller Annas älsklingsparfym. Efter det att alla har gratulerat Anna börjar hon öppna presenterna medan de andra sjunger:

> Ja, må hon leva!
> Ja, må hon leva!
> Ja, må hon leva uti hundrade år!
> Javisst ska hon leva!
> Javisst ska hon leva!
> Javisst ska hon leva uti hundrade år!

Grattis på födelsedagen!

5

Gratulera kan man av olika anledningar.

1. Någon vinner en tävling. 2. Någon fyller år. 3. Man firar ett jubileum (t. ex. ett silverbröllop). 4. Ett barn har kommit till världen. 5. Någon gör karriär. 6. En god vän gifter sig. 7. Någon har klarat sin tentamen. 8. ....?

6

Här är några gratulationskort. Kan du gissa vilken situation de syftar på?

7

Grattis!	(Gratulerar!)	I går var vi på ett litet kondis.	(ett litet konditori)
Patrik är på dagis.	(på daghem)	Eva är min kompis.	(vän, "kompanjon")
Pelle är en tjockis.	(Han är tjock.)	Du är en fegis! Vattnet är ju varmt!	(Du är feg.)
Hans pappa är en kändis.	(en känd person)		

TACKA FÖR SENAST?

Kom inbjudan per inbjudningskort så tackar man också skriftligen för senast. Det kan i och för sig vara behändigt att skicka iväg ett glatt kort ändå, annars ringer man och tackar inom en vecka.

Lektion 18

Inrikesflyg　　　　Charterflyg　　　　Linjeflyg

8

Anderssons har bokat en charterresa. Fredagen den 10 juli åker de med flygbussen till Arlanda. Flygplatsen ligger en bra bit utanför Stockholm, men det går ändå fort eftersom det är motorväg mellan Stockholm och Arlanda. En timme och femti minuter före planets avgång är de framme.

■ Vi måste checka in bagaget först. Det är kön där borta! (De ställer sig i kön.)
◇ Hoppas bara att vi slipper betala tillägg för övervikt den här gången!
■ Jag sa ju hela tiden att det inte är nödvändigt med alla dessa ylletröjor – det lär vara hemskt varmt därnere.
◇ När man har badat kan det vara bra att ha någonting varmt att sätta på sig!
(Flygpersonalen väger deras resväskor.)
◇ Sexton kilo – vi klarade oss!
(Flygpersonalen utfärdar boardingkortet och meddelar utgången.)
● Här är boardingkortet, varsågod! Det blir utgång 14!

■ Tack. – Nu återstår passkontrollen och tullen.

De går genom passkontrollen där de visar upp sina pass och blir kroppsvisiterade. Tullen passerar de utan dröjsmål.
De väntar sedan vid utgång 14 tills de uppmanas att gå ombord på flygplanet. Tillsammans med en massa soldyrkare slussas de ut till flygfältet där planet väntar. Väl ombord hälsas de välkomna av en flygvärdinna som ler på det mest förtjusande sätt.
Herr Andersson glömmer att det pirrar i magen och är genast på bättre humör. De anvisas sina platser och spänner fast säkerhetsbältet. Exakt klockan 11.35 lyfter planet.

108　　Lektion 18

9

Beskriv för någon annan vad man måste göra när man anländer till flygplatsen. Hur lång tid före planets avgång ska man vara där? Får man ta med sig hur mycket bagage som helst? Du kan välja mellan linjeflyg och charterflyg eller mellan inrikesflyg och utrikesflyg. Vad väljer du när du ska flyga

a. från Stockholm till Kiruna?
b. från Stockholm till Madeira med en resebyrå?
c. till en firma i Köpenhamn?

Blir du rädd när du ska flyga?
Hur ofta flyger du om året?

10

1. jag	mig		1. vi	oss
2. du	dig		2. ni	er
3. han, hon, det		sig	3. de	sig

11

Fråga de andra om de rakar sig med rakapparat eller med rakhyvel. Fråga dem hur lång tid de behöver för att förbereda sig för lektionerna, om de har lärt sig något annat språk också, om de tänker anmäla sig till fortsättningskursen också.

Finns det några gifta kursdeltagare? Fråga dem när de gifte sig.

12

A: Ska vi gå och ta ett dopp i havet?
B: Det är väl inte kul i det här vädret!
C: Jag känner för att spela badminton på stranden!
A: Inte när det blåser så här!
Men vi kan ju åka till något ridstall istället.
B: Att rida är toppen!
C: Jag kan inte rida.
B: Du kan ju plocka bär så länge!
C: Äsch! Det är trist!
A: Kan vi inte titta på TV?
B: Så här dags är det bara långtråkiga barnfilmer!
C: Vet ni vad? Vi hälsar på Pelle och tittar på hans nya motorcykel!
A: Jättekul!
B: Läckert!

Vad skulle ungdomarna kunna säga om situationerna på bilderna till höger?

Lektion 18

Lektion 19

1

Herr och fru Schneider är på en polisstation i Stockholm och gör en anmälan (anmäler att deras bil har blivit stulen).

● Vad gäller det?
△ Vår bil är borta. Vi parkerade den på gatan – och nu är den borta!
○ Den har nog blivit stulen!
● Var så goda och sitt!
△ Tack!
○ Tack!

● Vi kanske ska börja med namnet – efternamn?
△ Schneider.
● Förnamn?
○ Peter, Ingrid
● Personnummer?
○ Det har vi inte. Vi är tyska medborgare.
● Bosatta i ...?
○ Berlin.
● Berlin. Är ni här som turister?
○ Ja, det är vi. Och i morgon ska vi vidare till Finland.
● Registreringsnumret på bilen?
△ B – MH 327
● Bilmärke?
△ Volkswagen Jetta.
● Och färgen på bilen?
○ Blå.
● Hur gick det till?
△ Vi parkerade bilen på Arsenalsgatan ...
○ Strax utanför en skoaffär där vi skulle handla.
△ När vi så kom tillbaka efter fem minuter stod det där en v i t bil.
○ Vår bil var borta!
● Är ni helt säkra på att ni ställde den där?
△ Javisst!
● Ett ögonblick bara! Jag ska titta på datorn. Kanske den vet någonting.
Ja, det går bra att hämta bilen på uppställningsplatsen ute i Hägersten. Den stod för nära övergångsstället och har forslats bort av polisen.
△ Har den forslats bort?
○ Där ser du! Jag sa att vi skulle ta bussen!

110   Lektion 19

2

Vem kan ha sagt vad? (I samtalet deltar en polis, herr Schneider och fru Schneider.) När herr och fru Schneider kommer hem till Berlin igen berättar de för sina vänner vad de har varit med om. Försök att återge deras berättelse. Spela scenen på polisstationen!

3

> Du får inte parkera bilen hur länge som helst.
> Det här är så enkelt att vem som helst kan förstå det.
> Här får du en hundralapp. Köp vad som helst.
> Du kan ringa mig när som helst.

4

5

Svara på frågorna med hjälp av rutorna nedan!

1. Får man bara köpa en gata när man spelar "Monopol"? (Nej, ...)
2. Är det bara husgeråd och porslin man kan handla på loppmarknaden? (Nej, ...)
3. Måste jag åka på en lördag eller söndag med den här biljetten? (Nej, ...)
4. Är det bara svenskar som får delta i Vasaloppet? (Nej, i Vasaloppet ...)
(Här fattas frågan:)
5. Nej, man får bara föra in 300 cigaretter tullfritt!
6. (Kan jag använda ...?) Nej, efter ett år måste du skaffa svenskt körkort!

6

Annika skriver i sin dagbok:

26 juni
I midsomras var det mycket folk här, våra grannar Erik och Susanne, Patriks studiekamrater, Malin och hennes sambo, några kompisar till mig, Agneta och släktingarna från Värmland. Vi dansade kring majstången halva natten även om det var rätt kyligt ute. Pia och jag hade klätt majstången – men resa den – det kunde vi förstås inte! Det fick Tomas och Krister göra!

13 december
Idag firade vi Lucia. Det var Pia som lussade för mamma och pappa. Vi gick upp mycket tidigt, så där vid 6-tiden. Pappa och mamma låtsades sova som vanligt, men de hade naturligtvis ställt väckarklockan kvällen innan. Pia hade några klasskamrater med sig som skulle vara tärnor. Lillebror var jultomte. De sjöng luciasången och serverade kaffe med lussekatter och pepparkakor. Sen gick de till en av Pias lärare som bor i samma bostadsområde som vi. Jag undrar om han också var förvarnad!
På TV såg jag att de lussade för nobelpristagarna på något Stockholmshotell.

24 december
Äntligen är det julafton! Pia och jag har klätt julgranen. Att dansa kring den blir nog lite svårt i den lilla lägenheten vi har. Jag undrar vem som ska vara jultomte i år. Förra året var det pappa, men Kent kände igen honom och var besviken förstås. Det blir kul med julklappsutdelningen, vi har skrivit massor av roliga rim som jultomten ska läsa upp. Så mycket mat de har köpt hem! Och så julskinkan, som de vuxna är så förtjusta i! Mamma har lagat lutfisk också, men den är vi andra inte speciellt förtjusta i.
Säkert är det Inga som får mandeln i risgrynsgröten i år, men jag vet att hon inte har en tanke på att gifta sig inom den närmaste framtiden.
Snart kommer morfar och mormor, så jag måste skynda mig och slå in julklapparna åt dem!

Luciasången

Natten går tunga fjät
runt gård och stuva.
Kring jord, som sol'n förlät,
skuggorna ruva.
Då i vårt mörka hus
stiger med tända ljus
Sankta Lucia, Sankta Lucia.

Natten var stor och stum.
Nu hörs det svingar
i alla tysta rum
sus som av vingar.
Se, på vår tröskel står,
vitklädd, med ljus i hår,
Sankta Lucia, Sankta Lucia.

"Mörkret skall flykta snart
ur jordens dalar",
Så hon ett underbart
ord till oss talar.
Dagen skall åter ny
stiga ur rosig sky.
Sankta Lucia, Sankta Lucia.

7

Berätta vad Annika gjorde på midsommarnatten, vad Pia gjorde på Luciadagen och vad flickorna gjorde på julafton.

Jämför svensk jul med den jul ni firar hemma. Är det kanske högtidligare hemma hos er? Eller är alla lika uppsluppna som Pia och Annika? Går man i kyrkan?

Lektion 19

8

Direkt fråga	Indirekt fråga
Vem är jultomte i år?	Jag undrar **vem som** är jultomte i år.
Vem har du bjudit in?	Jag undrar **vem** du har bjudit in.
Vad står där?	Kan du läsa **vad som** står där?
Vad äter de på julafton?	Jag undrar **vad** de äter på julafton.

9

vem som	= subjekt
vem	= objekt
vad som	= subjekt
vad	= objekt

10

Vad vill de veta? Bilda indirekta frågesatser!
Exempel: De undrar: Vem träffade ni i går?
De undrar vem ni träffade i går.

1. Krister vill veta: *Vad gjorde Lena i går kväll?*
2. Åsa undrar: *Vad läser dina barn?*
3. Jag vill veta: *Vem har städat i mitt arbetsrum?*
4. Lena undrar: *Vad fattas morfar?*
5. Mamma frågar: *Vad vill du ha till jul?*
6. Jag har ingen aning: *Vem ska lussa i år?*
7. Jag kan inte se: *Vad står på skylten?*

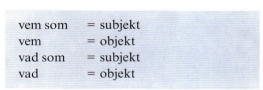

Lektion 20

1

Cykelsemester är inte riktigt som annan semester. Det är kämpigt ibland, solen bränner och regnet väter genom kläder och packning. Men man är nära naturen, nära livet. Det här är sättet att verkligen upptäcka Sverige.

VILDMARKSSEMESTER Värmland: "Vildmarkssafari" är ett 13-dagars arrangemang med färdledare som lotsar genom vildmark på islandshästar, i kanot, på cykel, timmerflotte och till fots.

Allt fler människor upptäcker sportfiskets tjusning. Fiske som hobby bjuder på spänning och dramatik, gemenskap och glädje, och sköna naturupplevelser.

Den bästa semestern är den aktiva semestern. Då har man tid att ägna sig åt det man uppskattar mest, t.ex. keramik eller fotografi.

Vandringssemester är inte bara för hurtbullar. Mängder av lättgångna låglandsleder har öppnat möjligheterna för den som vill smaka på vandrarlivet och få ett nytt perspektiv på vårt underbara land.

Storstäderna har sin speciella atmosfär om sommaren. Det bästa är kanske att det knappast är någon trängsel. När turisterna drar in, har redan de bofasta lämnat staden. Och det saknas aldrig sysselsättning i en storstad som Stockholm, Göteborg eller Malmö. Fullt med museer, rundturer och nöjen för alla åldrar. Storstäderna är faktiskt ett semesteralternativ.

Lektion 20   115

2

Ulf och Ulla Johansson, resebyråmannen

▷ Vad kan jag stå till tjänst med?
■ Vi skulle vilja semestra i Sverige. Har du något bra förslag?
▷ Det beror naturligtvis på vilken typ av semester ni letar efter.
■ Jag har inte bestämt mig ännu.
▷ Vi har till exempel cykelsemestern, speciellt för dem som vill vara nära naturen.
○ Men det kan vara kämpigt ibland. Och regnar det blir man genomvåt!
▷ Ni kanske vill smaka på vandrarlivet?
■ Någonting i stil med "Vildmarkssemester" ... finns det? Jag menar där man får rida på islandshästar, där man åker på nån timmerflotte, sitter vid lägerelden och sånt.
▷ Titta här: Vi har till exempel ett 13-dagars arrangemang i Värmland som kallas "Utmaningen". Det är just vad du är ute efter! Eller en vildmarkssafari i Småland med vandring, kanoting och fiske.
■ Det låter ju riktigt bra. Vad säger du om det här. Ulla?
○ Jag vet inte ... Jag personligen känner inte för sånt. Jag tänkte på en helt annan semester. Jag tycker att den bästa semestern är en aktiv semester. Där man kan vara kreativ eller lära sig någonting nytt.
▷ Den "udda semestern" så att säga! Där kan man välja mellan olika aktiviteter. Man kan till exempel lära sig att dreja och bränna keramik, eller ägna sig åt att måla eller att fotografera. För den som vill lära sig språket ordentligt har vi också några mycket trevliga förslag! Men ta den här broschyren, så kan ni bläddra igenom den i lugn och ro och försöka hitta det som passar er bäst!

3

Diskutera för- och nackdelarna med
a. en cykelsemester
b. en vildmarkssemester
c. en aktiv semester
d. storstadssemestern.

Ord som ni kan behöva: att vara oberoende, mycket buller, jobbigt, (ingen) avkoppling.

4

Det här är en trevlig mössa. Jag vill också ha en **sån (sådan)**.
Jag personligen känner inte för **sånt (sådant)**.
Jag har bara stämplade frimärken. Samlar du också på **såna (sådana)**?

Jag tänkte på en helt **annan** semester.
Vi har också ett **annat** resmål som skulle kunna passa er.
De bofasta har redan lämnat staden för **andra** semestermål.

5

Den som (de som) vill vara nära naturen brukar välja cykelsemestern.
Vi har många förslag för **den som (dem som)** vill lära sig språket.
Vi ska försöka hitta **det som** passar er bäst.

Skottet gick in i en vägg **något som (= vilket)** en senare brottsplatsundersökning visade.
(Jfr. 7.)
(Jfr.: Han avlossade ett skott **som** gick in i en vägg.)

Man har tid att ägna sig åt **det** man uppskattar mest.
= Man har tid att ägna sig åt **det som** man uppskattar mest.   **det** är objekt!

6

På resebyrån har man många trevliga förslag för den som (de som) vill ...
(Komplettera meningarna med hjälp av teckningarna!)

7

Påse dolde postrånare i Enskede

Ett rån med skottlossning förövades vid 10.30-tiden på måndagen mot postkontoret Enskede 2 vid Tyresövägen 359 i södra Stockholm. En man med en papperspåse över huvudet med hål för ögonen kom in på postkontoret. Han avlossade ett skott som träffade en glasruta och gick in i väggen. Därefter hoppade han över disken och rafsade åt sig ett par tusen kronor.

Påse dolde...
(Forts från sid 1)

Ute på gatan väntade en bil med en kumpan vid ratten. Bilen hittades någon halvtimme senare vid Kärrtorpsplans tunnelbanestation i närheten. Rånet utfördes på ungefär samma sätt som ett rån i torsdags kväll mot postkontoret Enskede 3, som ligger alldeles i närheten.

8

1. När förövades rånet?
2. Mot vilket postkontor förövades det?
3. Hur såg rånaren ut när han kom in?
4. Var han beväpnad?
5. Var han ensam om rånet?
6. Skadades någon av personalen när han avlossade skottet?
7. Var hittades bilen senare?
8. Kan man jämföra rånet med ett annat rån som förövades på torsdagen?

9

Han gick in **på** postkontoret (apoteket / varuhuset / restaurangen / kaféet / biblioteket).
Mia gick in **i** affären (butiken / rummet / parken / kyrkan).
Jag gick in **till** doktorn (advokaten / pappa).
Ska vi gå upp **i** tornet? (Ska vi klättra upp i trädet?)
Lars och jag gick upp **till** stugan (fjällstationen).
Efter middagen gick vi ut **i** trädgården (parken / skogen).

10

Stödord:

en kvinnlig pianist	"eine Pianistin"
en flygel	"ein Flügel"
en värdinna	"eine Gastgeberin"
applådera, -r	"Beifall spenden"
bli, -r arg	"böse werden"
gå därifrån	"weggehen"
två maskerade män	"zwei maskierte Männer"
Upp med händerna!	"Hände hoch!"
lämna, -r ifrån sig	"hergeben"
ett smycke	"ein Schmuck(stück)"
binda, -er, band, bundit	"fesseln"
sätta munkavle på någon	"jemanden knebeln"
ostörd	"ungestört"

Berätta vad du ser. Använd stödorden!

Lektion 20

Lektion 21

1 🔊

Herr och fru Stenman är på centralstationen. Fru Stenman köper biljetterna i biljettluckan medan hennes man polletterar bagaget.

△ Jag ska till Malung, finns det något direktgående tåg härifrån?
● Nej, det blir expresståg norrut och tågbyte i Borlänge.
△ När går nästa tåg?
● Det går ett tåg klockan 10.43.
△ När är jag framme då?
● Klockan 13.20 i Borlänge, anslutning klockan 13.40 med rälsbuss, ankomst Malung klockan 15.48.
△ Då tar jag två biljetter tur och retur. Finns det någon rabatt jag skulle kunna få?
● Ja, men i så fall får man inte resa på en fredag eller lördag.

△ Nej, det går inte. Då tar vi vanliga biljetter.
● Det krävs platsbiljett på expresståget. Ska vi ta rökare eller icke-rökare?
△ Icke-rökare. Bara en fråga till: Från vilken perrong avgår tåget?
● Perrong B, spår 2. – Det blir 1284 kronor.
△ Varsågod.
● Tack. Trevlig resa!
△ Tack så mycket!

Vid helger gäller följande ändringar:
24 juni, 24, 25, 31 dec, 14, 15 apr
går tåg med beteckningen Dagl eller ⊕.

Tågen går den
22 juni, 12 april   som på en
23 juni, 13 april   Fredag
26 dec, 1 jan, 16 april   Lördag
27 dec, 2 jan, 17 april   Söndag
                            Måndag

ANMÄRKNINGAR
1) 28 maj–18 jun, 21 aug–26 maj
2) 19 jun–20 aug
3) 28 maj–20 aug
4) 24 sep–26 maj
5) 21 aug–22 sep
6) 21 aug–26 maj
7) 25 sep–26 maj
8) Tåg 3063 från Örebro och Kumla

TECKENFÖRKLARINGAR
R = Platsbokning rekommenderas
Ⓡ = Platsbokning obligatorisk
Ⓚ = Inter City tåg. Platsbokning obligatorisk
ⓒ = City Express. Särskilt tillägg krävs
OBS Katrineholm–Stockholm och Örebro–Flen är alltid bokning frivillig
⊕ = Dag med reducerad trafik

2 👥

Spela en liknande scen med hjälp av tidtabellen nedan (Örebro–Stockholm).

Örebro–Kumla–Hallsberg Katrineholm–Stockholm SJ
TÅGTIDTABELL TOM **26/5-90**

Tåg Dagar	420Ⓡ M-F	122Ⓚ M-F	422Ⓡ L	822R M-F	64Ⓚ M-L1)8)	64Ⓚ M-F2)	124Ⓚ L	52Ⓚ Dagl	134Ⓚ Dagl	834 Dagl	110⁄ F1)	120Ⓚ S1)	148Ⓚ M-F	3776 M-F	150Ⓚ S
fr Örebro C	6.35	7.10	7.20		8.10	8.10			13.15		13.45	19.45	20.15		21.15
Örebro S	6.37	7.12	7.22		8.12	8.12					13.47					
Kumla	6.48	7.23	7.33		8.23	8.23			13.28		13.58	19.58	20.28		21.28
t Hallsberg	6.55	7.30	7.40		8.30	8.30			13.35		14.05	20.05	20.35		21.35
fr Hallsberg	6.59	7.38	7.46		8.34	8.34	8.46	13.32	13.46		14.10	20.10	20.54		21.46
t Katrineholm	7.30	8.09	8.17		9.10	9.10	9.17		14.17				21.25		22.17
fr Katrineholm	7.32	8.11	8.19	8.34	9.10	9.10	9.19		14.19	14.34			21.27	21.39	22.19
Flen	7.47		8.34	8.48					14.34	14.48				21.56	22.34
Södertälje S	8.29	9.04	9.15				10.14		15.14			21.33	22.20		23.14
t Stockholm C	8.56	9.30	9.41		10.29	10.29	10.41	15.23	15.41		15.59	21.59	22.47		23.41

3

Sverige-kortet

Kortet kostar 1000 kr, är personligt och gäller tolv månader. Det ger 30% rabatt på 1 och 2 klass normalpris och dessutom 30% rabatt på Röda avgångar* i 2 klass. Sitt-, ligg- och sovplatsbiljetter rabatteras ej.
Det gäller inte på pendeltågen i Stockholm, Göteborg och Malmö.
Kortet kan inte kombineras med annan rabatt och berättigar inte till reduktion på tillägget för resa med City Express respektive **X2000**.
Observera att du måste ha ditt foto på Sverigekortet – tänk på att ta med det när du köper kortet.

* Röda avgångar = lågpris
  Lågpriset är 50% lägre än normalpriset och gäller bara på röda avgångar. Dessa markeras med röd symbol i tidtabellerna.

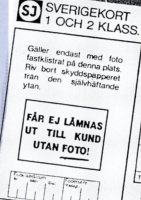

4

Försök att hitta svaren på frågorna i texten ovan.
1. Vad kostar Sverige-kortet?
2. Hur lång tid gäller det?
3. Hur mycket rabatt ger det?
4. Får man rabatt på sitt-, ligg- och sovplatsbiljetter också?
5. Kan Sverige-kortet kombineras med annan rabatt?
6. Blir tillägget för resa med City Express resp. X2000 billigare när man har Sverige-kortet?
7. Vad måste man ta med när man köper kortet?

5

Presens particip	a. som adjektiv b. som substantiv	ett direktgå**ende** tåg ett le**ende** ett återse**ende**	en gäll**ande** bestämmelse en res**ande** ett meddel**ande**

Lektion 21   121

6 🎧

Det ringer på telefonen. Eva lyfter luren och säger sitt namn, men ingen svarar. Hon lägger på luren. Det ringer igen.

☐ Söderström
■ Hej, det är Pyret!
☐ Var det du som ringde alldeles nyss?
■ Jo, men det var ingen som svarade.
☐ Jag svarade, men då hade du redan lagt på. Det tar så lång tid att hinna ner från vinden där jag håller på att röja. Vi ska nämligen flytta snart, så vi har en massa att göra. Speciellt i Pelles rum är det ganska stökigt. Man törs ju inte kasta någonting. Sen ska det tapetseras och målas också!

■ Jag förstår. Vart flyttar ni?
☐ Till ett radhus i Bagarmossen. Där får vi det lite rymligare än här. Olle och jag får var sitt arbetsrum. Pelles rum blir mycket större, och så får vi ett mysigt hobbyrum nere i källarvåningen. Tvättstuga har vi förstås också!
■ Det låter bra!
☐ Du kommer väl och hälsar på oss när vi har flyttat in? Du är hjärtligt välkommen!
■ Tack, Eva! Nu ska jag inte uppehålla dig längre! Lycka till med flyttningen! Vi hörs!
☐ Hejdå!
■ Hejdå!

7 👥

Beskriv det hus du själv bor i.
Fråga de andra hur de bor.
Hur många rum disponerar du själv?

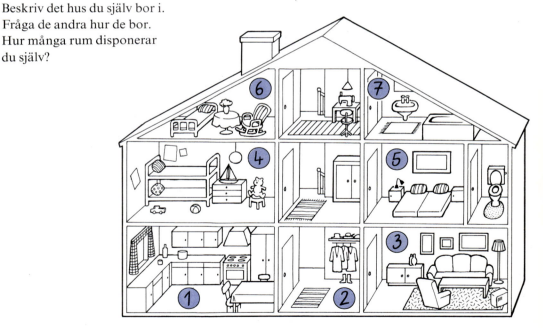

1 köket   2 hallen   3 vardagsrummet   4 barnkammaren
5 sovrummet   6 vindsrummet   7 badrummet

Lektion 21

8

Vi får **var** sitt arbetsrum.

Varje { år kommer en ny bilmodell.
{ dag blir det lite varmare.

Varannan dag tar vi tåget.
Vartannat år semestrar vi i Sverige.

Var tredje bil var en Volvo.
Vart fjärde år är ett skottår.

9

FLYTTA UT

Begär besiktning när du flyttar ut. Var själv närvarande och se till att du får en kopia av protokollet.

Tapeter och målning som du inte kan ta bort, blir fastighetsägarens egendom. Övriga investeringar kan du ta med. Men i så fall måste lägenheten vara i samma skick som när du flyttade in. Du kan också erbjuda hyresvärden eller nästa hyresgäst att han köper dina investeringar.

Ta reda på fastighetsägarens regler för flyttstädning!

FIXA SJÄLV, MÅLA, TAPETSERA

Utan särskilt tillstånd från värden får man måla, tapetsera och göra små förändringar.

Tala helst med värden ändå. Det kanske snart är dags för normal underhållsreparation i huset.

Det man gör får inte "sänka lägenhetens standard". Det skall vara bra gjort, annars kan värden begära ersättning av dig när du flyttar.

10

1. Hur ofta målar du din lägenhet (ditt rum)? Varje år? Vartannat år? Vart tredje (...) år?
2. Vad ska man göra varje gång man flyttar?
3. Får man måla och tapetsera utan värdens tillstånd?
4. Vad gör man med det som man kostat på därutöver?
5. Vad kan värden göra när hyresgästen har sänkt lägenhetens standard?

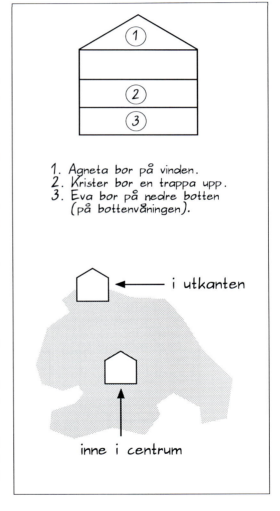

1. Agneta bor på vinden.
2. Krister bor en trappa upp.
3. Eva bor på nedre botten (på bottenvåningen).

i utkanten

inne i centrum

Lektion 21

Lektion 22

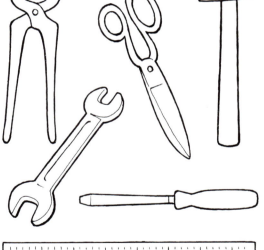

1

Berätta om era yrken.

1. Är yrket omväxlande eller enformigt?
2. Har du mycket med folk att göra?
3. Får du sitta stilla?
4. Vistas du mest inomhus eller utomhus?
5. Har du fast arbetstid?
6. Förekommer skiftarbete?
7. Arbetar du på ackord?
8. Blir du ofta smutsig i arbetet?
9. Måste man vara tekniskt begåvad?
10. I vilka skolämnen måste man ha särskilt bra betyg?*
11. Vilket arbetsmaterial eller vilka verktyg använder man i ditt yrke?**

Stödord: dels – dels, sällan, för det mesta, i princip, det beror på.

* t. ex. matematik, fysik, modersmål, engelska, bild, gymnastik, maskinskrivning, stenografi, matlagning.
** t. ex. papper, metall, glas, läder, plast, trä; hammare, tång, skiftnyckel, skruvmejsel, sax, linjal.

2

Personal- och organisations-
förvaltningen platsbyrån
söker:

- bilmekaniker • bokhållare • byggnadsarbetare • elektriker • ingenjör
- installatör • målare • programmerare • sjukvårdsbiträde • småskollärare
- snickare • trädgårdsmästare • typograf

(Andra yrken: advokat, apotekare, hårfrisörska, kock/kokerska, läkare, lärare, sekreterare, skomakare, skräddare.)
Finns ditt yrke med här?
Skriv upp ett yrke (som alla vet vad det är på svenska). De andra gissar vilket yrke det är genom att fråga om arbetsförhållandena, om arbetstiderna osv. Du får bara svara "ja" eller "nej" (säg "ja och nej" när du inte vet).
Jämför text 1, sidan 124.

3

mycket { regn (neutrum) / snö (utrum) }   **lite(t)** { regn / snö }

mycket folk — mycket grönsaker — mycket pengar

Obs! Folk är ofta nyfik**na**.
Pannkakor är **gott**.

4

BILVERKSTAD

Lektion 22

5

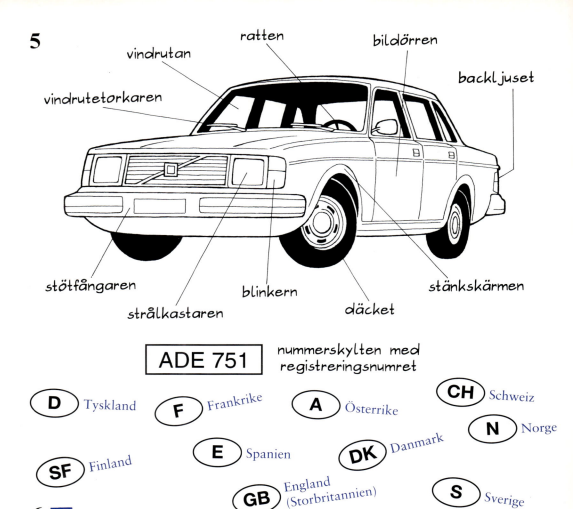

6

▲ LARMTJÄNST AB.
● Hej, mitt namn är Lindström. Jag har fått trassel med bilen.
▲ Ett ögonblick bara, jag ska koppla till Anders Berg som har hand om sånt!
■ Berg!
● Hej, jag heter Lindström. Det är någonting som inte stämmer med motorn. När jag accelererar hörs det ett skrapande ljud inifrån motorn, det är rätt obehagligt faktiskt!

■ Var befinner du dig?*
● Någonstans mellan Storby och Köping ... jag har fått låna telefonen här i en liten by. Numret är 93 46 00. Riktnumret är ... 0221.
■ Skulle du kunna beskriva bilens position mera exakt? Det finns ju massor av såna där småsamhällen med samma namn.

* Han kan också säga "Var befinner ni er?"

Lektion 22

- Ett ögonblick, jag ska fråga dem som bor här ... Byn heter Skogstorp. Bilen står på en parkeringsplats vid Riksväg 204, 3 mil norr om Köping, ungefär i jämnhöjd med Skogstorps kyrka.
- Vad är det för bil? Färg, märke osv.?
- Det är en blå Volvo, 1989 års modell.
- Registreringsnumret då?
- DHF 678.

- Tack. Vi kan förstås inte härifrån centralen bedöma om bilen låter sig repareras på ort och ställe. Ifall det gäller en större reparation måste bilen lagas på en verkstad i Köping. Förutsatt att de har de reservdelar som behövs.
- Jag förstår.
- Vi återkommer, hej!
- Tack! Hej!

7

Vi tar aldrig semester.

Vi sover inte ens. Du kan alltid få hjälp var du än befinner dig i Sverige. Du kan få hjälp med bilbärgning. Du kan ringa oss om rör som läcker, om fönster som gått sönder, om dörrar som du inte får upp. Och mycket, mycket annat.
Larmtjänst ingår som en del i din försäkring och själva larmförmedlingen är kostnadsfri. Du hittar telefonnummer till våra larmcentraler i de gula sidorna". Trevlig semester.

8

Måste man vara i närheten av en större kommun för att kunna få hjälp? Ge några exempel på situationer där LARMTJÄNST kan hjälpa dig. Var hittar du LARMTJÄNSTs telefonnummer?

9

Det här är en liknande situation som i texten ovan. Beskriv bilens position med hjälp av skissen. En annan kursdeltagare övertar herr Bergs roll.

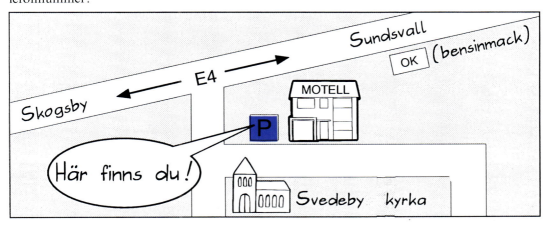

Lektion 22   127

10

Prepositioner

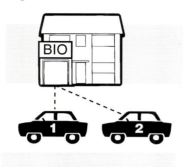

(1. mittemot biografen)
(2. snett emot biografen)

(norr om Köping)

(vid riksväg 204)

(bakom hotellet)

(framför hotellet)

(på parkeringsplatsen)

(i Stockholm)

(mellan hotellet och lanthandeln)

(på färjan)

Lektion 23

1
Vädret

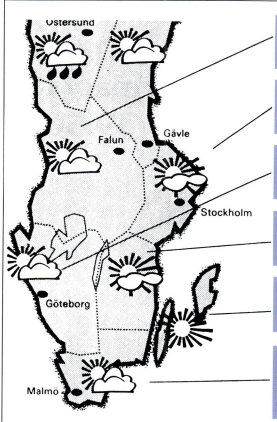

Västra Svealand: Vind omkring syd. Fram på dagen växlande molnighet och uppehåll. 16–21 grader.

Östra Svealand: Vind omkring syd. Under morgonen dimmoln på en del håll, fram på dagen klart till halvklart och 20–24 grader.

Nordvästra Götaland: Sydlig vind. Fram på dagen växlande molnighet och 20–25 grader, mot kvällen möjligen något åskväder.

Nordöstra Götaland: Vind omkring syd. Lokal morgondimma, fram på dagen klart till halvklart och 21–25 grader.

Öland och Gotland: Sydlig vind. Fram på dagen övervägande soligt och omkrig 20 grader.

Södra Götaland: Vind omkring syd. Lokal morgondimma. Fram på dagen växlande molnighet, 20–25 gr. Mot kvällen möjligen något åskväder.

| sol | regn | moln | snö | dimma |

2

Hur är vädret i nordöstra Götaland / i nordvästra Götaland / i västra Svealand?

Hur är vädret när ni läser det här? Är det plus- eller minusgrader? Hur är utsikterna till i morgon? Hur var vädret i helgen (under din semester)?

3

▶ Östra Svealand ... det är vi, det.
Det ser inte särskilt bra ut! Men vågar man lita på väderleksrapporten? Förra pingsten hade de också varnat för regn och kyla, och sedan var pingstdagen en av de varmaste dagarna på hela året!
▷ Har du glömt att vi hade ett åskväder senare på kvällen som sedan varade hela natten? Dagen därpå var det ganska kallt och blåsigt och vi var tvungna att avbryta semestern i förtid!
▶ Det hade jag fullständigt glömt.
Å andra sidan hade vi vackert väder i skärgården ett par gånger medan det bara öste ner hemma i Stockholm! Eller var det dimma där ute och solsken i stan. Så jag tycker att vi borde chansa helt enkelt!
▷ Vi skulle också kunna ringa till grannen för att vara på den säkra sidan.
▶ Då gör vi det då!

▶ Hej, det är Claes! Hur har ni det där ute? Bara bra? Du, vi skulle vilja komma ut över pingsten, men så såg vi på TV att det kanske blir regn i morgon. Hur ser det ut hos er?

● Det är väl ingen fara! Det blåser lite från havet, men annars är det fortfarande varmt här. Men jag kan ju gå in och elda i alla fall, det brukar vara rätt kyligt om nätterna.

▶ Det låter ju bra. Då tycker jag att vi ska göra det. Ungarna behöver omväxling, och för mig är det också bra att komma ifrån tidningen ett tag. Vi ses i morgon! Hej så länge och tack för hjälpen!

● Det är så lite! Hälsa Astrid!

▶ Tack, det ska jag göra. Hejdå!

SOMMAREN I SKÄRGÅRDEN!

Med ångbåt till Sandhamn

Sandhamn på Sandöns norra del är skärgårdens sista utpost. Här samlas seglarna innan de ger sig ut för att runda Gotland. Men som namnet antyder är det en ö av sand och här finns också flera inbjudande stränder. Vi rekommenderar en promenad till Trouville på Sandöns sydspets, där du hittar en av skärgårdens bästa badstränder.

S/S *Norrskär* går från Strömkajen kl 09.00 alla dagar 12/6 - 20/8. Åter i Stockholm till kvällen.

4

Efter det att pappa har lagt på luren fortsätter familjen att diskutera. Vad talar **för** resan? Vad talar **emot**?

5

Förra pingsten **hade** de också **varnat** för regn.
Mamma **hade glömt** sin baddräkt och pojkarnas badbyxor.
Sedan jag **hade gjort** i ordning matsäcken började jag packa ner ungarnas kläder.

hade + supinum
(= pluskvamperfekt)

6

Om du är gift: Hur länge hade ni känt varandra innan ni gifte er?
Herr Johansson ringde till sin granne i skärgården. Vad hade han hört på TV? Hur hade vädret i skärgården varit förra pingsten?

Hade du redan varit i kontakt med svenska språket när du började med den här studiecirkeln? Hade de andra varit det?
Vilka andra språk hade du läst tidigare?

7

I det här vädret tänker jag inte gå ut.
Det var den varmaste dagen **på** hela året.
Vi brukar vara där två gånger **om** året (**i** månaden, **i** veckan).
Det regnade **i** två dagar.
Om tio minuter kommer väderleksrapporten.
Vi hade solsken **under** hela semestern.

8

Ersätt solen med en preposition.

1. Kom hit ☀ en timme!
2. Kerstin ringde tre gånger ☀ dagen.
3. Kjell ringde henne bara en gång ☀ veckan.
4. Vad gjorde ni ☀ er semester?
5. Vi väntade på solsken ☀ två veckor.
6. Avresedagen var den varmaste dagen ☀ hela semestern.
7. Hur mår ni ☀ sommarvärmen?

9

Berätta hur vädret var under din semester!

10

MILJÖSPELET
Gunilla, Tomas, Kerstin

G.: Var och en får 10 000 kronor och en bricka. Den som först kastar en sexa får börja. Tomas!
T.: (läser) "Stå över ett kast. Du har låtit varmvattnet rinna i onödan".

132 Lektion 23

G.: Nu är det din tur, Kerstin!
K.: Fem! (läser) "Du har sparat energi genom att isolera huset, tre rutor framåt."
G.: Fyra! (läser) "Du har skräpat ner campingplatsen, gå tillbaka till två." En sån otur!
T.: Jag är inte med den här gången.
K.: Två! (läser) "Du har använt hårspray med freon i, betala 500 kronor i böter!"
G.: Stackars Kerstin! (kastar) En femma! (läser) "Du har varit med om att plantera en skog i Afrika, tio rutor framåt!" Det är inga dåliga grejor!
T.: Sex. Det var på tiden! (läser) "Du har lämnat tillbaka tomflaskorna och får 100 kronor ur kassan."

11

Rita av spelet och komplettera det! Spela det själva! Bestäm själva vad den som hamnar på de markerade rutorna ska göra! Alternativen hittar ni i texten ovan.

Här är några förslag: a. Du har använt bilen när du handlade i en affär alldeles i närheten. b. Du har tätat fönster och dörrar. c. Du har fimpat din cigarett i en sjö. c. Du har använt toalettpapper gjort av returpapper. d. Du har köpt en bil med katalytisk avgasrening. e. Du har dragit upp värmen istället för att sätta på en extra ylletröja. Fler alternativ hittar du bland "spartipsen".

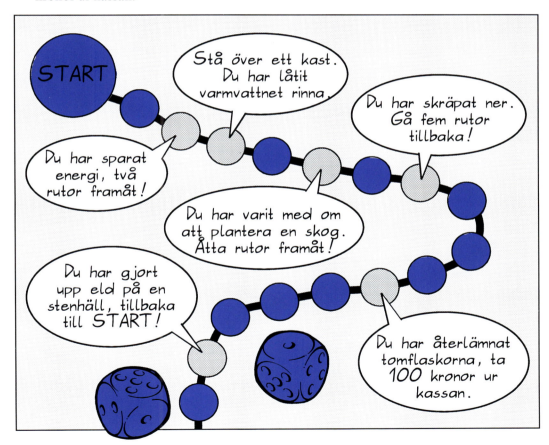

Lektion 23

12

Spartips

Villan
- En gammalmodig brännare i oljepannan bör bytas ut. Bränslebesparingen kan bli upp till 25 procent med en ny brännare.
- Trimma oljepannan. Stora besparingar kan göras om pannan är rätt inställd, ren och har rätt drag.
- Se över isoleringen. Mycket värme kan kanske sparas med extra isolering i tak och källare.
- Täta fönster och ytterdörr.

Fritidshuset
- Har du element med termostat i fritidshuset så sätt termostaten på 5° C när ingen är där. Stäng av varmvattnet helt och hållet.

134   Lektion 23

Lektion 24

1

Jan Andersson sitter på doktor Eks mottagning tillsammans med många andra patienter. Syster kommer in och ropar upp hans namn. Han går in till doktorn som sitter bakom sitt skrivbord.

□ Varsågod och sitt! Vill du vara snäll och tala om för mig vad du har för slags besvär!
■ Det är så här: Varje gång jag äter någonting börjar det göra ont någonstans i mellangärdet.
□ Oberoende av vad du äter?
■ Det är mest efter middagen det gör ont. När jag äter ordentligt alltså. Smärtorna försvinner efter ett tag.

□ Mår du illa ibland?
■ Nej.
□ Röker du?
■ Ja, men högst fem cigaretter om dagen. Men jag ska sluta.
□ Hur är det med alkoholen?
■ Ett glas vin då och då när vi är bortbjudna, min fru och jag, eller när vi har gäster.
□ Du är alltså gift?
■ Ja, sedan tio år tillbaka. Vi har ett barn också.
□ Vad är du till yrket? Jag menar, vad jobbar du med?
■ Jag är svetsare.
□ Trivs du med jobbet?

- Jaaa ... jag har faktiskt funderat på att omskola mig. Det är så mycket buller i verkstan. Chefen kommer jag inte särskilt bra överens med. Lite trassel då och då.
- ☐ Jag förstår. Det hela kan ju vara psykiskt betingat också. Men innan jag drar några slutsatser tänker jag röntga magen. Vi ska ta sänkan också.
  Nu vill jag att du inte dricker någon alkohol alls tills vidare och låter bli att röka. Och så ska du följa en dietplan som du får av syster. Jag sjukskriver dig två veckor framåt, men det är önskvärt att du motionerar mycket. Jag ska också skriva recept på lugnande medicin.
  Mona, är allting klart för röntgen? Okay, då följer du med syster till röntgen.
  Vi ses i slutet av veckan, men du kan ringa redan i morgon eftermiddag för besked!
- Tack, doktorn.

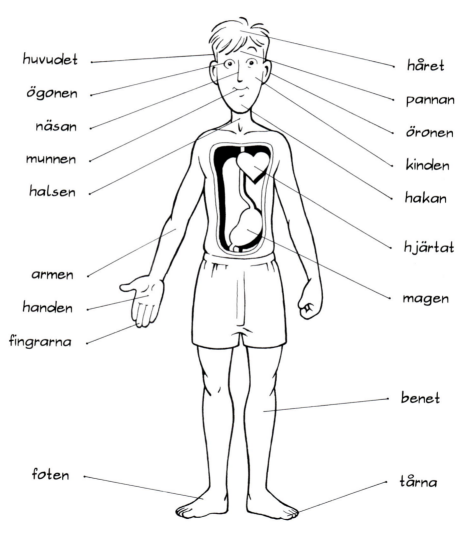

2

Doktor Ek berättar för en kollega vilka besvär Jan har, vilka hans alkohol- och rökvanor är, vilka problem han har på jobbet och vad han själv anser vara den rätta terapin (Jag ordinerade ...). Återge hans rapport med hjälp av texten.

Följande symptom kan tyda på att man håller på att bli sjuk:

brist på aptit, sömnlöshet, trötthet, frossa, utslag, ont i halsen eller någon annanstans, feber, mardrömmar, illamående.

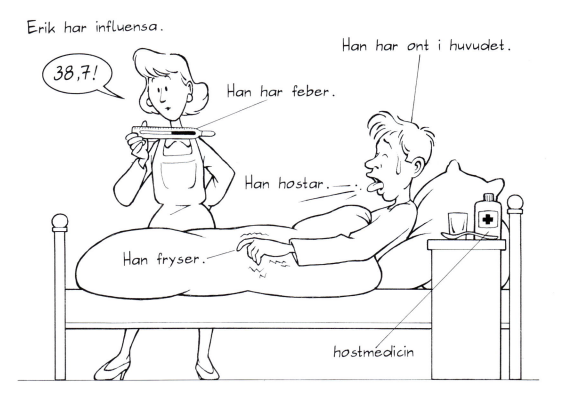

Lektion 24

4

Vilka symptom har du innan du blir sjuk?

5

Vad tar du **för slags** medicin? **Vad för slags** medicin tar du?	Jag tar **host**medicin.
Vad har han **för slags** hus? **Vad för slags** hus har han?	Han har ett **rad**hus.
Vad har hon **för slags** besvär? **Vad för slags** besvär har hon?	Hon har **mag**besvär.
Vad läser du **för slags** böcker? **Vad för slags** böcker läser du?	Jag läser **fack**böcker.

6

1. Vad läser du för slags böcker? (t. ex. deckare, science fiction-böcker, kärleksromaner, historiska romaner)
2. Vad för slags filmer tycker du om? (t. ex. svenska filmer, Ingmar Bergman-filmer, thriller, dokumentärfilmer, vilda västernfilmer)
3. Vad har du för slags bil? (personbil, skåpbil, terrängbil, sportvagn)

Fråga dina kurskamrater.

138   Lektion 24

7

```
   1 cigarrett i timmen
= 12 cigarretter om dagen
=  4 paket i veckan
= 16 paket i månaden
= 20 limpor om året
```

8

Detta är sjukförsäkringen.

Alla som bor i Sverige är försäkrade enligt lagen om allmän försäkring och har rätt att få del av sjukförsäkringen vid sjukvård.

Försäkringen omfattar också svenska medborgare som bor utomlands. Genom särskilda avtal (konventioner) kan många utländska medborgare få sjukvård i Sverige på samma villkor, även om de inte är bosatta här.

För svenska medborgare som bor utomlands gäller försäkringen om de blir akut sjuka under besök i Sverige och får vård här. Samma regler gäller för utländsk medborgare som omfattas av konvention.

Genom sjukförsäkringen betalas en del av kostnaderna för läkarvård, tandvård, sjukhusvård, sjukvårdande behandling (t.ex. massage), utprovning av hjälpmedel för handikappade, resor samt rådgivning om abort och preventivmedel.

9

                                      rätt fel

1. Utländska medborgare kan inte få sjukvård i Sverige när de inte är bosatta där.

2. Alla som bor i Sverige har rätt att ta del av sjukförsäkringen vid sjukvård.

3. Försäkringen omfattar också svenska medborgare som bor utomlands.

4. Sjukförsäkringen betalar inte kostnaden för rådgivning om preventivmedel och abort.

Lektion 24

Är konditionen på topp?

Jaså inte. Det är inget problem i så fall. Du har många möjligheter att förbättra den. Vi har motionslokaler för gymnastik, jazzbalett, simning, bastu och bordtennis. Tider för motions- och idrottsklubbens olika arrangemang finns på servicecentralens anslagstavla i receptionen.

Upplysningar om andra motionsaktiviteter kan du få genom ordföranden i Södra Nämndhusets Idrottsförening (SMIK) telefon 14 26 20

10

Några språkliga vändningar

1. Det står mig upp i halsen.
2. De hade ett samtal mellan fyra ögon.
3. Det kan jag inte säga på rak arm.
4. Det ligger nära till hands.
5. De hade ett finger med i spelet.
6. De pratade i munnen på varandra.
7. Han hade mage att tacka nej.
8. De lägger sin näsa i blöt.
9. Vad har du på hjärtat?

Här är motsvarande tyska vändningar. De ska ha samma ordningsföljd som de svenska vändningarna.

☐ Es liegt auf der Hand.
☐ Sie stecken die Nase in alles.
☐ Das kann ich nicht aus dem Ärmel schütteln.
☐ Sie hatte die Hand im Spiel.
☐ Es hängt mir zum Halse heraus.
☐ Er hatte den Mut, nein zu sagen.
☐ Was hast du auf dem Herzen?
☐ Sie hatten ein Gespräch unter vier Augen.
☐ Sie redeten durcheinander.

11

1. När skulle du kunna säga "det står mig upp i halsen"? När du har för mycket att göra, eller ...?
2. Finns det saker och ting som du inte kan säga på rak arm?
3. (Ifall du är gift:) Hade dina vänner eller din mans/frus vänner ett finger med i spelet när ni lärde känna varandra?
4. Har du mage att tacka nej när du är hemskt trött och din chef föreslår att ni ska äta middag tillsammans?
5. Det finns situationer där det kan vara bra med ett samtal mellan fyra ögon. Kan du ge något exempel?

Fråga de andra.

Lektion 25

1

Östersund 10/10

Hej käre vän!

Tack för brevet. Det var länge sen vi träffades på en uteservering i din hemstad. Det var otroligt vad mycket öl tyskarna orkade dricka. Dricker du alltid öl när du går ut med dina vänner? Jag minns att det fortfarande var mycket varmt ute. Här har det hunnit bli riktigt kallt. Just nu snöar det och det börjar redan bli mörkt trots att klockan inte är mer än fem på eftermiddagen. Brukar ni åka skidor över lördag-söndag eller föredrar ni att åka skridskor? Här blir det mest längdåkning, men till påsk tänker vi vara i Åre och åka utför. Åre är lika populärt som Garmisch i Tyskland. Annars mår vi bra allihopa. Det var intressant att läsa om din idrotts -

förening, jag är nämligen också med i en sådan. Sedan några månader tillbaka deltar vi i en språkkurs i ryska, Karin och jag. Och så är vi ju engagerade i Amnesty International. Det är mycket tidskrävande, men vi tycker att någonting måste göras! Är du kanske också engagerad på något sätt?

Du frågar hur vi bor. Kvarteret byggdes kring sekelskiftet. Huset vi bor i renoverades helt för något år sen. Det är förhållandevis lugnt här - lägenheterna i de nya bostadsområdena är ju så lyhörda! Men mitt arbetsrum vetter åt gatan där det är mycket trafik i rusningstid, bussen går också där. Berätta hur ni bor! När vi träffades den gången pratade ni om att ni skulle flytta till en annan stadsdel. Har ni fått trevliga grannar? Slipper ni trafikbullret?

Nu måste jag sluta. Jag ska hälsa från Karin, hon håller på att väva en matta.

Många hälsningar
Fredrik

2

Vi **råkade träffa** henne på stationen. – Vi **hinner dricka** en kopp kaffe. – Han **orkar** inte **bära** väskan. – Lena **låtsades sova** när hennes pappa kom hem. – Erik **tycks vara** hemma. – Jag **försöker (att) ringa** dig i kväll. – Jag hoppas att vi **slipper betala** tullavgiften. – När **brukar** du **vara** hemma? – Det **börjar** (att) **regna.** – De **slutade** (att) spela.

3

Låtsas att du är Fredriks brevvän. Besvara hans brev. Kom ihåg vad han vill veta.

4

Är din favoritsport med här?

segling – cykling – fotboll – tennis – ridning – bordtennis – judo – simning – skidåkning – basketboll – windsurfing – squash – gymnastik – volleyboll – jogging

5

Fråga de andra kursdeltagarna.

1. Hur många timmar i veckan utövar du din favoritsport?
2. Vad kostar utrustningen?
3. Ifall du är med i någon förening: Deltar ni i tävlingar?
4. Favoriserar du något fotbollslag?
5. Hur är placeringen i tabellen? (på första / andra / ... plats)
6. Hinner du göra andra saker också (gå på teatern / läsa böcker etc.)?
7. Slipper man betala för träningstimmarna när man är medlem i föreningen?
8. En fråga till dem som inte sportar: Vad gör ni för att hålla konditionen på topp?

6

> Hur länge har du hållit på med din favoritsport?

Hur länge har du bott här?
Hur länge har du hållit på med svenska språket?
Hur länge har du och din fru (man, sambo) känt varandra?

Fråga de andra också.

Lektion 25

7

1. Vad håller Fred på med när hans fru kommer?
2. Vad är det på TV?
3. Vad vill hans fru att han ska göra?
4. Ser han glad ut?
5. Tar det lång tid för honom att handla?
6. Varför sprang han så fort?
7. Vad gratulerar honom hans fru till?

(stödord: bli ursinnig – rusa iväg – missa matchen – tillbaka på nolltid.)

8

Bastu- och motionsanläggning

Fiskartorpets motionscentral, tel. 10 15 59. Öppen ons-tors 11–20, tis 7–20, fre 7–14, lör 9–13. Entrén stängs en timme före angiven tid.

Friluftsgården, tel. 10 63 68. Öppen mån–fre 11–15, mån–tors 17.30–21, lör–sön 10–15.

Stockholms fritidsförvaltning erbjuder alla motionsutövare en mängd preparerade motionsspår. Det finns ca 40 spår att välja på!

Låtsas att du inte känner till anläggningens öppettider. Fråga en kurskamrat som svarar "i telefon".

Lektion 25

9

Vilka egenskaper efterlyser du hos andra människor? gladlynt – snäll – ärlig – trevlig – sportälskande – tillförlitlig – ung – ungdomlig – barnkär – smal – mullig – vårdad – vacker – fördelaktigt utseende – blond – mörk

mullig

JAG VET ATT DU FINNS!
38-årig ingenjör, 1,80, sportälskande, musikintresserad, har egen villa i Solna, längtar efter en livskamrat som är attraktiv, barnkär (jag har en son i 8-årsåldern som bor hos mig). Du får gärna ha ett eller två barn. Jag föreställer mig att du är yngre än jag och under 175.
5977 – Sportintresserad

barnkär

SMÄRT, ungdomlig änka, 59 år, söker välvårdad mans bekantskap. Kanske vi tillsammans kan förvandla fritiden till något meningsfullt för en harmonisk och varm vänskap. Jag är intresserad av det mesta, även dans. 08-området.
6740 – Fortsättning följer

vacker   smal

LYSSNA, du glada, snälla och ärliga man, 40–60 år! Här finns en 42 årig gladlynt, mullig kvinna med humor, som önskar ditt sällskap. Allmänna intressen, dansar gärna. Röker och tar ett glas ibland.
6760 – Hoppas

65 – ÅRIG MAN, som ej trivs med ensamheten, önskar bekantskap med en trevlig kvinna. Jag är vårdad och skötsam, rök- och spritfri.
8720 – Bor i Askersund

vårdad

VAR HITTAR JAG DIG?
Jag är 35 år, blond, har ett fördelaktigt utseende, tycker om att fjällvandra, dansa, älskar teater och bio, har en liten flicka i 10-årsåldern som vill ha en ny pappa ... du ska vara trevlig, öm, tillförlitlig, inte över 45, ekonomiskt oberoende.
5301 – Ensam mor

ful

ovårdad

FINNS DET NÅGON barnkär kvinna med eget hem till en 47-årig man med 2-årig son? Allmänna intressen, bl a fiske och friluftsliv. Är snäll, vital, sparsam. Är bilburen och har en båt. Rökare. Språkkunskaper: svenska, finska och engelska.
6793 – Kanske en ny gryning

PARANT KVINNA söker trevlig, ungdomlig pensionär, som tycker om resor, musik, någon gång dans, lite god mat och ett gott glas vin. Jag finns i Gävle.
7840 – Älskar livet

fördelaktigt utseende
attraktiv

10

Vilka av de kontaktsökande passar till varandra? På grund av vilka egenskaper? Vilka egenskaper passar inte så bra och skulle kunna skapa problem?

Lektion 25   145

Lektion 26

1

VÄXELTELEFONIST

Vi är ett företag inom byggvaruhandeln som söker en telefonist till en mindre växel.

Du som sätter värde på kontakt med trevliga kunder och trivsam samvaro med arbetskamrater – hör av Dig till oss – ålder är av mindre betydelse.

I arbetsuppgifterna ingår posthantering och någon maskinskrivning samt inköp av kontorsvaror.

Vi håller till i nya fräscha lokaler belägna nära tunnelbana Sätra. Arbetstider mellan 8.00 – 16.30 – fredagar slutar vi 16.00 på vintern, 15.00 på sommaren.

Vårt telefonnummer är 08-88 01 90 – välkommen och prata med Birgitta Nyman.

AF I STHLM AB
Stensätravägen 2, 127 39 SKÄRHOLMEN

2

Röst, Elisabet Svensson

- Axelsberg-företagen i Stockholm A B.
- Mitt namn är Elisabet Svensson. Jag skulle vilja tala med Birgitta Nyman.
- Vad gäller saken?
- Jag har läst platsannonsen i DN ...
- Jaha. Ett ögonblick – jag ska koppla samtalet till Birgitta Nyman!

.....

Birgitta Nyman, Elisabet Svensson
- Nyman.
- Hej, jag heter Elisabet Svensson och ringer med anledning av annonsen i Dagens Nyheter där ni söker en växeltelefonist.
- Hej, är du intresserad av jobbet?

- Ja, det är jag.
- Har du någon tidigare yrkeserfarenhet?
- Jag har gått en maskinskrivningskurs och skött min pappas korrespondens och telefon. Han är arkitekt.
- Bra. Är det något du vill fråga om?
- Jo, skulle jag kunna jobba halvtid också? Jag har en liten flicka att sköta.

- Det skulle vi nog kunna ordna. Man kan tänka sig flextid också!
- Det är bra. Hur är det med lönen?
- Den blir enligt överenskommelse!
- När vill ni att jag skickar in mina ansökningshandlingar?
- Vi vore tacksamma om vi kunde få dem senast 20 oktober.
- Tack, då vet jag hur jag ska göra. Tack så mycket!
- Hejdå, och välkommen tillbaka.
- Hejdå!

Lektion 26   147

3

Variera innehållet i samtalet med hjälp av en annan annons. Fråga till exempel om lönen, om arbetstiderna och arbetsuppgifterna.

4

> Det **vore** trevligt. (= Det **skulle vara** trevligt.)
> Det vore bra om du **kunde** komma (= om du **skulle kunna** komma).
> Vi vore tacksamma om ni **ville** svara omgående.
>
> Om jag **hade** (= om jag **skulle ha**) pengar skulle jag köpa en ny TV.
>
> Om jag bara **kunde** (= om jag bara **skulle kunna**) förstå honom!
>
> **Skulle** du (ni) **kunna** öppna fönstret?

5

Vad skulle du göra
a. om du skulle ärva två miljoner?
b. om någon skulle erbjuda dig ett drömjobb i Australien?
c. om du skulle kunna tala svenska som en infödd?
d. om du hade tre månaders semester?

Vad skulle dina kurskamrater göra?

6

Programvärdinna, Lena, Göran, Stefan

P.: I vår serie ARBETE OCH MILJÖ ska vi i kväll fråga representanter för olika yrkesgrupper hur de upplever sin arbetsmiljö. Vi kanske ska börja med Lena som sitter till höger om mig. Lena, var någonstans jobbar du?
L.: Jag är kontorist på ABB sedan ett och ett halvt år tillbaka.
P.: Hur trivs du med arbetet där?
L.: Bra, det är omväxlande och stimulerande på många sätt.
P.: Hur är det med arbetskamraterna?
L.: De är jättetrevliga och bra att samarbeta med.
P.: Är du fackansluten?
L.: Ja, det är jag. Det är de flesta på min avdelning. Facket och företagsledningen samarbetar ju i de flesta frågorna, men det är klart: När det blir aktuellt med permitteringar kan det vara bra att ha någon som står på arbetstagarnas sida.

P.: Du är alltså nöjd med din arbetsmiljö. Göran, skulle du kunna berätta lite om dina arbetsvillkor.

ARBETSTIDEN

De flesta nyanställda har "femtedagsledigt", d v s arbetar fyra dagar och är ledig en, arbetar fyra och är ledig en, arbetar fyra och är ledig tre, och så om igen. Vissa dagar börjar man tidigt, omkring fem, sex på morgonen och tar ut bussen i trafiken. Andra dagar börjar man på eftermiddagen och slutar med att köra in bussen i hallen på kvällen. Vissa dagar kör man under morgon- och eftermiddagsrusningen och har några timmar ledigt däremellan.

G.: Jag är busschaufför, kommunalanställd. Jag brukar köra 47:an ut till Djurgården.
P.: Kör du nattetid också?
G.: Ja, just nu kör jag nattskift.
(Göran skulle också kunna berätta lite utförligare. Se ovan: "Arbetstiden".)
P.: Hur håller man sig vaken?
G.: Är man utvilad är det inget problem. Men ibland känns det ju motigt att sova mitt på ljusa dagen, och det är då ...
P.: Lönen då?

Lektion 26

G.: Jag får tillägg för obekväm arbetstid, så det är ingen fara. Vi har råd med det ena och det andra, resor till exempel.

P.: Tack, Göran, bussigt av dig att ställa upp!

Nu till Stefan som representerar en helt annan yrkesgrupp. Vad är du till yrket, Stefan?

St.: Författare. Jag skriver romaner, noveller och dikter.

P.: Vad innebär det att vara författare? Sitter du och skriver när andra roar sig, tittar på TV, går på restaurang eller på teatern?

St.: Ibland, när jag ska börja skriva en ny bok, kan det vara på det sättet. Men till mitt jobb hör också att man inte bara sitter och skriver utan också samlar intryck, reser, träffar människor ...

P.: Hur klarar man sig ekonomiskt som författare? Kan du försörja dig på ditt författarskap, Stefan?

St.: Jag är med i Sveriges Författarförbund, det ger en viss trygghet som man annars saknar i den här "branschen".

150 Lektion 26

7

Vem har sagt vad?

a. Jag är fackansluten. b. Jag samlar intryck, reser, träffar människor. c. Arbetet är omväxlande och stimulerande. d. Jag får tillägg för obekväm arbetstid. e. Jag är kommunalanställd. f. Det ger en viss trygghet som man annars saknar i min "bransch". g. Ibland känns det motigt att sova mitt på ljusa dagen.

8

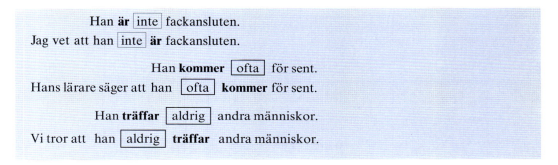

9

Bilda bisatser av de meningar som står i parentes.

1. Jag tror (hon är inte från Sverige). 2. Det sägs (de anställda arbetar ofta övertid). 3. Jag har läst (de spelar bara på fredagar och lördagar). 4. Han påstår (han kan inte sova före klockan fem på morgonen). 5. På resebyrån säger de (det är alltid mycket varmt så här års). 6. Hon skrev (hon ville gärna träffa mig). 7. Är det sant (ni har aldrig varit utomlands)?

Lektion 27

Jordbävning kräver tusentals dödsoffer

Älskar Margareta en annan?

Justitieministern tvingas avgå

Skatten sänks

Älg lamslår trafiken i tre timmar!

1 🔊

■ Jag skulle vilja prenumerera på en svensk tidning, frågan är bara vilken ...
● Tänker du på en veckotidning eller på en dagstidning?
■ En dagstidning. Vilken tycker du är bäst?
● Det är svårt att säga. Kvällstidningarna som t.ex. *Expressen* är bra när du vill informera dig snabbt om det som är aktuellt för dagen. Men om du vill ha mera bakgrundsinformation, gå mera på djupet, kan det vara bra med en av våra stora dagstidningar, *Dagens Nyheter, Svenska Dagbladet* eller *Göteborgs-Posten*.
■ Vilken av dem skulle du vilja rekommendera?
● Själv prenumererar jag på *Svenska Dagbladet,* med beteckningen "obunden moderat", för att den har en bra understreckare, men min fru tycker att den är för konservativ. Hon gillar ledarna och följetongen i *Dagens Nyheter* som kallar sig "oberoende liberal". När vi bodde i Göteborg prenumererade vi på *Göteborgs-Posten*. Vår dotter älskar kåserierna och serierna i *Svenska Dagbladet,* så det var det som avgjorde.
■ Understreckare? Ledare? Kåserier? Vad är det du talar om?
● Ledare – det är tidningens ställningstagande i politiska frågor på ledarplats. Understreckaren är en text under strecket som kommenterar eller recenserar nytkomna böcker, utställningar och kulturevenemang. Ja, och kåserier är texter som tar upp vardagliga ämnen och behandlar dem på ett underhållande, raljerande sätt.
■ Det är nog bäst att jag köper lösnummer av olika tidningar innan jag bestämmer mig ...

2

I dialogen nämndes flera textsorter (ledare, understreckare, kåseri, serie). Försök att hitta typexempel bland de urklipp som följer. Familjemedlemmarna i lektionstexten har olika smak. Vem vill läsa vad?

MARGINALEN Chef: Inger Wik Redaktion: 13 52

Lars Pörne

Jakten i Nälsta

DAGEN har varit en av de jäktigare, måste vi nog säga, kära Marginalenfans, och vi skriver detta i ett tillstånd av viss utmattning.

Vi har nämligen sedan i eftermiddags i rask följd sett Den vilda jakten på den vita Cadillacen, Jakten på den heliga kalken eller vad den nu heter samt Den vilda jakten på juvelen, en helkväll framför TV:n i brådskans tecken.

kund innan buss och hembygdsgård uppslukas av ett rött eldklot, kastar vi oss av det skenande fordonet.

Med svåra blessyrer släpar vi oss till kiosken och beställer för tio kronor smågodis. Medan vi står där och utan att vi märkt något har gangstrarna smugit upp bakom oss

Ständigt nya världskartor

Nu kanske statsmännen fattar att det i längden är verkligheten och inte kartan som gäller

DE SOM RITAR världskartor och redigerar handböcker som Utrikespolitiska institutets "Länder i fickformat" börjar nu förstå hur bra de har haft det under några årtionden. Fram till omvälvningen i östblocket har förändringarna efter avkoloniseringen i Asien och Afrika inte varit fler än att de gått att hantera.

Det är förstås inte

mot varandra kunde väpnade konflikter leda till en utplåning av mänskligheten.

Koloniernas frigörelse befäste ytterligare den diplomatiska normen "lagd gräns ligger". Som de gamla kolonialmakterna

kasta sig i krig om inte folkrätten höll mer på kartan än på verkligheten.

Fredens sak var de gränsernas

är en stor diplomatisk Alla stater

UNDER STRECKET
Selma Lagerlöfs märkliga brev

Selma Lagerlöfs brev till modern blev inte brända som det påståtts. De finns tillgängliga i det nya Lagerlöfarkivet på Kungliga Biblioteket. Vad breven dokumenterar är främst den första tiden, då Selma var lärarinna vid flickskolan i Landskrona, och sedan de långa resorna med Sophie Elkan. Däremot är förbluffande få brev från tiden vid Högre lärarinneseminariet, men vad som finns är desto märkligare, skriver artikelförfattaren.

Selma Lagerlöfs brev till modern Louise Lagerlöf har länge gäckat forskarna. Det har till och med påståtts att de blivit brända. Men nu har de finns tillgängliga i Kungliga Bibliotekets brev; det första skrivet just dött, och det Långa tider hade samt hem. Vad främst den första tiden vid flickskolan de långa resorna kollegan Sophie

Däremot är f vid Högre lärar finns är desto välkänt, att f ner på att sk pengar för h gick igenom de sedan på till seminari med henne. Leva på en enkel guvernantplats var Beskedet att hon gått igenom upplevde hon som en islossning. I berättelsen "Två spådomar" beskriver hon, hur hon kände att det

värsta var överståndet. Nu kunde hon skapa sig en framtid. Men hon har hemlighållit en sak.

BREV TILL MODERN från hösten känt till, talar ett an-

Undra på att kvinna!

"FÖR KRITISK!" VAD MENAR HAN MED, ATT JAG SKULLE VARA FÖR KRITISK?

©KFS/Distr. BULLS

154 Lektion 27

3

Boken har nyligen kommit ut. (**kommit** är supinum!)
Den är nyutkommen. (-**kommen** är perfekt particip. Dess form varierar.)

Jfr. Ringen har försvunnit. Den är försvunn**en**.
Smycket har försvunnit. Det är försvunn**et**.

Här ligger den nyutkomna boken – de nyutkomna böckerna. (**nyutkomna** är attribut!)

Jfr. Här ligger det nyutkomna bandet / de nyutkomna banden.
Här ligger den försvunna ringen / de försvunna ringarna.

4

Rånarna gripna i Märsta
betyder: Rånarna har gripits i Märsta.
Vad betyder följande tidningsrubriker?

Vapen och smycken funna i vikingagrav

Bank rånad mitt på dagen

Tonåring försvunnen

Två attentatsmän skjutna

Polisbil stulen i Solna

Två miljoner glömda på tunnelbanan

5

Göken är här!

En svala gör ingen sommar!

Vårens första tussilago!

I Sverige är vintrarna långa och mörka. Det är nog främsta orsaken till att svenskarna är experter på vårtecken. De upptäcker våren långt innan kontinentaleuropéerna märker det allra minsta. Sen rapporterar de sina iakttagelser till tidningarna som publicerar dem.

6

(en) vår + (ett) tecken	ett vårtecken
(en) tand + (en) läkare	en tandläkare
(en) födelsedag + (en) present	en födelsedag**s**present
(en) dag + (en) tidning	en dag**s**tidning
(en) viking + (en) grav	en viking**a**grav
(en) familj + (en) medlem	en familj**e**medlem
(en) vara + (ett) hus	ett var**u**hus
(en) hälsa + (en) kost	en häls**o**kost

7 Vårtecken

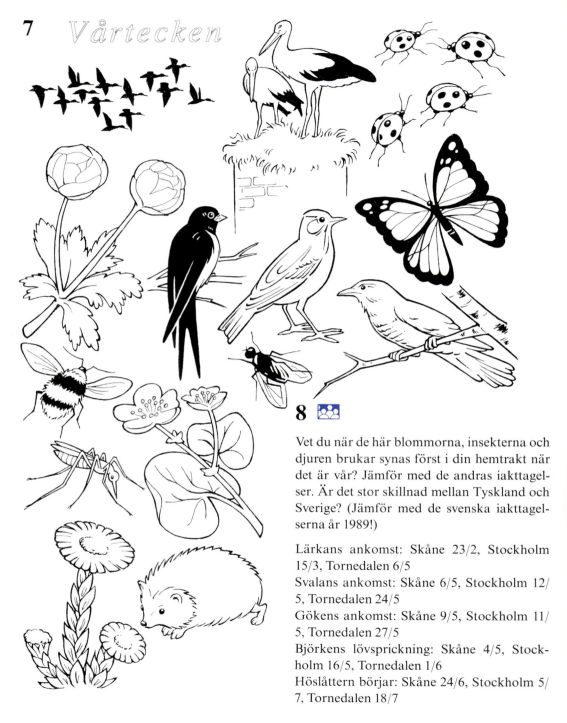

8

Vet du när de här blommorna, insekterna och djuren brukar synas först i din hemtrakt när det är vår? Jämför med de andras iakttagelser. Är det stor skillnad mellan Tyskland och Sverige? (Jämför med de svenska iakttagelserna år 1989!)

Lärkans ankomst: Skåne 23/2, Stockholm 15/3, Tornedalen 6/5
Svalans ankomst: Skåne 6/5, Stockholm 12/5, Tornedalen 24/5
Gökens ankomst: Skåne 9/5, Stockholm 11/5, Tornedalen 27/5
Björkens lövsprickning: Skåne 4/5, Stockholm 16/5, Tornedalen 1/6
Höslåttern börjar: Skåne 24/6, Stockholm 5/7, Tornedalen 18/7

Lektion 28

1

En expedit, fru Alm

▷ Får du* hjälp?
■ Nej, jag skulle vilja byta den här tröjan. Den köpte jag strax före jul och nu har det visat sig att den inte tål att tvättas. Den har krympt till den grad att den inte ens passar min tioåriga dotter!
▷ Tvättade du den enligt skötselrådet?
■ Självfallet gjorde jag det! Det står ju att den ska tvättas skonsamt.
▷ Använde du torktumlare?
■ Absolut inte! Jag vet naturligtvis att den inte tål att torkas på det sättet. Så jag lät den dropptorka. – Dessutom har jag märkt att den färgar! Den har förstört några av mina blusar!
▷ Vattnet i tvättmaskinen kanske var för varmt?
■ För varmt? Inte var det för varmt! Nej, det beror helt enkelt på den dåliga kvalitén att det blev på det här sättet!

▷ Kvaliteten på den här tröjan är det inget fel på. Våra kunder är mycket nöjda med just den här tröjan!
■ Vad bryr jag mig om vad de andra säger! Den här tröjan är inte bra och jag vill ha en annan istället! Det *är* väl öppet köp, eller hur?
▷ Visst, men det gäller bara varor som inte har använts!
■ Hur ska jag kunna veta att den inte tål att tvättas när jag inte har tvättat den?!
▷ Det är bäst att tala med avdelningschefen om det här!
■ Ja, det är det minsta man kan begära!
▷ Ja antar att du har sparat kvittot?
■ Jaa, det var ju så länge sen... och dessutom är det bara ni som säljer de här slags tröjorna, eller hur?
▷ Jag beklagar, men utan kvitto kan jag principiellt ingenting göra.
■ Var vänlig och hämta avdelningschefen!

* Hon kan också säga "ni".

2

Diskutera hur avdelningschefen kommer att bedöma situationen. Tycker ni att fru Alm har rätt, eller håller ni med expediten?

3

Kvalitén är det inget fel på . Jämför: Det är inget fel på kvalitén.

De yngre barnen har vi inga problem med .

Krister har jag ofta samarbetat med .

4

1. Vad berodde det enligt fru Alm på att tröjan hade krympt?
2. Vem vill hon absolut prata med?
3. Vilken lektion håller du och dina kurskamrater på med just nu?
4. Vilken bil tycker du (dina kurskamrater) bäst om? Varför?
5. Finns det någon kundtjänst som du är mycket nöjd med?
6. Fråga dina kurskamrater vilka svenska landskap de är speciellt intresserade av.

Lektion 28

5

6

På vilken fråga kan du svara:

1. Jag letar efter pjäxor.
2. 38 eller 39.
3. Jag skulle vilja ha älgstek med champinjonsås.
4. Nej, vi tänkte betala kontant!

Lektion 28

7

Den klassiska garderoben – finns den?

Nya trender dyker upp med blixtens hastighet och det gäller att lika snabbt kunna parera utbudet i butiken.
Modeskapare och inköpare jagar världen runt för att tolka tidsandan.
Kjollängden varierar så till den grad att den inte längre kan tjäna som riktmärke för konjunktursvängningarna.
Förr visste man att kort kjol betydde goda tider och lång kjol att en konjunktursvacka var i antågande.

Dett finns många tecken på att den klassiska garderoben – lappade jeans, joggingdojor, gul T-tröja och spola kröken-emblemet inte längre står sig i denna förändringens modevind.
För de riktigt konservativa innebär det naturligtvis ingen förändring, men annars är trenden för ögonblicket en kavaj man kan känna sig vardagsklädd i.
Det är inte så vansinnigt flott att ha farsans finskjorta heller vilket måste kännas som en lättnad för alla fäder som nu i flera år förgäves rotat efter en hyggligt fräsch skjorta i flickrummet.

8

Frågor på texten

1. Varför jagar modeskaparna och inköparna världen runt?
2. Vad visade kjollängden förr i tiden?
3. Vad anser skribenten vara den "klassiska garderoben"?
4. Vad säger han om trenden?
5. Vad innebar det för papporna att deras finskjortor var på modet hos flickorna?

9

I vår text förekommer några exempel på talspråk (dojor, spola kröken, farsan, hyggligt). Titta nu på meningarna i vänstra spalten här nere och försök att hitta motsvarande meningar i högra spalten. Jämför resultatet.

a. Känner du tjejerna där?
b. Jag tänkte ta en bärsa och käka en macka.
c. Hur är läget?
d. De är kompisar till syrran.
e. Hänger du med?
f. Barnen ska tågluffa på kontinenten.
g. Är det du som pröjsar?
h. Tjänare!
i. Kan du låna mig tio spänn?

☐ De är goda vänner till min syster
☐ Hur står det till?

☐ Följer du med?
☐ Barnen ska resa runt på kontinenten med tåg.
☐ Känner du flickorna där?
☐ Jag tänkte dricka en öl och äta en smörgås.
☐ Hej!
☐ Kan du låna mig tio kronor?
☐ Är det du som betalar?

Lektion 28   161

Lektion 29

Håkan Sjunnesson, Luleå – son till Gunilla och Sven Sjunnesson, Immeln – och *Jenny Lindmark*, Luleå, dotter till Ann-Christin och Leif Lindmark, Gammelstad. Vigseln ägde rum i Nederluleå kyrka. (Foto: Lotten Andersson, Uppsala)

1

○ Titta här, Bertil!
Jenny har gift sig! Vem skulle ha trott det!
◆ Känner jag henne?
○ Naturligtvis känner du henne! Hon är ju äldsta dottern till våra grannar! De som alltid är så snälla – du minns nog att de hjälpte dig när bilen inte ville gå ...
◆ Jaså, det är h o n?!
○ Hon ser mycket lycklig ut ..., och en sån stilig karl hon har fått!
Det är vackert med bröllop ... med brudkrona, slöja och allting ...
◆ Ja, men alla vigs ju inte i kyrkan!
○ Det är klart att de inte gör, men det är fortfarande mycket populärt. Kommer du ihåg att vi vigdes i den gamla träkyrkan på Skansen den gången? Och en sån vacker bröllopsfest det var – med alla släktingar och vänner!
◆ Det är inte långt kvar till vårt silverbröllop!
○ Och jag som trodde att du hade glömt det!

---

förlovad – gift – sammanboende – frånskild – separerad – ogift – änka/änkling

162   Lektion 29

2

Svenska kyrkan

Bara svenska medborgare och i Sverige bosatta utlänningar kan vara medlemmar av svenska kyrkan. Barn i äktenskap blir vid födelsen automatiskt medlem om båda föräldrarna är det, likaså om en av föräldrarna är det, och om inte föräldrarna gemensamt senast 6 veckor efter barnets födelse muntligen eller skriftligen till pastorsexpeditionen anmäler att barnet inte skall tillhöra kyrkan. Barn utom äktenskap blir automatiskt medlem om modern tillhör kyrkan. Den som inte blivit medlem av kyrkan som barn och utlänningar som bosätter sig i Sverige kan ansöka om inträde. Sedan 1951 kan den som vill utträda ur svenska kyrkan utan att ansluta sig till annat erkänt kristet trossamfund. Anmälan om utträde kan göras muntligt eller skriftligt, och något skäl behöver inte anges.

Kyrkobesök	
Högmässa	9 526 468
Övr gudstjänster	9 334 212
Musikgudstjänster	2 172 393
Förrättningar	
Dop	72 356
Vigslar	24 368
Jordfästningar	87 376
Nattvardsbesök	2 073 268
Konfirmerade	74 200

3

Du frågar, en annan svarar.

1. Vem kan bli medlem av svenska kyrkan?
2. Kan barn utom äktenskap också bli medlem?
3. Kan utlänningar som bosätter sig i Sverige också ansöka om inträde?
4. Vad måste man göra när man inte vill att barnet automatiskt ska bli medlem av svenska kyrkan?
5. Måste den som vill utträda ur kyrkan ansluta sig till annat erkänt trossamfund?
6. Måste man motivera sitt utträde?
7. Måste anmälan om utträde göras skriftligt?
8. Hur många dop förrättades under 1988?

4

Om du är gift: Vigdes du i kyrkan eller i rådhuset (borgerligt)?

Har man brudkrona i ditt hemland när man gifter sig?

Är det vanligt att man förlovar sig dessförinnan?

Vad talar för att vara gift / att vara sammanboende?

5

Hon är **äldsta** dotter**n** till våra grannar			
Eva är **yngsta** (**äldsta**, **end**a) bar**net** i familjen			
högra armen	**vänstra** armen	**denna** gång	**nästa** gång
första tåget	**sista** tåget	(ett **annat** fel)	**samma** fel
Östra Ågatan	**Västra** Ågatan		
den här gången	**förra** gången		

Lektion 29

6

Är du äldsta (yngsta, enda) barnet i din familj?
Är det första gången du läser något främmande språk?
Vilken lektion behandlades förra gången?
Har du bott i samma kommun i hela ditt liv?
Var ska du tillbringa nästa semester?

Fråga dina kurskamrater.

7

GYMNASIESKOLAN

inrättades 1971 genom sammanslagning av de äldre skolformerna fackskola, gymnasium och yrkesskola. Gymnasieskolans mål är bl. a. att förbereda eleverna såväl för yrkesutövning som för fortsatt utbildning.

Gymnasieskolan omfattar ett stort antal tekniska, teoretiska och yrkesinriktade linjer. Alla elever som har slutbetyg från årskurs 9 i grundskolan kan söka till gymnasieskolan.

8

1. I Sverige är man sju år när man börjar skolan. Hur gammal är man i ditt hemland? 2. Var har du gått i skola? 3. Var din skola yrkesinriktad? 4. Var du bra i matte (modersmål, främmande språk, gymnastik)? 5. När börjar och när slutar skolåret? 6. Är det likadant i alla delstater?

9

Uschi från Berlin sitter och pratar med Pyttan om det politiska livet i Sverige.

○ Vad betyder det här – ny SIFO-undersökning visar: De borgerliga upp med 5%?
● SIFO är Svenska institutet för opinionsundersökningar. Det är alltså valbarometern det handlar om. Moderaterna, Folkpartiet, Centern och Kristdemokratiska Samhällspartiet bildar det borgerliga blocket. Varken de borgerliga eller socialdemokraterna på vänsterflygeln är alltid tillräckligt starka för att kunna bilda en majoritetsregering. Mindre partier som har klarat 4%-spärren men som inte är med i regeringen kan därför bli tungan på vågen, dvs. det beror på dem om regeringspartierna får den majoritet som de behöver. Skillnaderna mellan blocken är kanske inte så stora – samtliga partier stod bakom EU-anslutningen.
○ Finns det något parti som prioriterar miljöfrågorna?
● Jo, miljöpartiet de Gröna, men på grund av den tilltagande miljöförstöringen är mer eller mindre alla partierna tvungna att ha någon form av miljöprogram.
○ Får invandrare också rösta i riksdagsvalet?
● Nej, det får de inte, däremot är de valberättigade i kommunalvalet och i valet till stadsfullmäktige. Det tycker jag är bra.

10

Man går till val.
Man röstar på ett parti.
Men det finns också väljare som är missnöjda och därför röstar blankt.
Poströsterna kan vara avgörande i ett val.

Sverige är en parlamentarisk monarki.

11

1. Vilket parti (vilka partier) är i regeringsställning i ditt hemland?
2. Finns det någonting man skulle kunna jämföra med 4%-spärren?
3. Är invandrarna röstberättigade?
4. Vilket parti (vilka partier) prioriterar miljöfrågorna?
5. När blir det val nästa gång?
6. Vet du hur ofta det är val till riksdagen i Sverige? (Vart ... år.)

12

"Allmän opinion AB" håller på med en opinionsundersökning. Tuffa Viktor svarar på frågor.

1. Är Viktors fru glad över att han svarar på frågorna?
2. Accepterar Viktor att hon svarar istället för honom?
3. Vad gör mannen från "Allmän opinion AB" medan de grälar?
4. Varför visslar han?
   a. Han är nöjd med resultatet.
   b. Han är van vid gräl.
   c. Han är själv gift.

Lektion 29

Lektion 30

1 ▶▶

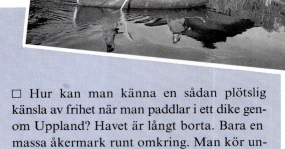

I ett dike genom Uppland väntar äventyret

Det är sug i den här gamla leden. En gång seglade vikingarna den här vägen från Uppsala och ut till havet.

I dag är Långhundraleden ett paradis för paddlare. Ett fint och lite annorlunda semestermål »runt knuten».

□ Hur kan man känna en sådan plötslig känsla av frihet när man paddlar i ett dike genom Uppland? Havet är långt borta. Bara en massa åkermark runt omkring. Man kör under en bro och hör dånet av alla bilarna på Norrtäljevägen.

Vi är nära vattnet. Driver med strömmen ner mot havet. Lutar oss tillbaka och vilar, släpar handen i vattnet. Svettningen i kombination med kylan från det vårkalla vattnet skapar nån sorts underbar kortslutning i själen.

Ja, man får använda sin fantasi. Här drog vikingarna fram på väg ner mot havet, och på väg till Ryssland och sen vidare på floderna ner mot Miklagård – Konstantinopel, Istanbul, alltså.

Vid slutet av vikingatiden, alltså för tusen år sedan, gick vattnet fem meter högre än nu. Förbindelsen mellan Uppsala och havet bröts. Man fick dra båtarna över tröskeln vid Skeppstuna.

Ett vikingaskepp.
Fören pryddes av ett drakhuvud.

en gång	– idag
förr i tiden	– nuförtiden
förr	– nu

2

Vikingarna var **både** krigare **och** handelsmän.
På medeltiden kunde de flesta människor **varken** läsa **eller** skriva.
Originalet finns **antingen** i Uppsala **eller** i Lund.

3

Jämför situationen av idag med situationen förr i tiden. Komplettera meningarna.

1. Förr i tiden tog det flera dagar att resa från Göteborg till Stockholm. Nuförtiden ...
2. Förr i tiden var det nästan omöjligt för människorna i glesbygden att ta del av det som hände i Stockholm. Nuförtiden ...
3. Förr i tiden var det bara ett fåtal människor som reste utomlands. Nuförtiden ...
4. Förr fick man tvätta för hand. Nuförtiden ...
5. Förr bodde de unga och de gamla ofta under samma tak. Nuförtiden ...
6. Förr var det ofta omöjligt att få tag i en läkare när man bodde i glesbygden. Nuförtiden ...
7. Förr i tiden skulle man först "lägga bort titlarna" innan man vågade dua varandra. Nuförtiden ...
8. Förr i tiden skulle man alltid vara gift när man bodde ihop. Nuförtiden ...
9. På 1700-talet var Stockholm en stad med 70 000 invånare. Nuförtiden ...

Lektion 30

4

Komplettera dialogen med hjälp av informationerna nedan.

STOCKHOLM SKÄRGÅRD

Båtuthyrningen
Västergöksvägen 68
162 24 VÄLLINGBY
Tel 08-76 14 65 53

Rent-a-Boat AB
Box 218
133 02 SALTSJÖBADEN
Tel 08-717 96 15
Telex 13898, Telefax 08-717 97 09

Sesam Marin
Västergöksvägen 66
162 24 VÄLLINGBY
Tel. 08-76 10 170
Telefax 08-760 20 30

RTC-Båtkontakten AB
Bullandö Marina
139 00 VÄRMDÖ
Tel. 0766-459 00, 01
Fax 08-668 33 43

5

Sveriges landskap

Götaland
Halland
Blekinge
Skåne
Småland
Öland
Gotland
Östergötland
Västergötland
Dalsland
Bohuslän

Svealand
Södermanland
Uppland
Västmanland

Närke
Värmland
Dalarna

Norrland
Gästrikland
Hälsingland
Härjedalen
Jämtland
Medelpad
Ångermanland
Västerbotten
Norrbotten
Lappland

168 Lektion 30

6

Sverige	Vattenyta: 38.349 km²
Yta: 449.964 km²	Befolkning: 8,6 miljoner
Landyta: 411.615 km²	Folktäthet: 20 m./km²

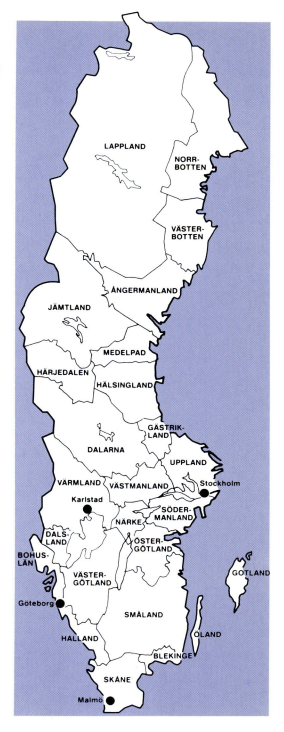

Sveriges yta är 449.964 km². Landet har över 8 miljoner invånare, dvs. folktätheten är ca 20 invånare per km². I Tyskland bor det 222 på en km². Men de flesta människorna bor i tätorter, bara Stockholm har över en miljon invånare. Norrland är glesbygd; avståndet mellan samhällena eller gårdarna är i regel mycket stort. Det är svårt att få arbete där. Samerna har drabbats hårt av Tschernobylolyckan och är sedan dess beroende av statliga stödåtgärder.

Norrland är ett klassiskt turistmål; på vintern är det många som söker sig till de stora skidorterna, Åre och Storlien t. ex. Kungsleden är en annan norrländsk turistattraktion. På sommaren är det tusentals människor från hela världen som vandrar med sina ryggsäckar mellan Ammarnäs och Abisko.

Att Sverige är ett industriland märks speciellt i Mellansverige och Sydsverige. Men de stora skogarna i norra Sverige har också stor betydelse för svenskt näringsliv. En stor del av den pappersmassa och den malm Sverige exporterar kommer från de nordliga delarna av landet.

Sverige kallas också de 100 000 sjöarnas land. Sjöarna och de stora barrskogarna präglar landets utseende, men i södra Sverige finns det också mycket lövskog. När man tittar på kartan och ser mängden av sjösystem och vattendrag förstår man att Sverige en gång i tiden har varit ett vikingaland. Annars är det bara runstenarna och skeppsättningarna som påminner om vikingarna.

Lektion 30

7

Jämför folktätheten i Sverige och i Tyskland! Peka ut Kungsleden på en Sverigekarta. Ta reda på avståndet mellan Sveriges nordligaste och sydligaste spets. Jämför resultatet med avstånden på kontinenten.

8

> **När** Sverige beboddes av vikingar kunde man segla ända till Uppsala.
>
> **Efter det att (sedan)** samerna hade drabbats av Tschernobylolyckan var de beroende av stödåtgärder.
>
> **Innan** de första människorna kom till Sverige var landet istäckt.
>
> Vikingarna dyrkade Oden och andra gudar **tills** kristendomen kom till Norden.
>
> **Medan** danskarna var i Stockholm reste Gustaf Vasa till Dalarna för att skaffa hjälp.
>
> **Om** du vill se midnattssolen måste du vara en bra bit ovanför polcirkeln.
>
> **Trots att (även om)** Stockholm ligger på samma breddgrad som Grönlands sydspets är klimatet mycket mildare än där.
>
> **Eftersom** folktätheten bara är 20 invånare per km² finns det mycket orörd natur i Sverige. (Det finns mycket orörd natur i Sverige **därför att** ...)

9

bisats	huvudsats
konjunktion · subjekt · verb	verb · subjekt

10

Skriv av bisatserna och huvudsatserna här nedan på kartong, klipp ur rutorna och kombinera dem på olika sätt tills du blir nöjd med resultatet. Det får gärna vara roliga meningar också!

170   Lektion 30

Strax innan jag vaknade ...	... smakade Lenas köttbullar utmärkt.
Trots att jag redan hade ätit ...	... brukade jag vakna vid 12-tiden.
När jag hade semester ...	... fick jag plats som sekreterare i Stockholm.
Medan jag städade ...	... tog jag på mig regnrocken.
Eftersom det började regna ...	... klippte min man (fru) gräsmattan.
Efter det att jag hade avslutat svenskkursen ...	... beställde jag den vackra mattan.
Utan att fråga om priset ...	... drömde jag om Kristina (Patrik).

Aussprache
der schwedischen Vokale und Konsonanten, die in ihrer Lautqualität vom Deutschen abweichen.*

Vokale

a   Kürze und Länge unterscheiden sich auch qualitativ. Das *kurze a* ist dem deutschen kurzen *a* vergleichbar. Das *lange a* ist offener als der entsprechende deutsche Vokal.

o   wird in einigen Wörtern wie das deutsche *o*, in anderen wie das deutsche *u* ausgesprochen. (Kürze und Länge) Die Aussprache muss also immer mitgelernt werden.

u   Der *kurze* Vokal liegt in seiner Lautqualität zwischen dem kurzen deutschen *u* und dem kurzen deutschen *o*.
Der *lange* Vokal erinnert an ein langes deutsches *ü*, das in ein *w* übergeht: $ü^w$.

å   entspricht dem deutschen *o*. (Kürze und Länge)

ä, ö   werden vor *r* im Schwedischen offener ausgesprochen als die entsprechenden deutschen Vokale. (Kürze und Länge)

y   liegt in seiner Lautqualität zwischen dem deutschen *ü* und dem deutschen *i*. (Kürze und Länge)

Diphthonge

au, eu   Die Vokale, aus denen sich die Diphthonge zusammensetzen, verändern ihre Lautqualität kaum.

ej   hat eine höhere Tonlage als das deutsche *ei*.

Konsonanten

c   wird wie ein scharfes deutsches *s* ausgesprochen.

g   wird vor *e, i, ä, ö, y* und im Auslaut nach *l* und *r* wie das deutsche *j*, vor *a, o, u, å* wie das deutsche *g* ausgesprochen.

k   wird vor *e, i, ä, ö, y* ähnlich wie ein deutsches *ch*, aber mit stärkerem Druck ausgesprochen. Vor *a, o, u, å* entspricht es dem deutschen *k*-Laut.

r   ist ein Zungenspitzen-*r*, nicht aber im südschwedischen Raum.

v   wird wie das deutsche *w* ausgesprochen. Das *w* kommt nur in älteren Eigennamen vor.

z   wird wie ein scharfes deutsches *s* ausgesprochen.

Konsonantenverbindungen

kj, tj   werden wie das schwedische *k* (vor *e, i, ä, ö, y*) gesprochen.

---

* Geringfügige Verschiedenheiten, die für die Verständigung nicht von Bedeutung sind, wurden nicht berücksichtigt.

sk   wird vor *e, i, ä, ö, y* ähnlich wie ein deutsches *sch* ausgesprochen, klingt aber gepresster, da weiter hinten gebildet.
Vor *a, o, u, å* entspricht es der deutschen Lautverbindung *sk*.

sj, skj, stj, sch sowie -ti, -si und -ssi in Fremdwörtern wie *station, pension, mission* haben die gleiche Lautqualität wie *sk* vor *e, i, ä, ö, y*; g und j haben diese Aussprache nur in einigen Fremdwörtern.

rs   ist eine Lautverbindung, die in der Umgangssprache ähnlich wie *rsch* ausgesprochen wird (nicht in Südschweden). Das gleiche gilt auch, wenn zwischen dem *r* und dem *s* eine Wortgrenze liegt.

rd, rl, rn, rt
verschmelzen im Schwedischen zu einer Lautverbindung, bei der das *r* nicht mehr herauszuhören ist.

gn   wird wie nasales *ng* + *n* ausgesprochen.

dj, gj, hj, lj
werden anlautend wie *j* ausgesprochen, d. h. der erste Konsonant bleibt stumm, während er in den übrigen Verbindungen mit *j* hörbar ist.

Akzent

Das Schwedische kennt wie das Deutsche den akuten Akzent (Akzent 1): Hauptton auf der ersten Silbe, fallend zum Wortende hin. Beispiel: *tomten* "das Grundstück".

Daneben kommt der grave Akzent (Akzent 2) vor: Fallender Ton auf der ersten (betonten) Silbe, steigender Ton auf der folgenden Silbe. Die dabei erreichte Tonhöhe liegt deutlich über dem Niveau des Anfangstons. Beispiel: *tomten* "das Wichtelmännchen". Dieses Wort hat den graven Akzent, weil es auch *ohne* Artikel *zweisilbig* ist: *tomte* "Wichtelmännchen". Umgekehrt hat *tomten* „das Grundstück" den graven Akzent nicht, weil es an sich einsilbig ist: *tomt* "Grundstück". Es kommt also immer darauf an, ob die artikellose Form des Substantivs ein- oder zweisilbig ist.

Zweisilbige Substantive behalten auch im Plural den graven Akzent *(tomtar, tomtarna)* bei. Bei den einsilbigen Substantiven spielen die Verhältnisse des Altnordischen eine Rolle, so dass es nicht möglich ist, den Akzent hier ebenfalls aus der artikellosen Form abzuleiten.

In Zusammensetzungen steigt der Ton erst auf der dritten (Beispiel: *varuhus*) bzw. auf einer der noch folgenden Silben.
Der Unterschied zwischen den beiden Akzentformen erstreckt sich auch auf das Verb: Wenn das Präsens auf *-er* gebildet wird *(läser, fryser)*, liegt Akzent 1 vor, bei Präsensbildung auf *-ar (talar)* dagegen Akzent 2.

Grammatik- und Sachregister

Adjektiv (Eigenschaftswort) 4.6, 6.5, 8.8, 9.12, 13.10, 16.3, 27.3, 29.5
Adverb (Umstandswort) 8.2, 10.6.9, 12.6, 17.8, 20.9, 26.8
Alphabet 4.8
Artikel (Geschlechtswort) 2.9, 8.8, 29.5
Attribut (Beifügung) 4.6, 6.5
Deklination (Beugung) 5.13
Fragesätze (indirekte) 19.8
Futur (Zukunft) 4.15
Geld 6
Genitiv (Wesfall) → Kasus
Imperativ (Befehlsform) 6.12
Imperfekt (1. Vergangenheitsform) 11.3
Infinitiv (Grundform) 3.5, 25.2
Irrealis (Nichtwirklichkeit) → Konjunktiv
Kasus (Fall) 10.3, 11.10
Komparation (Steigerung) 16.3
Komposita (zusammengesetzte Substantive) 27.6
Konjugation (Abwandlung des Verbs) 3.11
Konjunktion (Bindewort) 30.8
Konjunktiv (Möglichkeitsform des Verbs) 26.4
Längenmaße 7.3
Maße und Gewichte 4.2
Mengenbezeichnungen 13.4
Monate 6.6
Neutrum (nichtsächliches Geschlechtswort) 2.7
Objektfall (Personalpronomen) 5.4
Partizip (Mittelwort, adjektivisch und substantivisch gebraucht) 13.10, 21.5, 27.3
Passiv (Leideform) 17.7.14
Perfekt (vollendete Gegenwart) 15.3, 25.6
Plural (Mehrzahl) 5.13, 6.5
Plusquamperfekt (Vorvergangenheit) 23.5
Präposition (Verhältniswort) 14.5, 20.9, 22.10, 23.7, 24.7, 28.3
Präsens (Gegenwart) 3.11

Pronomen (Fürwort)
   Demonstrativpronomen (hinweisendes Fürwort) 9.2
   Indefinitpronomen (unbestimmtes Fürwort) 9.6, 19.3, 20.4, 21.8, 22.3
   Interrogativpronomen (Fragefürwort) 1.3, 7.6.14, 19.8
   Personalpronomen (persönliches Fürwort) 1.2, 3.9, 5.4
   Possessivpronomen (besitzanzeigendes Fürwort) 5.11, 7.10.11
   Reflexivpronomen (rückbezügliches Fürwort) 18.10
   Relativpronomen (bezügliches Fürwort) 20.5
Satzstellung 4.11, 14.5, 26.8, 28.3
Stil 18.10, 28.8.10
Substantiv (Hauptwort) 2.7, 5.13, 9.4
Supinum (Partizipform zur Vergangenheitsbildung) 13.10, 15.3
Uhrzeit 5.6
Utrum (nichtsächliches Geschlechtswort) 2.7
Verb (Zeitwort)
   Deponens (aktives Verb mit passiver Form) 14.3 (a)
   Hilfsverb (Hilfszeitwort) 15.3, 17.14, 23.5
   Modalverb (Zeitwort der Art und Weise) 16.8 (vgl. 25.2)
   Reflexives Verb (rückbezügliches Zeitwort) 18.11
   Reziprokes Verb (wechselseitiges Zeitwort) 14.3 (b)
   Schwaches Verb 11.3
   Starkes Verb 11.3
Wochentage 4.12
Wortbildung 18.7, 27.6
Zahlen
   Kardinalzahlen (Grundzahlen) 2.3, 3.6
   Ordinalzahlen (Ordnungszahlen) 8.10
Zeiteinheiten 7.3

Wortschatz

Der Wortschatz ist gegliedert in
1. Lektionswortschatz, alphabetisch geordnet
   a. Wortschatz der Lektion
   b. Wortschatz der Realien (Kennzeichen: vorangestelltes R)
2. Gesamtwortschatz, alphabetisch geordnet, einschließlich der im Übungsteil des Arbeitsbuches neu hinzukommenden Wörter (AB = Arbeitsbuch)
3. Wortschatz der Hintergrundtexte (heller gedruckt).

Kursivdruck innerhalb des Realienwortschatzes bzw. innerhalb des Gesamtwortschatzes bedeutet, dass die Vokabel nicht in Übungen verwendet wird, die ihre Kenntnis voraussetzen, und deshalb auch nicht gelernt werden muss ("Passiver" Wortschatz).

Der Wortschatz enthält folgende regelmäßig wiederkehrende Informationen:

1. Verben: Infinitivform, Personalendung Präsens

-*r* hinter der Infinitivform bedeutet: Das Verb bildet die Personalform Präsens in allen Personen durch Anhängen von *r* an die Infinitivform; d. h. das *a* gehört zum Wortstamm.

-*er* hinter der Infinitivform bedeutet: Das Verb verliert sein Infinitiv-*a* und hängt -*er* an den verbleibenden Stamm an; das *a* ist also nicht Bestandteil des Wortstamms.

Imperfektform und Supinumform der starken Verben. (Bei den unregelmäßigen schwachen Verben stehen diese Formen in Klammer.)

2. Substantive: Unbestimmte Singularform der Substantive; Hinweis auf Pluralform/Deklination (eine in Klammer stehende 3 bedeutet z. B., dass das Substantiv den Plural nach der 3. Pluralkategorie bzw. Deklination bildet). Falls die Pluralform von der Norm abweicht, wird sie in Klammern angegeben. Wenn es keinen Plural gibt oder der Plural bedeutungsmäßig nicht völlig mit dem Singular übereinstimmt, wird nur die bestimmte Form Singular angegeben. Das Geschlecht (Genus) läßt sich gewöhnlich am Deklinationshinweis ablesen.

> Die Deklinationsbezeichnungen *1–3* zeigen in der Regel an, dass es sich um ein Utrum handelt.
> Die Deklinationsbezeichnungen *4* und *5* lassen demgegenüber ein Neutrum erwarten. (Ausnahme: Substantive auf -*are* oder -*er*, wie *lärare* Lehrer, sind Utra, obwohl sie nach der 5. Deklination gehen.)

Bei Abweichungen wird die bestimmte Form Singular mit einem Ausrufezeichen versehen.

Beispiel: *pris, -et* (!) (3) Preis

(Die Deklinationsangabe lässt an sich ein Utrum erwarten, das Substantiv ist aber ein Neutrum.)

Veränderungen, die sich bei der Pluralbildung ergeben können, wie

fågel → fåglar (Ausfall des *e*)

werden nicht angegeben. Sie folgen Regeln, die wir in unserer "Schwedischen Grammatik" beschrieben haben.

3. Adjektive: Grundform (= Utrumform) der Adjektive. Neutrumform nur bei abweichender Bildung.

Die sich an das schwedische Wort jeweils anschließende deutsche Übersetzung betrifft die Bedeutung des Wortes im Kontext der jeweiligen Lektion. Falls ein Wort zuerst innerhalb des Realienwortschatzes und dann noch einmal im Hauptwortschatz vorkommt, erscheinen im Verzeichnis des Gesamtwortschatzes zwei Lektionshinweise; der erste ist jeweils kursiv gedruckt.

Lektionswortschatz

Lektion 1

bara	nur	lärare (5)	Lehrer
bilsemester (2)	Urlaub mit dem Auto	man (män)	Mann
bussemester (2)	Urlaub mit dem Bus	mig	mich, mir
båtsemester (2)	Urlaub mit dem Schiff	min	mein(e)
cykelsemester (2)	Fahrradurlaub	mitt	mein
dansk (2)	Däne, dänisch	namn (5)	Name
danska (1)	Dänin, dänisch	nej	nein
de (dom)	sie	ni	Sie, ihr
det	es	norrman (-män)	Norweger
det här	das hier	norska (1)	Norwegerin, norwegisch
du	du	och	und
engelska (1)	Engländerin, englisch	också	auch
engelsman (-män)	Engländer	presentera, -r	vorstellen
finländare (5)	Mann aus (oder in) Finnland	Skåne	Schonen
		spanjor (3)	Spanier
finländska (1)	Frau aus (oder in) Finnland	spanjorska (1)	Spanierin
		spanska	spanisch
finska	finnisch	svensk (2)	Schwede, schwedisch
franska	französisch	svenska (1)	Schwedin, schwedisch
fransman (-män)	Franzose	Sverige	Schweden
fransyska (1)	Französin	tala, -r	sprechen
fru (2)	Frau	tysk (2)	Deutscher, deutsch
från	von	tyska (1)	Deutsche, deutsch
för	für	tågsemester (2)	Urlaub mit der Bahn
han	er	vad	was, wie
hej!	hallo!	var	wo
hejdå!	tschüss!	vara, är var, varit	sein
heta, -er (hette, hetat)	heißen	varifrån	woher
hon	sie	vi	wir
här	hier	vän (vänner) (3)	Freund
intressera, -r sig för	sich interessieren für	är (→ vara)	bin, bist usw. (→ sein)
italienare (5)	Italiener		
italienska (1)	Italienerin, italienisch		
ja	ja	## Lektion 2	
jag	ich		
jaha	aha	alltså	also
komma, -er kom, kommit	kommen	artikel (2)	Artikel
		att + infin.	zu + Infinitiv
ligga, -er låg, legat	liegen		

bara bra	"nur gut" (Höflichkeitsphrase)
behöva, -er	brauchen
bestämd	bestimmt
betala, -r	bezahlen
bord (5)	Tisch
bra	gut
brev (5)	Brief
bricka (1)	Tablett
bulle (2)	Milchbrötchen
cigar(r)ett (3)	Zigarette
cigar(r)ettändare (5)	Feuerzeug
cykel (2)	Fahrrad
delat med	geteilt durch
det finns …	es gibt …, es befindet sich…
dricka, -er drack, druckit	trinken
då	Füllwort (wird nicht übersetzt)
där	dort
där borta	dort hinten, dort drüben
en	ein, eine (Utrum)
ett	eins, ein (Neutrum)
finnas, finns, fanns, funnits	sich befinden
fint!	fein! prima!
frimärke (4)	Briefmarke
fönster (5)	Fenster
gaffel (2)	Gabel
glas (5)	Glas
göra, gör (gjorde, gjort)	machen
ha, -r (hade, haft)	haben
hej så länge	also bis bald
herr (2)	Herr
hotell (5)	Hotel
hur	wie
hur har du det?	wie geht's dir so?
i	in, im
javisst	(bestätigend) ja, gewiss doch
just nu	gerade eben
kafeteria (1)	Cafeteria
kaffe, -t	Kaffee
kan (→ kunna)	
klocka (1)	Uhr
klockan (fem)	um (fünf) Uhr
konditori, -et(!) (3)	Konditorei
kopp (2)	Tasse
kosta, -r	kosten
krona (1)	Krone
kunna, kan	können
leverpastej, -en	Leberpastete
(är) lika med	(ist) gleich
med	mit
men	aber
mjölkpaket (5)	Milchpaket
nummer, numret (5)	Nummer
när	wenn, wann
obestämd	unbestimmt
ost (2)	Käse
penna (1)	Schreibgerät, "Schreiber"
på	in (auf, bei etc.)
påtår	nachgefüllte Tasse Kaffee
ringa, -er till	anrufen
saft (3)	Sirup (zum Verdünnen)
sax (2)	Schere
semester (2)	Urlaub
servitris (3)	Bedienung
själv	selbst
självservering (2)	Selbstbedienung
skinka (1)	Schinken
skriva, -er skrev, skrivit	schreiben
smörgås (2)	belegtes Brot, Butterbrot
spegel (2)	Spiegel
stå, -r stod, stått	stehen
ta, -r tog, tagit	nehmen
tack	danke, bitte
te, -et	Tee
telefon (3)	Telefon
telefonnummer (5)	Telefonnummer
träffas	treffen
tända, -er	anzünden
vi kan träffas på kafeterian	wir können uns in der Cafeteria treffen

Lektionswortschatz

vilja, vill	wollen, mögen	Kungliga Biblioteket	Königliche Bibliothek in Stockholm
vill (→ vilja)		kyrka (1)	Kirche
Åhléns	eines der großen Stockholmer Kaufhäuser	kök (5)	Küche
		laga, -r mat	Essen zubereiten
äta, -er åt, ätit	essen	liten, litet (pl: små)	klein
öppen, öppet	offen	lägenhet (3)	Wohnung
öppna, -r	öffnen	Moderna Museet	Modernes Museum in Stockholm
R		mycket	viel, sehr
-gatan	-straße	nummerlapp (2)	Zettel mit Nummer
kanal (3)	Kanal	opera (1)	Oper
linje (3)	Linie	regalskepp (5)	Kriegsschiff
spår (5)	Gleis	resebyrå (3)	Reisebüro
		restaurang (3)	Restaurant
		rum (5)	Zimmer
Lektion 3		runt hörnet	um die Ecke
		se, -r såg, sett	sehen
barn (5)	Kind	semestra, -r	Urlaub machen
bo, -r	wohnen	ska (→ skola)	
bädda, -r	Betten machen	skola, ska(ll) (skulle, skolat)	sollen, die Absicht haben
cykla, -r	Rad fahren		
den	er, sie (für Sachen)	skulle vilja	möchte gern
det är din tur	du bist an der Reihe	slott (5)	Schloss
Dramaten (= Kungliga Dramatiska Teatern)	Theater in Stockholm	slut (5)	Schluss, Ende
		stuga (1)	Ferienhäuschen
		städa, -r	reinemachen
eller	oder	så	dann
exempel (5)	Beispiel	tack så mycket	vielen Dank
fel	falsch	till exempel (t. ex.)	zum Beispiel (z. B.)
Finns det …?	Gibt es …?	tält (5)	Zelt
flyga, -er flög, flugit	fliegen	ursäkta!	entschuldigen Sie!
för all del	keine Ursache	vandrarhem, -hemmet (5)	Jugendherberge
förlåt!	Entschuldigung!		
Gamla Stan	Altstadt von Stockholm	vecka (1)	Woche
		vilken	welche(r)
gata (1)	Straße	vilket	welches
gå, -r gick, gått	gehen	visa, -r	zeigen
husvagn (2)	Wohnwagen	(…) är på fyra rum	(…) hat vier Zimmer
hyra, hyr	mieten		
inte	nicht	**R**	
ingen orsak!	keine Ursache!	affär (3)	Geschäft
jaså	ach so	bädd, bäddar (2)	Touristenbett
karta (1)	Karte	centralvärme, -n	Zentralheizung
Konserthuset	Konzerthalle in Stockholm	dusch (2)	Dusche
		ej	nicht (schriftsprachl.)

Lektionswortschatz 179

fotogenbelysning, -en	Petroleumbeleuchtung	gå, -r på bio gick, gått	ins Kino gehen
havsbad (5)	Strandbad	halv	halb
husdjur (5)	Haustier	hekto, -t (plural: hekto)	100 Gramm
högsäsong, -en	*Hochsaison*	hemma	zu Hause
i närheten	in der Nähe	hemort (3)	Heimatstadt
kall, kallt	kalt	hälsa, -r på	besuchen
kvadratmeter (kvm) (= plural)	Quadratmeter	idag (i dag)	heute
		i morgon	morgen
lågsäsong, -en	*Tiefsaison*	i efternamn	mit Nachnamen
mellansäsong, -en	*Zwischensaison*	jadå	(verstärktes) ja
pris, -et(!) (3)	Preis	jämföra, -för	vergleichen
rinnande vatten	fließendes Wasser	jämförpris, -et(!) (3)	Vergleichspreis
till	zu	kilo, -t (10 kilo)	Kilo
torrklosett (3)	Trockenklo	klar	fertig
varmt vatten	warmes Wasser	komma, -er att + infinitiv kom, kommit	werden + Infinitiv
välkomna (plural)	willkommen		
WC	WC (Wasserklosett)		
öppen spis	offener Kamin		
		kort (5)	Karte

Lektion 4

		korv (2)	Wurst
		kvm (= kvadratmeter)	Quadratmeter
affär (3)	Geschäft	köpa, -er	kaufen
almanacka (1)	Kalender	kött, -et	Fleisch
annat	anderes	köttfärs, -en	Hackfleisch
att välja på	zur Auswahl	liter, -n (10 liter)	Liter
avsikt (3)	Absicht	man	man
besök (5)	Besuch	medvurst	schwedische Wurstsorte
billig	billig		
bio, -n (= biograf) (3)	Kino	museum, museet(!) (3)	Museum
bit (2)	Stück	någonting	etwas
deciliter	Deziliter	någonting annat?	sonst noch etwas?
ditt	dein	olika	verschiedene
där ser man!	da sieht man!	oxfilé (3)	Filet vom Ochsen
diskotek (5)	Diskothek	paket (5)	Paket
dyr	teuer	pengar (plural)	Geld
efternamn (5)	Nachname	per (liter)	pro (Liter)
etc. (= et cetera)	usw.	pris, -et(!) (3)	Preis
expedit (3)	Verkäufer(in)	resa (1)	Reise
flaska (1)	Flasche	(jag, du etc.) ska + infinitiv	(ich, du etc.) werde (wirst); habe (hast) die Absicht zu + Infinitiv
fläskfilé	Schweinefilet		
fråga, -r	fragen; fragen Sie!		
få, -r fick, fått	bekommen		
förnamn (5)	Vorname	sort (3)	Sorte
god, gott	gut	spara, spar (sparar)	sparen
gram (5)	Gramm	spela, -r (kort)	(Karten) spielen

Lektionswortschatz

stava, -r	buchstabieren	av	aus
stor	groß	avgång (2)	Abfahrt(szeit)
så	so; folglich, also	bada, -r	baden
så där	so ungefähr	barn (5)	Kind
teater (2)	Theater	bil (2)	Auto
TV (teve)	Fernsehen	blåbär (5)	Blaubeere
titta, -r	schauen, sehen	bok (böcker) (3)	Buch
tvätta, -r	waschen	bror, broder (bröder)	Bruder
tänka, -er + infin.	vorhaben, zu tun gedenken	bruka, -r + infinitiv	pflegen zu + Infinitiv
		båt (2)	Schiff
var det bra så?	ist das alles?	bär (5)	Beere
vara (1)	Ware	dag (2)	Tag
varuhus (5)	Warenhaus	Danmark	Dänemark
välja, -er valde, valt	wählen	dem	sie, ihnen
öre, -et (10 öre)	Öre	dig	dich, dir
		din(a)	dein(e)
		dotter (döttrar) (2)	Tochter
R		eftermiddag (2)	Nachmittag
dans (3)	Tanz	er	euch, Sie, Ihnen
delta, -r deltog, deltagit	teilnehmen	ett foto på din mor	ein Foto deiner Mutter
		expresståg (5)	Schnellzug
falukorv (2)	Wurstsorte	faktiskt	tatsächlich, in der Tat
filmjölk, -en	*angesäuerte Milch*	far, fader (fäder)	Vater
fläskkotlett (3)	Schweinekotelette	faster (2)	Tante (väterlicherseits)
invandrare (5)	*Einwanderer, Gastarbeiter*		
		fel (5)	Fehler
jordgubbar	Erdbeeren	fiska, -r	fischen
konstutställning (2)	Kunstausstellung	fjällvandra, -r	bergwandern
majonnäs (3)	Majonäse	flicka (1)	Mädchen
olja (1)	*Öl*	foto (4)	Foto
om	*über*	framme	da, am Ziel
stanna, -r hemma	*zu Hause bleiben*	fylla, -er i	ausfüllen
studiecirkel (2)	Kurs	förmiddag (2)	Vormittag
ta, -r det lugnt tog, tagit	*es sich gemütlich machen*	förstå, -r förstod, förstått	verstehen
tennis, -en	Tennis	gammal	alt
tv-program (5)	*Fernsehprogramm*	ge, -r gav, gett (givit)	geben
ärt (3)	Erbse	gå, -r ut i skogen gick, gått	in den Wald gehen
		hela	(der, die, das) ganze
# Lektion 5		hela dagarna	den ganzen Tag
alternativ (5)	Alternative, andere Möglichkeit	helgen (i helgen)	(am) Wochenende
		henne	sie, ihr
andra	andere	hitta, -r	finden
ankomst (3)	Ankunft	honom	ihn, ihm
använda, -er	verwenden	hoppas, (jag) hoppas	hoffen, (ich) hoffe

hus (5)	Haus
hälsning (2)	Gruß
höra, hör	hören
höra, hör av sig	von sich hören lassen
i år	dieses Jahr, heuer
i (tolv)	vor (zwölf)
i närheten	in der Nähe
ingen, inget, inga	kein(e)
inte sant?	nicht wahr?
jo	doch
judotränare (5)	Judotrainer
kurskamrat (3)	Kursnachbar
kvart, -en	Viertel(stunde)
kväll (2)	Abend
känna, -er	persönlich kennen
kära	liebe
ledig	(dienst)frei
likna, -r	gleichen, ähneln
lingon (5)	Preiselbeere
lärare (5)	Lehrer
massor av	Mengen von
minut (3)	Minute
mitt i	mitten in
mor, moder (mödrar)	Mutter
morgon (morgnar)	Morgen
många	viele
näsa (1)	Nase
oss	uns
plocka, -r	pflücken, sammeln
pojke (2)	Junge
räkna, -r ut	ausrechnen
sak (3)	Sache
se, -r ut såg, sett	aussehen
sekund (3)	Sekunde
siffra (1)	Zahl, Ziffer
sin	ihr(e), sein(e)
sjö (2)	See
skida (1)	Schi
skog (2)	Wald
sommarvärme, -n	Sommerhitze
son (söner) (3)	Sohn
springa, -er sprang, sprungit	laufen
stad, staden (= stan) (städer)	Stadt
svamp (2)	Pilz

syskon (5)	Geschwister
syster (systrar) (2)	Schwester
ta, -r ut semestern tog, tagit	Urlaub machen
tidtabell (3)	Fahrplan
till	nach, zu
tillsammans	zusammen
timme (2)	Stunde
trevlig	nett, angenehm
tro, -r	glauben
Tyskland	Deutschland
tyvärr	leider
tåg (5)	Zug
tälta, -r	zelten
under	während
ungarna	die Kinder
hur mycket är klockan? (= vad är klockan?)	wie viel Uhr ist es?
vem	wer (wem, wen)
vin, -et(!) (3)	Wein
vittne (4)	Zeuge
värld, -en	Welt
åka, -er skidor	Schi laufen
år (5)	Jahr
äpple (4)	Apfel
älska, -r	lieben
över (tolv)	nach (zwölf)

R

brorsdotter (-döttrar) (2)	*Nichte*
brorson (-söner) (3)	*Neffe*
dotterdotter (-döttrar) (2)	*Enkelin*
dotterson (-söner) (3)	*Enkel*
farbror, -n, farbrodern (farbröder)	*Onkel (väterlicherseits)*
farfar, -n, farfadern (farfäder)	*Großvater (väterlicherseits)*
farföräldrar	*Großeltern (väterlicherseits)*
farmor, -n, farmodern (farmödrar)	*Großmutter (väterlicherseits)*
föräldrar	*Eltern*
kusin (3)	*Cousin, Cousine*

morfar	Großvater (mütterlicherseits)
morbror	Onkel (mütterlicherseits)
morföräldrar	Großeltern (mütterlicherseits)
mormor	Großmutter (mütterlicherseits)
moster (mostrar)	Tante (mütterlicherseits)
sondotter (sondöttrar) (2)	Enkelin
sonson (-söner) (3)	Enkel
systerdotter (-döttrar) (2)	Nichte
systerson (-söner) (3)	Neffe

Lektion 6

adress (3)	Adresse
alla	alle
att	dass
banan (3)	Banane
bank (3)	Bank
banktjänsteman (-män)	Bankangestellter
beställa, -er	bestellen
bild (3)	Bild
blomma (1)	Blume
check (2)	Scheck
dansa, -r	tanzen
då och då	dann und wann
enkel	einfach
en ... till	noch ein(e) ...
enkrona (1)	Einkronenstück
expressbrev (5)	Eilbrief
fort	schnell
fotografi, -et(!) (3)	Fotografie
följande	folgende (-r, -s)
för att (inte) + infinitiv	um (nicht) zu + Infinitiv
glömma, -er	vergessen
hotellreception (3)	Hotelrezeption
hundralapp (2)	100-Kronen-Schein
huvudsak (3)	Hauptsache
hämta, -r	abholen, holen
höst (2)	Herbst
imperativ (3)	Imperativ, Befehlsform
innehåll (5)	Inhalt
istället (i stället)	statt dessen
jobbigt	mühsam
julgran (2)	Weihnachtsbaum
kanariefågel (2)	Kanarienvogel
kassa (1)	Kasse
kassörska (1)	Kassiererin
katt (3)	Katze
kopierad	kopiert
kring	um ... herum
krukväxt (3)	Topfpflanze
kräfta (1)	Krebs
kund (3)	Kunde
kvitto, -t (4)	Quittung
körsbär (5)	Kirsche
legitimation (3)	Ausweis
lova, -r	versprechen
låna, -r	leihen
långsam	langsam
låsa	abschließen
lösa, -er in	einlösen
majstång, -en	eine Art von Maibaum
mamma (1)	Mutter, Mama
mata, -r	füttern
mogen, moget	reif
månad (3)	Monat
permanent	ständig
post, -en	Post
poste restante	postlagernd
på ena sidan	auf der einen Seite
på olika sätt	auf verschiedene Art und Weise
rad (3)	Zeile
radio, -n	Radio
rekommenderat brev	eingeschriebener Brief
resa, -er	reisen
resa, -er på semester	in Ferien fahren
röka, -er	rauchen
sak (3)	Sache
samtal (5)	Gespräch
segla, -r	segeln
sida (1)	Seite

Lektionswortschatz 183

skridsko (3)	Schlittschuh
släcka, -er	ausmachen, löschen
små (plural)	kleine
snälla du	meine Liebe
sommar (somrar)	Sommer
stanna, -r hemma	zu Hause bleiben
stänga, -er	schließen, zumachen
säga, -er (sade, sagt)	sagen
sätt (5)	Art und Weise
sätta, -er på (satte, satt)	einschalten
ta, -r hand om tog, tagit	sich kümmern um
ta, -r reda på	sich erkundigen nach, in Erfahrung bringen
texta, -r	mit Druckbuchstaben schreiben
tiokrona (1)	Zehn-Kronen-Stück
trycksak (3)	Drucksache
tryckt	gedruckt
tusenlapp (2)	Tausend-Kronen-Schein
vad ... för	was für ...
vad var det mer?	was sonst noch?
valuta (1)	Währung, Devisen
var snäll och ...	sei so nett und ...
vardagsrum, -met (5)	Wohnzimmer
variera, -r	variieren
varsågod	bitte
vattna, -r	gießen
viktig	wichtig
vinter (vintrar)	Winter
vykort (5)	Ansichtskarte
vår (2)	Frühling
vänta, -r	warten, erwarten
växel, -n	Kleingeld
växelkurs (3)	Wechselkurs
växla, -r	wechseln
årstid (3)	Jahreszeit
åt	für
ögonblick (5)	Augenblick

R

avresa, -n	Abreise
därför	deshalb

före	vor
kanske	vielleicht
manus (5)	Manuskript
novell (3)	Novelle
skicka, -r	schicken
säker	sicher
tant (3)	Tante, ältere Person
tidning (2)	Zeitung
till höger	rechts
trycka, -er	drucken
ö, ön (öar) (2)	Insel

Lektion 7

avgiftsfritt	zollfrei
brevpapper, -et	Briefpapier
buss (2)	Bus
centimeter (10 centimeter)	Zentimeter
centralen (= centralstationen)	
centralstation (3)	Hauptbahnhof
cirka (= ca)	zirka, etwa
daghem (= dagis) (5)	Kindergarten
deras	ihr(e)
dess	sein(e)
det tror jag nog	das denke ich doch
det är lika bra att jag ...	genauso gut kann ich ...
det ordnar sig	das geht in Ordnung
det gör det inte	das ist nicht der Fall
dit	dorthin
dygn (5)	24 Stunden, Tag und Nacht
en tid	ein Termin
er	euer, Ihr
film (3)	Film
(med) flyg	(mit dem) Flugzeug
fråga (1)	Frage
fortfarande	immer noch
få, -r i present fick, fått	geschenkt bekommen
föra, för in	einführen
författare (5)	Autor, Verfasser
författarinna (1)	Autorin

184 Lektionswortschatz

förtjust i	entzückt von
förtulla, -r	verzollen
God natt	Gute Nacht
gott om tid	viel Zeit
handla, -r	einkaufen
hans	sein(e)
hem	nach Hause
hennes	ihr(e)
hinna, -er hann, hunnit	rechtzeitig tun, Zeit haben für
hur lång tid	wie lange
hälsa, -r	grüßen
i tid	rechtzeitig
icke-reflexiv	nicht rückbezogen
in	hinein
ingenting	nichts
jobb (5)	Job, Arbeit
just i dag	gerade heute
jättestor	riesengroß
kilometer (10 kilometer)	Kilometer
kolla, -r	nachsehen
kursdeltagare (5)	Kursteilnehmer
känna, -er till	dem Namen nach kennen
lite (= litet)	wenig
lång	weit, lang
länge	lange
mellan	zwischen
meter (10 meter)	Meter
mil, -en(!) (5)	Meile
minut (3)	Minute
natt (nätter (3)	Nacht
nog	wohl
nypåstigna?	neu Zugestiegene?
någon	irgendein(e)
några	einige, irgendwelche
om (en kvart)	in (einer Viertelstunde)
ordna, -r sig	sich regeln lassen
orsak (3)	Ursache
parfym (3)	Parfüm
pass (5)	Pass
perrong (3)	Bahnsteig
platsbiljett (3)	Platzkarte
prata, -r	reden
present (3)	Geschenk
problem (5)	Problem
rakt fram	geradeaus
reflexiv	rückbezogen
regissör (3)	Regisseur
restaurangvagn (2)	Speisewagen
samma	(der, die, das) gleiche
senare	später
ses sågs, setts	sich sehen
skulle kunna	könnte
smörgåsbord (5)	kaltes Büfett
som	wie
sprit, -en	Spirituosen
stan (= staden)	die Stadt
T-centralen (= Tunnelbanecentralen)	Zentraler U-Bahnhof
ta, -r tog, tagit	(hier:) in Anspruch nehmen, dauern
tack så hemskt mycket	vielen, vielen Dank
tandläkare (5)	Zahnarzt
text (3)	Text
tid (3)	Zeit
(en) tid hos ...	(ein) Termin bei ...
tidning (2)	Zeitung
tobak (3)	Tabak
träffas ...?	ist ... zu sprechen?
tulltjänsteman (-män)	Zollbeamter
tunnelbana (1)	U-Bahn
varje	jede(-r, -s)
vems?	wessen?
veta, vet (visste, vetat)	wissen
vi har ... på oss	wir haben noch ... Zeit
vid (tolv) tiden	um (zwölf) herum
vår	unser(e)
-vägen	-weg
väl	wohl

R

cigarr (3)	Zigarre
cigarill (3)	Zigarillo
dryck (3)	*Getränk*

Lektionswortschatz 185

medförs	*wird mitgeführt*
resanderansonen	*Reiseproviant*
rom, -men	Rum
starköl, -et	Starkbier
röktobak, -en	Rauchtabak
tullbestämmelse (3)	*Zollbestimmung*

Lektion 8

aldrig	nie
annan	andere(r)
annandag jul (påsk)	2. Weihnachtsfeiertag (Ostermontag)
avsky, -r	verabscheuen
bensinstation (3)	Tankstelle
blankett (3)	Formular
bli, -r blev, blivit	werden
blus (2)	Bluse
blå, blått	blau
brun	braun
byxor (plural)	Hose
den (5 juli)	den (5. Juli)
det blir rum 305	sie bekommen Zimmer 305
det gör ingenting	das macht nichts
diskutera, -r	diskutieren
dräkt (3)	(Damen-)Kostüm
där	wo, dort
dubbelrum (5)	Doppelzimmer
då så	na gut
efter	nach
enkelriktad gata	Einbahnstraße
flytande	fließend
fortsätta, -er -satte, -satt	weitermachen, weiterfahren
fram till ...	bis zu ...
fullbokad	ausgebucht
färg (3)	Farbe
färgpenna (1)	Farbstift
först	zuerst
gatukorsning (2)	Straßenkreuzung
grön	grün
gul	gelb
hatt (2)	Hut
helt	ganz
hiss (2)	Aufzug
hjärtlig	herzlich
i hörnet av ...	an der Ecke von ...
i natt	heute Nacht
infalla, -er inföll, infallit	fallen auf
jacka (1)	Jacke
ju	ja, doch (unbetont)
julafton	Heiligabend
juldagen	1. Weihnachtsfeiertag
just det	genau
kappa (1)	(Damen)mantel
kavaj (3)	Jacke, Sakko
kjol (2)	Rock
kläder (plural)	Kleider
kombinera, -r	kombinieren
korsa, -r	überqueren
kostym (3)	Anzug
köra, kör	(selber) fahren
ledig	frei
ledsen	traurig
lilla	(der, die, das) kleine
lite grann (litet grand)	ein wenig
ljusblå	hellblau
Luciadagen	Luciafest
mackförestandare (5)	Tankstellenwart
matcha, -r	passen zu
matpatrull (3)	Restaurantkritiker
mena, -r	meinen
mönstrad	gemustert
mörkblå	dunkelblau
nu	jetzt
ny	neu
nyckel (2)	Schlüssel
nyårsdagen	Neujahrstag
något	irgendein
nästa	(der, die, das) nächste
omodern	unmodern
par (5)	Paar

186 Lektionswortschatz

park (3)	Park	våning (2)	Stockwerk
passa, -r på	die Gelegenheit wahrnehmen	väg (2)	Weg
		vänlig	freundlich
polisstation (3)	Polizeidienststelle	återvändsgränd (3)	Sackgasse
portier (3)	Portier	älsklingsfärg (3)	Lieblingsfarbe
prova, -r	anprobieren	överta, -r -tog, -tagit	übernehmen
pröva, -r	ausprobieren		
pyjamas (5, 2)	Schlafanzug	**R**	
på modet	in Mode		
påskdagen	Ostersonntag	ankom den …	angekommen am
randig	gestreift	födelsedatum, -et	Geburtsdatum
redan	schon	födelseland, -et	Geburtsland
rekommendera, -r	empfehlen	hemland, -et	Heimatland
replik (3)	Erwiderung	hemord	Wohnort
ring för besked	holen Sie sich telefonisch Auskunft	inrest	eingereist
		medborgare (5)	Staatsbürger
	(Herren)mantel	(senaste) nattuppehåll	(letzte) Übernachtung
rock (2)	Rolle	Norden	der (skandinavische) Norden
roll (3)	Kästchen		
ruta (1)	gemustert		
rutig	befürchten	**Lektion 9**	
(vara) rädd	rot		
röd, rött	dann	adoptera, -r	adoptieren
sedan	Schuh	alltid	immer
sko (3)	angenehm zu tragen	alltid ska du tjata!	Immer musst du meckern!
skön	Schlips		
slips (2)	der, die, das (Relativpronomen)	amerikansk	amerikanisch
som		apelsin (3)	Apfelsine
		arg	böse
stadsteatern	Stadttheater	balkong (3)	Balkon
stanna, -r	bleiben	banta, -r	abnehmen
svart	schwarz	bilda, -r	bilden
svänga, -er	einbiegen	biljett (3)	Fahrkarte
taxi, -n	Taxi	biljettkontor (5)	Kartenschalter, Kasse
till höger (vänster)	(nach) rechts/links	borsta tänderna	die Zähne putzen
tills	bis	bortrest	verreist
trafikljus (5)	Verkehrsampel	burk (2)	Konservendose
tredje	(der, die, das) dritte	bänk (2)	Reihe
tröja (1)	Pullover, T-Shirt	börja, -r	beginnen
tvärgata (1)	Querstraße	dessutom	außerdem
tycka, -er	finden, meinen	dialog (3)	Dialog
undervisa, -r	unterrichten	driva, -er med någon drev, drivit	jmd. zum Narren halten
Valborgsmässoafton	Walpurgisnacht		
var det beställt?	haben Sie bestellt?	enkelrum (5)	Einzelzimmer
vet du vad?	weißt du was?	fattig	arm
vi skulle kunna	wir könnten	filmstjärna (1)	Filmstar
vit, vitt	weiß		

Lektionswortschatz 187

flygvärdinna (1)	Stewardess	må, -r bra	gut gehen (es geht einem gut)
frukt, -en	Obst (Frucht)		
för att + infinitiv	um zu + Infinitiv	människa (1)	Mensch
föreslå, -r -slog, -slagit	vorschlagen	mörda, -r	ermorden
föreställning (2)	Vorstellung	nån (= någon)	
gifta, -er sig	heiraten	någonstans	irgendwo
glad, glatt	froh	ofta	oft
glo, -r	glotzen	om	ob
granne (2)	Nachbar	pigg	munter, aufgeweckt
gråta, -er grät, gråtit	weinen	plommon (5)	Pflaumen
grönsak (3)	Gemüse	plugga, -r	pauken, intensiv lernen
gärna för mig!	von mir aus gerne!		
handikappad	behindert	päron (5)	Birne
handla, -r om	handeln von	riktig	richtig
hungrig	hungrig	rolig	lustig, amüsant
huvudroll (3)	Hauptrolle	rätt	recht
hålla, -er sig vaken höll, hållit	sich wach halten	saga (1)	Märchen
		senast	spätestens
		sista	(der, die, das) Letzte
ibland	manchmal	sitta, -er satt, suttit	sitzen
igen	wieder	skapligt!	es geht so
inte än	noch nicht	skina, -er sken, skinit	scheinen
Kalle Anka	"Donald Duck"	snäll	freundlich, nett
kanske	vielleicht	sol, -en	Sonne
klockan är mycket	es ist spät	solbränd	sonnengebräunt, braun gebrannt
komma, -er ihåg	sich erinnern		
kontor (5)	Büro	som vanligt	wie gewöhnlich
koppla, -r av	sich entspannen	sova, -er sov, sovit	schlafen
kvar	übrig	sova, -er ut sov, sovit	ausschlafen
kär i	verliebt in	stiga, -er upp steg, stigit	aufstehen
leka, -er	spielen		
leksak (3)	Spielsache	strand (stränder) (3)	Strand
ligga på låg, legat	draufscheinen	så här dags	zu dieser Tageszeit
lika ... som	genau so ... wie	säng (2)	Bett
liknande	ähnlich	Söderhavet	Südsee
lugn	ruhig	sömnig	schläfrig
låta, -er bli lät, låtit	bleiben lassen, sein lassen	tacksam	dankbar
		tand (tänder) (3)	Zahn
lägga, -er undan lade, lagt	zurücklegen	temperamentsfull	temperamentvoll
		tillbringa, -r sin semester	seinen Urlaub verbringen
(gå och) lägga sig	schlafen gehen		
läkare (5)	Arzt	tjata, -r	quengeln, meckern
lära, lär känna	kennenlernen	toalett (3)	Toilette
läsa, -er	lesen	tomat (3)	Tomate
marsch i säng!	marsch ins Bett!	trött	müde
miljonär (3)	Millionär	törstig	durstig
morot (morötter) (3)	Mohrrübe		

ung	jung
vaken	wach
vakna, -r	aufwachen
vanlig	gewöhnlich
vindruva (1)	Weintraube
åtminstone	wenigstens

R

en gång	*einst*
fotboll	*Fußball*
liv, -et	*Leben*
underbar	*wunderbar*

Lektion 10

badstrand (-stränder)	Badestrand
barndomshem (5)	Elternhaus
bibliotek (5)	Bibliothek
bäst	am besten
dagis (= daghem)	Kindergarten
dagligen	täglich
dammsuga, -er -sög, -sugit	staubsaugen
debutroman (3)	Erstlingsroman
diskmaskin (3)	Spülmaschine
duka, -r	(Tisch) decken
egennamn (5)	Eigenname
ersätta, -er (ersatte, ersatt)	ersetzen
ett par	ein paar, einige
fisk (2)	Fisch (auch kollektiv)
fiskekort (5)	Angelschein
frosta, -r av	abtauen
frys, -en	Gefrierfach
förbereda, -er	vorbereiten
gissa, -r	raten
gitarrkurs (3)	Gitarrenkurs
grav (2)	Grab
gränd (3)	Gasse
gå, -r upp gick, gått	aufstehen
gå, -r ut	ausgehen
göra, gör i ordning (gjorde, gjort)	herrichten, machen
göra, gör läxorna	die Hausaufgaben machen
Hansan	die Hanse
hem (5)	Zuhause, Heim
historia, historien	Geschichte
hjälpa, -er	helfen
hund (2)	Hund
hundägare (5)	Hundebesitzer
hushåll (5)	Haushalt
hushållssyssla (1)	Haushaltsarbeit
insjö (2)	Binnensee
kasta, -r soporna	die Abfälle wegwerfen
klippa, -er gräsmattan	den Rasen mähen
korsvirkeshus (5)	Fachwerkhaus
Kulturhuset	"Haus der Kultur" in Stockholm
Kungliga Slottet	das Königliche Schloss
kursiverad	kursiv gedruckt
kyl, -en	Gefrierfach
kyrkbåt (2)	Boot zum Kirchenbesuch
kyrkogård (2)	Friedhof
känd för	bekannt wegen
landskap (5)	schwedische Bezeichnung für Provinz
lektion (3)	Unterrichtsstunde
litteraturhistoria, -historien	Literaturgeschichte
lunch (3)	kleines Mittagessen, Lunch
läxa (1)	Hausaufgabe
löna, -r sig	sich lohnen
medan	während
middag (2)	schwedische Hauptmahlzeit, warmes Essen am Spätnachmittag
mitt, -en	Mitte
målning (2)	Gemälde
möjlig	möglich (Adj.)
möjligen	möglicherweise (Adv.)
möjligtvis	möglicherweise (Adv.)
naturlig	natürlich (Adj.)
naturligtvis	natürlich (Adv.)
numera	nunmehr, jetzt
nyligen	neulich, in letzter Zeit

obs! (= observera!)	beachten Sie!
passa, -r	passen
plocka, -r in	einräumen
plötslig	plötzlich
putsa, -r fönster	Fenster putzen
regna, -r	regnen
resehandbok (-böcker) (3)	Reisehandbuch
rida, -er red, ridit	reiten
ringmur (2)	Stadtmauer
roman (3)	Roman
sen	spät
Silverbibel, -n	Silberbibel
sjukhus (5)	Krankenhaus
(i) skolåldern	(im) schulpflichtigen Alter
skåp (5)	Schrank
sköta, -er hushållet	sich um den Haushalt kümmern
slippa, -er slapp, sluppit	drum herumkommen, nicht zu tun brauchen
slutligen	schließlich
slutsåld	ausverkauft
smaka, -r	schmecken
smal	eng
snabb	schnell
snö, -n	Schnee
snöa, -r	schneien
så här års	zu dieser Jahreszeit
söt, sött	süß
tala om (för någon)	(jemandem) sagen
500-talet (femhundratalet)	das 6.(!) Jahrhundert
tunnelbanestation (3)	U-Bahnhof
turistattraktion (3)	Touristenattraktion
tvätt, -en	Wäsche
universitet (5)	Universität
universitetsbibliotek (5)	Universitätsbibliothek
universitetsstad (-städer) (3)	Universitätsstadt
utspela, -r sig	spielen, sich abspielen
vanligtvis	gewöhnlich (Adv.)
varannan dag	jeden zweiten Tag
åka, -er	fahren
äntligen	endlich
ö (öar) (2)	Insel

R

bensinmack (2)	Tankstelle
fiske, -t	*(das) Fischen, Fischfang, Angeln*
hälleflundra (1)	Heilbutt
klippa, -er gräsmattan	den Rasen mähen
midnattssol, -en	Mitternachtssonne
ridning, -en	(das) Reiten
segling, -en	*(das) Segeln*
skidlift (2)	*Skilift*

Lektion 11

annons (3)	Annonce
arbete (4)	Arbeit
arbetsförmedling (2)	Arbeitsamt
arbetsplats (3)	Arbeitsplatz
badrum (5)	Badezimmer
barnledig	beurlaubt auf Grund von Kinderbetreuung
berätta, -r	erzählen
beskriva, -er beskrev, beskrivit	beschreiben
bilolycka (1)	Autounfall
bli, -r blev, blivit	werden
bostad (bostäder) (3)	Wohnung
bostadsförmedling (2)	Wohnungsamt
by (2)	Dorf
bygga, -er	bauen
både ... och	sowohl ... als auch
centralvärme, -n	Zentralheizung
dagmamma (1)	Tagesmutter
duscha, -r	duschen
egen, eget	eigen
ensam	allein
fem minuters väg	ein Weg von fünf Minuten
filt (2)	(Woll)decke
Finland	Finnland
fjällstuga (1)	Berghütte

flera	mehrere
flytta, -r	umziehen
fotograf (3)	Fotograf
fototävling (2)	Fotowettbewerb
från och med (fr.o.m.)	von (einschließlich)
följa, -er	folgen
för … sedan	vor …
Förenta Staterna	die Vereinigten Staaten
förmedla, -r	vermitteln
förmedling (2)	Vermittlung
förr	früher
förra (året)	voriges (Jahr)
Grekland	Griechenland
gång (3)	mal
går det att …?	kann man …?
hos	bei
hyra (1)	Miete
höjd (3)	Höhe
ifall	falls, wenn
i går	gestern
i morse	heute früh
innan	bevor
inne i centrum	in der Innenstadt
inräknad	inbegriffen
inte längre	nicht mehr
jorden runt	(rund) um die Erde
journalist	Journalist
klä, -r av sig	sich ausziehen
klä, -r på sig	sich anziehen
konfirmerad	konfirmiert
kontakt (3)	Kontakt
kontaktförmedling (2)	Kontaktvermittlung
kostnad (3)	Kosten
kreditbank (3)	Kreditbank
lakan (5)	Laken
land, -et(!) (länder) (3)	Land
leta, -r efter	suchen nach
lån (5)	Darlehen
län (5)	Verwaltungsbezirk
läsa, -er (svenska)	(schwedisch) lernen, studieren
minnas, minns	sich erinnern
närmare	genauere, nähere
ord (5)	Wort
ordning (2)	Ordnung, Reihenfolge
parkeringsmöjlighet (3)	Parkmöglichkeit
pensionerad	pensioniert
placera, -r	anordnen
plats (3)	Stelle, Arbeitsplatz
potatis (2)	Kartoffel (auch Kollektiv)
raka, -r sig	sich rasieren
reportage (5)	Reportage
resp. (= respektive)	bzw.
råka, -r ut för …	geraten in …
råka ut för en bilolycka	einen Autounfall haben
samarbeta, -r	zusammenarbeiten
sjukvårdsbiträde (4)	Schwesternhelferin
sluta, -r	aufhören, beenden
sluta, -r skolan	mit der Schule aufhören
somna, -r	einschlafen
stark	stark
svag	schwach
svar (5)	Antwort
så småningom	mit der Zeit, allmählich
säck (2)	Sack
söka, -er plats	sich um eine Stelle bewerben
ta, -r barnledigt tog, tagit	Kinderurlaub nehmen
telefonsamtal (5)	Telefongespräch
Televerket	Telegrafenamt
tillbringa, -r (semestern)	(den Urlaub) verbringen
trivas, trivs	sich wohlfühlen
u-land (→ land)	Entwicklungsland
underbar	wunderbar
ungefär	ungefähr
uppdrag (5)	Auftrag
upplysning (2)	Information
utbilda, -r sig	sich ausbilden (lassen)
utkant (3)	Stadtrand
utomlands	im Ausland
verb (5)	Verb
villa (1)	Haus

Lektionswortschatz

väldigt bra	furchtbar gut	i förrgår	vorgestern
åka, -er	fahren	i övermorgon	übermorgen
årtal (5)	Jahreszahl	iklädd (= klädd i)	gekleidet in
övertygad (om)	überzeugt (von)	inne	drin, zu Hause; "in"
		jordgubbssås (3)	Erdbeersoße
		jämnt (→ det är jämnt)	

Lektion 12

anteckna, -r	notieren	jättegott	"irre gut", "super"
anvisa, -r	anweisen	kalvfilé (3)	Kalbsfilet
apelsinjuice (3)	Orangensaft	karaff (3)	Karaffe
beställning (2)	Bestellung	klass (3)	Klasse
bestämma	festlegen, entscheiden	klänning (2)	Kleid
biff (2)	Beefsteak	kniv (2)	Messer
bitti	früh	kokt	gekocht
bjuda, -er bjöd, bjudit	einladen	kyckling (2)	Hähnchen
blåbärskräm, -en	Blaubeercreme	källare (5)	Keller
bomullsklänning (2)	Baumwollkleid	lappad	geflickt
bort	weg	lax (2)	Lachs
(där) borta	(da) hinten	maträtt (3)	Speise
det är jämnt!	stimmt so!	matsedel, -n (2)	Speisekarte
efterrätt (= dessert) (3)	Nachspeise	mineralvatten, -vattnet	Mineralwasser
espresso, -n	Espresso		
familj (3)	Familie	måla, -r sig	sich schminken
fasanbröst	Fasanenbrust	ner	hinunter
fattas (det fattas)	fehlen (es fehlt)	nere	unten, "down"
fram	vor	någon gång	mal, irgend einmal
framme	vorn, da	pappa (1)	Papa
färgstark	farbenfroh	person (3)	Person
följa, -er med	mitkommen	räkcocktail (-cocktailar, -cocktails)	Krabbencocktail
förrätt (3)	Vorspeise		
genuin	echt, typisch	saknas (det saknas)	fehlen (es fehlt)
geting (2)	Wespe	sallad (3)	Salat
glass, -en	Speiseeis	scen (3)	Szene
goddag!	guten Tag!	seg	zäh
gravlax	eingelegter roher Lachs	servera, -r	servieren, bedienen
		siden, -et	Seide
		Sjörövartallrik (2)	Seeräuberteller
gryta (1)	Topf	sked (2)	Löffel
gräddsås (3)	Sahnesoße	skilja, -er sig	sich unterscheiden
grönsallad, -en	grüner Salat	svara, -r	antworten
gäst (3)	Gast	(en) sådan	(ein) solcher, (eine) solche
ha, -r på sig	anhaben		
hellre	lieber	sås (3)	Soße
hjälp, -en	Hilfe	ta, -r emot tog, tagit	empfangen
hovmästare, -n	Empfangschef eines Restaurants	ta, -r på sig	anziehen
		ta, -r upp	aufnehmen

192 Lektionswortschatz

tillbaka	zurück
trädgård (2)	Garten
ugnstekt kyckling	Brathähnchen
undantag (5)	Ausnahme
upp	hinauf
uppe	oben, auf
ut	hinaus
ute	draußen
utmärkt	ausgezeichnet
var för sig	jeder für sich
vidbränd	angebrannt
vind (2)	Dachboden
välkomna!	willkommen!
än	schon
öga, -t (ögon)	Auge
öl (5)	Bier

R

dagens rätt	Gericht des Tages, Menü
fylld	gefüllt
fågel (2)	Vogel, Geflügel
gratinerad	überbacken
gädda (1)	Hecht
hälleflundra	Heilbutt
jordärtskockor	Erdartischocken
kalkon (3)	Truthahn
kalops	eine Art Gulasch
krabba (1)	Krabbe
kötträtt (3)	Fleischgericht
ostfräst	mit Käse überbacken
oxbringa (1)	Ochsenbrust
paprikaläda (1)	Paprikaauflauf
pepparrotssås (3)	Meerrettichsoße
revbensspjäll (5)	Rippenspeer
skaldjur (5)	Schalentier
svår	schwer
ugnstekt kyckling	Brathähnchen
vilt	Wild
älgstek (2)	Elchbraten
uppgift (3)	Angabe
uppochnedvänd	auf dem Kopf stehend

Lektion 13

allt	alles
arbeta samman	vermengen, kneten
bara du ... (= om du bara ...)	wenn du nur ...
betyda, -er	bedeuten
blöta, -er upp	einweichen
bordsservering, -en	Bedienung am Tisch
bryna, -er	bräunen
bränna, -er	(ver)brennen
bulle (2)	(hier:) Bällchen
det vattnas i munnen	das Wasser läuft im Mund zusammen
diverse	verschiedene
djupfryst	tiefgefroren
dröja, -er	dauern
dukning, -en	Tischdecken
elspis (2)	Elektroherd
en bra stund	eine ganze Weile
fest (3)	Fest
finhackad	feingehackt
fira, -r	feiern
forma, -r	formen
frukost, -en	Frühstück
frysa, -er frös, frusit	einfrieren
frysbox (2)	Gefriertruhe
fräsa, -er	kurz anbraten
få se	mal seh'n
färdiglagad mat	Fertiggericht
färs, -en	Hackfleisch, Farce
för att inte tala om ...	ganz zu schweigen von ...
föredra, -r (framför) -drog, -dragit	(einem, einer Sache) vorziehen
försöka, -er	versuchen
gardin (3)	Gardine
gränsa, -r	grenzen
guldgul	goldgelb
ha, -r kul	seinen Spaß haben
hjälpas, hjälps åt	zusammenhelfen
hålla, -er på att höll, hållit	dabei sein, etwas zu tun
hålla, -er tummarna	die Daumen halten
högt	laut (Adverb)
i det gröna	im Grünen

Lektionswortschatz 193

ingrediens (3)	Zutat	skål (2)	Schüssel, Schale
inte bara ... utan också	nicht nur ... sondern auch	slagbord (5)	Ausklapptisch
jämn	gleichmäßig	slå, -r sig ner slog, slagit	sich hinsetzen
kaffekopp (2)	Kaffeetasse	smaka, -r	kosten
kalas (5)	Festessen	smaksätta, -er -satte, -satt	würzen
knytkalas (5)	Party, zu der jeder etwas mitbringt	smör, -et	Butter
koka, -r	kochen	socker, sockret	Zucker
kokbok (-böcker) (3)	Kochbuch	stek (2)	Braten
kokkärl (5)	Kochgefäß	steka, -er	braten
komplettera, -r	vervollständigen	stekpanna (1)	Bratpfanne
köksmöbel (3)	Küchenmöbel	stol (2)	Stuhl
köksredskap (5)	Küchengerät	sy, -r	nähen
köttbullar (plural)	Fleischbällchen	såll (5)	Sieb
lagom	gerade richtig	tallrik (2)	Teller
lampa (1)	Lampe	tesked (tsk) (2)	Teelöffel
lukta, -r	riechen	till höger om	rechts von
lättbrynt	leicht gebräunt	tillagning, -en	Zubereitung
lök (2)	Zwiebel	trä, -et	Holz
(en) massa	(eine) Menge	tyglampa (1)	Stofflampe
matsked (msk) (2)	Esslöffel	under	unter
mening (2)	Satz	ur	aus
midsommar (2)	Mittsommer	utländsk	ausländisch
mikrovågsugn (2)	Mikrowellenherd	vatten, vattnet	Wasser
minsann	wahrlich	verkligen	wirklich
mjöl, -et	Mehl	vitpeppar, -n	weißer Pfeffer
mosa, -r	zerstampfen	väder, vädret	Wetter
mot	gegen(über)	vädermakterna	"Wettergott"
mun, -nen (2)	Mund	väl	gut
mysig	gemütlich, heimelig	återstå, -r -stod, -stått	zu tun bleiben
måla, -r	malen, streichen	över	über
Norge	Norwegen		
nymålad	frisch gestrichen	**R**	
nypa (1)	Prise	eldfast form	feuerfeste Form
något	etwas	favoriträtt (3)	Lieblingsspeise
närmsta (= närmaste)	(die) nächsten	fläskfärs, -en	Hackfleisch vom Schwein
obebodd	unbewohnt		
ordna, -r	organisieren, veranstalten	grädde, -n	Sahne
		kall, kallt	kalt
rund	rund	kalvfärs, -en	Hackfleisch vom Kalb
sa (= sade)		margarin, -et	Margarine
salt, -et	Salz	nötkött, -et	Rindfleisch
skorpmjöl, -et	Zwiebackbröseln (-mehl)	olja (1)	Öl
		osötad	ungesüßt
skräddarsydd	maßgeschneidert	skiva (1)	Scheibe

Lektionswortschatz

vitpeppar, -n	weißer Pfeffer
ägg (5)	Ei

Lektion 14

absolut	absolut, unbedingt
anse, -r ansåg, ansett	meinen, finden
använda, -er	anwenden
argument (5)	Argument
au pair-flicka (1)	Aupairmädchen
avgöra, -gör (avgjorde, avgjort)	entscheiden, den Ausschlag geben
avsnitt (5)	Abschnitt
avstå, -r avstod, avstått	verzichten
bokhandlare (5)	Buchhändler
bokrea (1)	Bücherschlussverkauf
boktitel (2)	Buchtitel
chans (3)	Chance
dagens sportprogram	Sportprogramm des Tages
deckare (5)	Detektivfilm, -roman
del (2)	Teil
der blir	das macht
det känns	man spürt
det märks	man merkt
enas om	sich einigen über
expert (3)	Experte, Fachmann
filmatisering (2)	Verfilmung
fotboll, -en	Fußball
gräl (5)	Streit
halvlek, -en	Halbzeit
han lyckas	es gelingt ihm
handling, -en	Handlung
hårresande	haarsträubend
ingenjör (3)	Ingenieur
inte (...) heller	auch nicht
intressant	interessant
intresserad av	interessiert an
jag för min del	was mich betrifft
jätterolig	furchtbar lustig, "riesig"
kalla, -r	nennen
kunde (= skulle kunna)	könnte
kvalmatch (3)	Qualifikationsspiel
kännas (→ det känns)	
lista, -r upp	auflisten
lyckas (→ han lyckas)	
låna, -r telefonen	das Telefon benutzen
lånesedel (2)	Leihschein
långfilm (3)	Spielfilm, abendfüllender Film
låntagare (5)	Entleiher
låtsas	so tun als ob
lära, lär sig	erlernen
missa, -r (jag har missat)	versäumen verpassen (ich habe verpasst)
märkas (→ det märks)	
nyttig	nützlich
"Ormens väg"	"Der Weg der Schlange"
program (5)	Programm
rea (= realisation) (1)	Schlussverkauf
regn, -et	Regen
serie (3)	Programmreihe, Folge
sjuk	krank
skakande	erschütternd
skola (1)	Schule
småstad (-städer) (3)	Kleinstadt
sport, -en	Sport
språk (5)	Sprache
svenskspråkig	schwedischsprachig
svettas	schwitzen
säga, -er emot (sade, sagt)	widersprechen
ta, -r hänsyn tog, tagit	Rücksicht nehmen
(60)-talet	die (60-er) Jahre
trist	trist, langweilig
tryckår	Druckjahr
tv-program (5)	Fernsehprogramm
tv-textad	mit Untertiteln versehen
underhållande	unterhaltend
vara trött på	(es) müde sein
varm	warm
våga, -r	wagen
(de) äldre	(die) älteren
även	auch

österrikisk	österreichisch
övertyga, -er	überzeugen

R

analys (3)	Analyse
bugga, -r	*heimlich abhören*
djupgående	tiefgreifend
djur (5)	*Tier*
Grönköping	"Krähwinkel"
inflytande (4)	*Einfluß*
knut (2)	*Knoten*
kurdisk	*kurdisch*
kvinna (1)	*Frau*
luftfärd	Luftreise
makt (3)	*Macht*
norr	*Norden*
skildring (2)	Schilderung
skuld, -en	*Schuld*
skyldig	*schuldig*
svala (1)	*Schwalbe*
sällsam	*seltsam*
utan	*ohne*
vidare	*weiter*
vinna, -er vann, vunnit	*gewinnen*

Lektion 15

besvär (5)	Mühe
billigare än	billiger als
bilnyckel (2)	Autoschlüssel
boka, -r	buchen
dröja, -er	(hier:) warten
dum	dumm
få, -r fick, fått	dürfen
få, -r tag i	finden, ausfindig machen
för min del	was mich betrifft
ganska	ziemlich
glömma, -er kvar	liegenlassen, vergessen
halvtimme	halbe Stunde
handarbete (4)	Handarbeit
handväska (1)	Handtasche
hålla, -er med om höll, hållit	der gleichen Meinung sein
ID-kort (5)	Personalausweis
kreditkort (5)	Kreditkarte
köpcentrum, -centra	Einkaufszentrum
körkort (5)	Führerschein
lampskärm (2)	Lampenschirm
loppmarknad (3)	Flohmarkt
lämna, -r efter sig	hinterlassen
lönande	lohnend
marknad (3)	Markt
missa, -r tåget	den Zug verpassen
möjlighet (3)	Möglichkeit
nyckelknippa (1)	Schlüsselbund
oljemålning (2)	Ölgemälde
porslin, -et	Porzellan, Geschirr
portmonnä (3)	Portmonee, Geldbeutel
prylar (plural)	Sachen (umgangsspr.)
(väl) romantisk	(recht) romantisch
skiva (1)	Schallplatte
skratta, -r	lachen
skrivmaskin (3)	Schreibmaschine
slösa, -r (med)	verschwenderisch umgehen (mit)
solglasögon (plural)	Sonnenbrille
souvenir (3)	Souvenir, Andenken
stiga, -er in steg, stigit	eintreten, einsteigen
stiga, -er på	einsteigen
stiga, -er av	aussteigen
stiga, -er ur	aussteigen
sådana	solche
sälja, -er (sålde, sålt)	verkaufen
söka, -er	suchen
tavla (1)	Gemälde
taxicentral (3)	Taxizentrale
tidigt	früh (Adv.)
titta, -r sig omkring	sich umsehen
trasmatta (1)	Fleckerlteppich
tänka, -er	denken
utan att + infinitiv	ohne zu + Infinitiv
utflykt (3)	Ausflug
utflyktsmål (5)	Ausflugsziel
vad sägs om …?	was sagst du zu …?

var ... än	wo auch immer	fängelsestraff (5)	Gefängnisstrafe
vare sig ... eller	sei es, dass ... oder	förkörsrätt, -en	Vorfahrt
varit	gewesen	förresten	übrigens
vas (3)	Vase	försiktig	vorsichtig
välbehållen	gut erhalten	förstöra, -stör	ruinieren, zerstören, kaputtmachen
väska (1)	Tasche		
växeln, -n	Telefonzentrale, Vermittlung	förälder (föräldrar)	Elternteil, (plural:) Eltern
äsch!	pah! ach was!	gles	spärlich
		grov	grob
		halvljus (5)	Abblendlicht
		hastighet (3)	Geschwindigkeit
Lektion 16		hastighetsbegränsning (2)	Geschwindigkeitsbegrenzung
adjektiv (5)	Adjektiv	helljus, -et	aufgeblendet
adverb (5)	Adverb	hit	her, hierher
alkohol, -en	Alkohol	hittills	bisher
bagageutrymme (4)	Kofferraum	hända, -er	passieren
behaglig	behaglich	hög	hoch
behöva, -er + infinitiv	brauchen + zu + Infinitiv (müssen)	i lagom tid	zu annehmbarer Zeit
bensin, -en	Benzin	i ett år	ein Jahr lang
bensinsnål	sparsam im Benzinverbrauch	jamen	ja aber ...
		jäktig	aufreibend
beroende (av)	abhängig (von)	kakelugn (2)	Kachelofen
bilbälte (4)	Sicherheitsgurt	katalytisk avgasrening, -en	Katalysator
bli bekant med ...	bekannt werden mit ...	klarblå	leuchtend blau
blinker, -n	Blinker	komparativ (3)	Komparativ
bostadsområde (4)	Wohngebiet	konsert (3)	Konzert
bråttom	eilig	kurslokal (3)	Kurslokal
buller, bullret	Lärm	kurva	Kurve
busshållplats (3)	Bushaltestelle	liv, -et	Leben
böter (plural)	Bußgeld	livsfarlig	lebensgefährlich
den här färgen kan jag inte med	diese Farbe kann ich nicht leiden	luft, -en	Luft
det fina med ...	das Gute an ...	låg	niedrig
dra, -r in drog, dragit	einziehen	lång	lang, groß; weit
dra, -r bensin	Benzin verbrauchen	lätt	leicht
dålig	schlecht	manövrera, -r	manövrieren
efterlysa, -er	suchen, sich wünschen	motorväg (2)	Autobahn
egenskap (3)	Eigenschaft	måste	muss, musst, müsst, müssen
en del	einige	mörk	dunkel
farlig	gefährlich	norr om	nördlich von
frisk	frisch	nära (till)	nah (an, bei)
få, -r + infinitiv fick, fått	dürfen, müssen + Infinitiv	nästan	beinahe
		ofarlig	ungefährlich

Lektionswortschatz   197

omljud (5)	Umlaut	**R**	
område (4)	Gebiet	accelerationssnabb	beschleunigt gut
ovan	oben	andrahandsvärde, -et	Wiederverkaufswert
parkera, -r	parken	bekväm	bequem
parkeringslucka (1)	Parklücke	egenskap (3)	Eigenschaft
polis (3)	Polizei, Polizist	miljövänlig	umweltfreundlich
positiv (3)	Positiv, Grundform	sportig	sportlich
på köpet	obendrein	terrängbil (2)	Geländewagen
på det hela taget	im Großen und Ganzen	*tillåten*	*erlaubt*
		topphastighet (3)	Spitzengeschwindigkeit
riskera, -r	riskieren		
sakna, -r	vermissen	värdering (2)	Bewertung
samhälle (4)	Gemeinde		
samvete, -t	Gewissen		
skaffa, -r	beschaffen		
småstad (-städer) (3)	Kleinstadt	## Lektion 17	
som (utlänning)	als (Ausländer)		
stanna, -r	anhalten, stehen bleiben	banklån (5)	Bankdarlehen
stödord (5)	"Stützwort", Stichwort	be, -r bad, bett	bitten
superlativ (3)	Superlativ	betydelse (3)	Bedeutung
så fort	sobald	bevarad	erhalten
ta, -r tid tog, tagit	Zeit brauchen	bisarr	bizarr
trafik, -en	Verkehr	blommande	blühend
trafikmärke (4)	Verkehrszeichen	cykeluthyrning (2)	Fahrradverleih
trafikskola (1)	Fahrschule	datumparkering, -en	eingeschränkte Parkerlaubnis (je nach Datum)
trång	eng		
träff (2)	Treffen		
typisk	typisch	dela, -r	teilen, gemeinsam benützen
tät	dicht		
tättbebyggd	dicht besiedelt	disk, -en	Abwasch
utan	ohne	en bra bit	ein gutes Stück
utanför	außerhalb	extrasäng (2)	zusätzliches Bett
utbildningsmöjlighet (3)	Ausbildungsmöglichkeit	fastland, -et	Festland
		form (3)	Form
utlänning (2)	Ausländer	forsla, -r bort	abschleppen
utomhus	draußen	fortsättning (2)	Fortsetzung
varför?	warum?	genom	durch
varselljus (5)	Standlicht	Gott Nytt År!	Ein Gutes Neues Jahr!
vinterhimmel, -himlen	Winterhimmel	handel, -n	Handel
vänja, -er sig (vande, vant)	sich gewöhnen	hitta, -r på	erfinden
		hoj (2)	Fahrrad (umgangssprachlich)
växla, -r ner	herunterschalten		
å andra sidan	andererseits	hyresgäst (3)	Mieter
än	als	hyresgästförening (2)	Mietervereinigung
älskling (2)	Liebling	hyresvärd (2)	Vermieter

hyresvärdinna (1)	Vermieterin	stämma, -er	stimmen
i regel	in der Regel	Svensk bilprovning	schwed. TÜV
i söndags	vorigen Sonntag	ta, -r sig över	tog, hinübergelangen
i så fall	in diesem Fall		tagit
inackorderad	in Pension wohnend	tillhöra, -hör	gehören zu, angehören
inklusive	einschließlich		
inneboende	in Untermiete wohnend	tillönskas av …	wünscht …
		torn (5)	Turm
innanför	innerhalb	trädgårdstäppa (1)	Gärtchen
inramad	eingerahmt	turistbyrå (3)	Touristikbüro
jul (2)	Weihnachten	underkänna, -er	beanstanden
kallas	genannt werden	uppför	bergauf, hinauf
kanta, -r	säumen	utför	bergab, hinunter
karakteristisk	charakteristisch	vad menas med	was meint man mit
klippblock (5)	Felsblock	vara i fred	in Ruhe gelassen werden
kloster (5)	Kloster		
kollektiv (5)	Wohngemeinschaft	vattenkant (3)	Wasserrand, Ufer
konfirmera, -r	konfirmieren	vuxen (vuxna)	Erwachsener
köra, kör på	anfahren	ytterdörr (2)	Außentür
laga, -r	reparieren	återbetala, -r	zurückzahlen
ljus (5)	Licht	äga, -er	besitzen
med detsamma	gleich, sofort	önska, -r	wünschen
medeltid, -en	Mittelalter	Östersjön	Ostsee
medeltida	mittelalterlich		
moped (3)	Moped	**R**	
nedan	unten	berömd för	berühmt wegen
nedanför	unterhalb	*blod, -et*	*Blut*
nedför	hinunter, abwärts	*egendomlig*	*eigentümlich*
nyfiken	neugierig	får (5)	Schaf
operera, -r	operieren	*fårskalle (2)*	*Schädel des Schafs*
osv. (= och så vidare)	usw.	*halstra, -r*	*rösten*
ovanför	oberhalb	*hedendom, -en*	*Heidentum*
pittoresk	malerisch	klimat, -et	Klima
privatperson (3)	Privatperson	*krydda, -r*	*würzen*
renovera, -r	renovieren	kulinarisk	kulinarisch
raukar (plural)	bizarre Felsblöcke	lammfärs, -en	Lamm-Gehacktes
reparera, -r	reparieren	livsmedelsprodukt (3)	Lebensmittel(produkt)
ringmur (2)	Stadtmauer		
ruin (3)	Ruine	*ljuvlig*	*lieblich*
räcka, -er	reichen	läckerhet (3)	Leckerbissen
skylt (2)	Schild	mild	mild
smycke (4)	Schmuck	*panerad*	*paniert*
stjäla, stjäl stal, stulit	stehlen	*potatismos, -et*	*Kartoffelbrei*
stryka, -er under strök, strukit	unterstreichen	resebroschyr (3)	Reisebroschüre
		ros (1!)	Rose
ställa, -er in	hineinstellen	*saltad*	*gesalzen*

Lektionswortschatz 199

sandstrand (-stränder) (3)	Sandstrand	gratulationskort (5)	Glückwunschkarte
skilja, -er (skilde, skilt)	unterscheiden	gratulera, -r	gratulieren
smak, -en	*Geschmack*	gärna	gern
specialitet (3)	Spezialität	hav (5)	Meer
tunn	*dünn*	(jag är) hemskt ledsen	es tut (mir) furchtbar leid
övrig	übrig	humör, -et	Laune, Stimmung
		hur mycket som helst	beliebig viel
		hälsa, -r välkommen	willkommen heißen
		i det här vädret	bei diesem Wetter

Lektion 18

		(en) inbjudan (inbjudning) (2)	(eine) Einladung
anledning (2)	Anlass	innehålla, -er -höll, -hållit	beinhalten
anlända, -er	ankommen		
anmäla, -er sig	sich anmelden	inrikesflyg, -et	Inlandsflug
avdelningschef (3)	Abteilungschef	insekt (Betonung auf d. 1. Silbe!)	Insekt
bagage, -t	Gepäck		
behändig	aufmerksam, höflich	jubileum, jubileet(!) (3)	Jubiläum
bli rädd	Angst bekommen		
blåsa, -er	winden, wehen	karriär (3)	Karriere
boardingkort (5)	Bordkarte	klara, -r (sig)	es schaffen
bortbjuden	eingeladen	kompis (2)	Kamerad, Freund, Kumpel
charterresa (1)	Gesellschaftsreise		
checka, -r in	einchecken	kondis, -et	Konditorei (umgangsspr.)
denna, detta	diese(-r, -s)		
dessa	diese	kroppsvisitera, -r	einer Leibesvisitation unterziehen
det lär (vara varmt)	es soll (warm sein)		
dopp (5)	kurzes Bad, Untertauchen	kul	lustig, spaßig
		känna, -er för	Lust haben auf, sich aufgelegt fühlen zu
dröjsmål (5)	Verzögerung		
eftersom	weil, da ja	kändis (2)	bekannte Persönlichkeit
fegis	Feigling		
firma (1)	Firma	kö (3)	Schlange
flygfält (5)	Flugfeld	le, -r log, lett	lächeln
flygpersonal, -en	Flugpersonal	leva, -er	leben
flygplats (3)	Flugplatz	linjeflyg, -et	Linienflug
fortsättningskurs (3)	Fortsetzungskurs	lust	Lust
födelsedag (2)	Geburtstag	lyckönskning (2)	Glückwunsch
födelsedagsfest (3)	Geburtstagsfest	lyfta, -er	(hier:) abheben
förklara, -r	erklären	långtråkig	langweilig
fylla, -er år	Geburtstag haben	läckert!	super! dufte!
förtjusande	entzückend	mage, -en (2)	Magen, Bauch
genast	sogleich	meddela, -r	mitteilen
gift	verheiratet	motorcykel, -n (2)	Motorrad
grattis på födelsedagen	Glückwunsch zum Geburtstag	må hon leva	möge sie leben
		nödvändig	notwendig

Lektionswortschatz

ombord	an Bord	vore	wäre (Konjunktiv)
passera, -r	passieren	väga, -er	wiegen
passkontroll (3)	Passkontrolle	väl ombord	an Bord angekommen
pirra, -r	kribbeln	vänninna (1)	Freundin
plan (= flygplan) (5)	Flugzeug	ylletröja (1)	Wollpullover
på bättre humör	besser gelaunt	återstå, -r -stod, -stått	übrig sein
på något sätt	in irgendeiner Form	ändå	trotzdem
raka, -r sig	sich rasieren	överraskning (2)	Überraschung
rakapparat (3)	elektrischer Rasierer	övervikt, -en	Übergewicht
rakhyvel, -n (2)	Rasierapparat für Nassrasur		

R

bankomat (3)	*Bankautomat*
effektförvaring, -en	*Gepäckaufbewahrung*
frisör (3)	*Friseur*
hittegods (5)	*Fundsachen*
Minilivs	*"Minilebensmittel", Reiseproviant*
Minuten	*"Die Minute", Bankservice*
parkeringskassa (1)	*Kasse des Parkhauses*
pressbyrå (3)	*Presseagentur, Kiosk*

resväska (1)	Koffer
ridstall (5)	Reitstall
silverbröllop (5)	Silberhochzeit
situation (3)	Situation
sjunga, -er sjöng, sjungit	singen
skicka, -r återbud	absagen
skicka, -r	schicken
skriftlig	schriftlich
slussa, -r	schleusen
soldyrkare (5)	Sonnenanbeter
spänna, -er fast säkerhetsbältet	den Sicherheitsgurt anlegen
syfta, -er på	sich beziehen auf
så länge	so lange, währenddessen
så klart	ganz klar
sätta, -er på sig (satte, satt)	anziehen
tack för senast	Dankesformel
tacka ja (nej)	zusagen (absagen)
tentamen (tentamina)	Examen, Prüfung
tillägg (5)	Zuschlag
tjockis (2)	Dickerchen
toppen!	Spitze!
tävling (2)	Wettbewerb
ungdomar (pl)	Jugendliche
uppmana, -r	auffordern
utfärda, -r	ausstellen
utgång (2)	Ausgang, "gate"
uti (= i)	
utrikesflyg, -et	Auslandsflug
vinna, -er vann, vunnit	gewinnen
visa, -r upp	vorzeigen

Lektion 19

ambulans (3)	Ambulanz, Krankenwagen
aning (2)	Ahnung
anmäla, -er	anzeigen
(en) anmälan	Anzeige
berättelse (3)	Erzählung
besviken	enttäuscht
bilmärke (4)	Automarke
bosatt	wohnhaft
campingplats (3)	Campingplatz
dagbok (-böcker)	Tagebuch
dator (datorer) (3)	Computer
delta, -r deltog, deltagit	teilnehmen
det går bra att …	Sie können …
det gäller	es handelt sich um
folk (kollektiv)	Leute
framtid, -en	Zukunft
för nära	zu nahe
förstås	natürlich

Lektionswortschatz 201

förvarna, -r	vorwarnen	sammansättning (2)	Zusammensetzung
göra, gör en anmälan	Anzeige erstatten	skoaffär (3)	Schuhgeschäft
hon har inte en tanke på att …	sie denkt gar nicht daran, zu …	skynda, -r sig	sich beeilen
		slå, -r in slog, slagit	einpacken
hur gick det till?	wie ging es vor sich?	släkting (2)	Verwandter
hur länge som helst	beliebig lang	snart	bald
husgeråd, -et	Küchengerät	speciellt	besonders
högtidlig	feierlich	strax	gleich, direkt
inom	innerhalb, in	studiekamrat (3)	Studienfreund, Kommilitone
julklapp (2)	Weihnachtsgeschenk		
julklappsutdelning (2)	Bescherung	ställa, -er	hinstellen, (Uhr) stellen
julskinka (1)	Weihnachtsschinken		
jultomte (2)	Weihnachtsmann	säker	sicher
klasskamrat (3)	Klassenkamerad	tack detsamma!	danke gleichfalls!
klä, -r	schmücken, mit Laub bekleiden	tullfri	zollfrei
		turist (3)	Tourist
kvällen innan	am Abend zuvor	tärna (1)	Begleiterin der Lucia
kylig	kühl	undra, -r	sich fragen, wissen wollen
känna, -er sig (besviken)	sich (enttäuscht) fühlen		
		uppsluppen	ausgelassen
känna, -er igen	erkennen	uppställningsplats (3)	Stellplatz
luciasången	Lucialied	vad som helst	alles nach Belieben
lussa, -r	die Lucia darstellen	vad gäller det?	worum handelt es sich?
lussekatter	Gebäck zum Luciatag		
lutfisk, -en	in Lauge zubereiteter Fisch	vara med om	erleben
		vem som helst	jeder beliebige
läsa, -er upp	vorlesen	väckarklocka (1)	Wecker
mandel, -n (2)	Mandel	även om	auch wenn, obwohl
medborgare (5)	Staatsbürger	återge, -r -gav, -givit	wiedergeben
nobelpristagare (5)	Nobelpreisträger	övergångsställe (4)	Zebrastreifen
när som helst	jeden Augenblick, zu einem beliebigen Zeitpunkt		
		R	
		kräftpremiär (3)	Auftakt des Krebsessens
pepparkakor	schwed. Lebkuchenart		
		påsk (2)	Ostern
personnummer, -numret (5)	persönliche Kennnummer	påskärring (2)	Osterhexe
		Valborgsmässoafton, -en	Fest am 30. April
registreringsnummer, -numret (5)	Autokennzeichen		
resa, -er	aufstellen		
rim (5)	Reim, Vers	# Lektion 20	
risgrynsgröt, -en	Reisbrei		
sambo, -n (3)	Lebensgefährte, der, mit dem man zusammenwohnt	advokat (3)	Advokat, Rechtsanwalt
		aktiv	aktiv

202 Lektionswortschatz

aktivitet (3)	Aktivität
allt fler	immer mehr
apotek (5)	Apotheke
arrangemang (5)	Arrangement, Veranstaltung
atmosfär, -en	Atmosphäre
avkoppling, -en	Entspannung
avlossa, -r	abfeuern
bero, -r på	ankommen auf
bestämma, -er sig	sich entscheiden
beväpnad	bewaffnet
bläddra, -r igenom	durchblättern
bofast	ortsansässig
broschyr (3)	Broschüre
brottsplatsundersökning (2)	Besichtigung des Tatorts, Lokaltermin
butik (3)	Boutique, Laden
den som	derjenige, der
det som	das, was
disk (2)	Tresen
doktor (3)	Doktor, Arzt
dra, -r in drog, dragit	hereinströmen
dramatik, -en	Dramatik
dreja, -er	töpfern
därefter	daraufhin
dölja, -er dolde, dolt	verbergen
fiske, -t	(das) Fischen
fjällstation (3)	Bergstation
fotografera, -r	fotografieren
full	voll
färdledare (5)	Wegeführer, Expeditionsleiter
fördel (2)	Vorteil
förslag (5)	Vorschlag
föröva, -r	verüben
gemenskap, -en	Gemeinschaft
genomvåt, -vått	durch und durch nass
glasruta (1)	Glasscheibe
glädje, -n	Freude
hobby (hobbyer, hobbies)	Hobby
hoppa, -r	springen
hurtbulle (2)	"Sportkanone"
huvud (5)	Kopf
hål (5)	Loch
i lugn och ro	in aller Ruhe
i stil med …	in der Art von …
islandshäst (2)	Islandpferd
kafé, -(e)t (kaféer)	Café
kanot (3)	Kanu
kanoting, -en	Kanusport
keramik, -en	Keramik
klättra, -r upp	hinaufklettern
knappast	kaum
kreativ	kreativ
kumpan (3)	Kamerad, Komplize
kämpig	strapaziös
lotsa, -r	lotsen
låglandsled (3)	Wanderweg in der Ebene
låta, -er lät, låtit	klingen
lägereld (2)	Lagerfeuer
lämna, -r	verlassen
lättgången	leicht zu gehen
mål (5)	Ziel
mängd (3)	Menge
mössa (1)	Mütze
nackdel (2)	Nachteil
natur, -en	Natur
naturupplevelse (3)	Naturerlebnis
noje (4)	Vergnügen
något som	was
oberoende	unabhängig
ordentligt	gründlich
packning, -en	Marschgepäck
papperspåse (2)	Papiertüte
personal, -en	Personal
personligen	persönlich
perspektiv (5)	Perspektive, Sicht
postkontor (5)	Postamt
postrånare (5)	Posträuber
praktiskt taget	praktisch
rafsa, -r åt sig	an sich raffen
ratt (2)	Steuer, Lenkrad
resebyråmannen	Angestellter im Reisebüro
resmål (5)	Reiseziel
rundtur (3)	Rundreise, Rundfahrt
rån (5)	Raubüberfall
rånare (5)	Räuber

Lektionswortschatz 203

samla, -r	sammeln	avgå, -r avgick, avgått	abfahren
skada, -r	verletzen	barnkammare (2)	Kinderzimmer
skott (5)	Schuss	begära, begär	verlangen
skottlossning, -en	Schusswechsel	besiktning (2)	Besichtigung
skön	erfreulich, schön	bestämmelse (3)	Bestimmung
smaka, -r på	ausprobieren	biljettlucka (1)	Fahrkartenschalter
spänning (2)	Spannung	bottenvåning (2)	Erdgeschoss
stå, -r till tjänst stod, stått	dienen	det blir expresståg	(wörtl.: es wird ...) = Es kommt nur Schnellzug in Frage
stämpla, -r	stempeln		
sysselsättning (2)	Beschäftigung	det krävs	es ist erforderlich
sånt (sådant)	solches, so etwas	det är dags	es ist Zeit
södra	südlich	direktgående	direkt (ohne Umsteigen)
teckning (2)	Zeichnung		
till fots	zu Fuß	disponera, -r	über ... verfügen
timmerflotte (2)	Floß aus Baumstämmen	därutöver	darüber hinaus
		egendom (2)	Eigentum
tjusning, -en	Zauber, Anziehungskraft	en ... till	noch ein(e, -en) ...
		erbjuda, -er erbjöd, erbjudit	anbieten
träd (5)	Baum		
träffa, -r	treffen	fastighetsägare (5)	Wohnungseigentümer
trängsel, -n	Gedränge	fixa, -r själv	selber machen (umgangsspr.)
typ (3)	Typ		
udda	ungewöhnlich, von der Norm abweichend	flytta, -r ut	ausziehen
		flyttning (2)	Umzug
		flyttstädning, -en	Reinemachen beim Umzug, "besenrein" hinterlassen
uppskatta, -r	schätzen		
upptäcka, -er	entdecken		
utföra, -för	ausführen	förändring (2)	Veränderung
utmaning, -en	Herausforderung	gällande	gültig
vandring (2)	Wanderung	hall (2)	Hausflur
vara ute efter ...	auf ... aus sein	hinna, -er ner hann, hunnit	es schaffen, herunterzukommen
vildmark, -en	Wildnis		
vilket	was	icke-rökare	Nichtraucher
vägg (2)	Wand	investering (2)	Investition
väta, -er	nässen	kopia (1)	Kopie
ålder (2)	Alter	kosta, -r på	ausgeben, investieren
ägna, -r sig åt ...	sich ... widmen	källarvåning (2)	Kellergeschoss
		leende (4)	Lächeln
		lur (2)	Hörer
Lektion 21		lycka till	viel Glück
		lyfta, -er	abnehmen
alldeles nyss	soeben	lägga, -er på (la[de], lagt)	auflegen
annars	ansonsten, sonst		
anslutning (2)	Anschluss	meddelande (4)	Mitteilung
arbetsrum (5)	Arbeitszimmer	målning (2)	Anstrich

nedre botten (bottenvåning, -en)	Parterre	vindsrum (5)	Dachzimmer
normal	normal	återseende (4)	Wiedersehen
norrut	Richtung Norden		
nyss	kürzlich, soeben	**R**	
nämligen	nämlich	avgång (2)	Abfahrt(szeiten)
närvarande	anwesend	berättiga, -r	berechtigen
pollettera, -r	Gepäck aufgeben	gälla, -er	gelten
protokoll (5)	Protokoll	liggplats (3)	Liegewagenplatz
rabatt (3)	Rabatt	lågpris (3)	Niedrigpreis
radhus (5)	Reihenhaus	markera, -r	markieren
regel (3)	Regel	pendeltåg (5)	S-Bahn
resande (plural: resande, resandena)	Reisender	rabatteras	(für ...) wird Rabatt gewährt
rymlig	geräumig	reduktion (3)	Ermäßigung
rälsbuss (2)	Schienenbus	sittplats (3)	Sitzplatz
röja, -er	entrümpeln	sovplats (3)	Schlafwagenplatz
rökare (5)	Raucher	symbol (3)	Symbol
se, -r till såg, sett	zusehen, dafür sorgen	*till och med* (t o m)	*bis einschließlich*
skick (5)	Zustand		
skottår (5)	Schaltjahr	## Lektion 22	
sovrum (5)	Schlafzimmer		
standard (3)	Standard	accelerera, -r	beschleunigen
spår (5)	Gleis	ackord, -et	Akkord
stökig	unaufgeräumt, unordentlich	apotekare (5)	Apotheker
		arbeta, -r	arbeiten
sänka, -er	senken	arbetsförhållande (4)	Arbeitsverhältnis(se)
särskild	besondere(-r)	arbetsmaterial, -et	Arbeitsmaterial
tapet (3)	Tapete	bakom	hinter
tapetsera, -r	tapezieren	bedöma, -er	beurteilen
tillstånd, -et	Erlaubnis	befinna, -er sig befann, befunnit	sich befinden
trappa (1)	Treppe		
tur och retur	hin und zurück	begåvad	begabt
tvättstuga (1)	Waschküche	betyg (5)	Zeugnisnote
tågbyte (4)	Umsteigen	bild	"Zeichen und Werken"
töras, törs	sich trauen	dels ... dels	teils ... teils
underhållsreparation (3)	Instandsetzung	det beror på	das hängt davon ab
		enformig	eintönig
uppehålla, -er -höll, -hållit	aufhalten	fast	fest
		framför	vor
var (= varje)	jede(r)	fungera, -r	funktionieren
var sin (sitt)	jeder sein	fysik, -en	Physik
vart	wohin; jedes	färja (1)	Fähre
vartannat	jedes zweite	för det mesta	meistens
vi hörs	wir hören voneinander	förekomma, -er förekom, förekommit	vorkommen

förutsatt	vorausgesetzt	riktnummer (5)	Ortskennzahl
genom att (fråga)	indem man (fragt)	sekreterare (5)	Sekretär(in)
gymnastik, -en (Betonung auf der 3. Silbe!)	Gymnastik	sitta, -er stilla satt, suttit	stillsitzen
		skiftarbete (5)	Schichtarbeit
ha, -r hand (om)	zuständig sein (für)	skiftnyckel (2)	Schraubenschlüssel
hammare (5)	Hammer	skiss (3)	Skizze
hårfrisörska (1)	Friseuse	skolämne (4)	Schulfach
hörs det	hört man	skomakare (5)	Schuhmacher
i jämnhöjd med	auf der Höhe von	skrapande	schabend, scharrend
i princip	im Prinzip	skriva, -er upp skrev, skrivit	aufschreiben
inomhus	im Hause		
kock (2)	Koch	skruvmejsel (2)	Schraubenzieher
kokerska (1)	Köchin	skräddare (5)	Schneider
kommun (3)	Gemeinde, Stadt	smutsig	schmutzig
koppla, -r (till)	verbinden (mit)	småsamhälle (4)	kleine Gemeinde
krångla, -r	Schwierigkeiten bereiten	snett emot	schräg gegenüber
		snickare (5)	Tischler
lanthandel, -n	Dorfladen	starta, -r	anlassen, starten
larmtjänst, -en	Notrufzentrale	stenografi, -n	Stenografie
linjal (3)	Lineal	sällan	selten
ljud (5)	Geräusch, Laut	teknisk	technisch
luft, -en	Luft	trassel, trasslet	Ärger, Probleme
låta, -er sig repareras lät, låtit	sich reparieren lassen	tång (tänger)	Zange
		verkstad (-städer)	Werkstatt
läder, lädret	Leder	verktyg (5)	Werkzeug
maskinskrivning, -en	Maschine schreiben	vistas	sich aufhalten
matematik, -en	Mathematik	vid	an, bei
matlagning, -en	Kochen	yrke (4)	Beruf
metall (3)	Metall	återkomma, -er -kom, -kommit	wieder von sich hören lassen
mittemot	gegenüber		
modell (3)	Modell		
modersmål, -et	Muttersprache	**R**	
motor (3)	Motor	*arkitekt (3)*	*Architekt*
nummerskylt (2)	Nummernschild	backljus (5)	Rücklicht
obehaglig	unbehaglich	bagageutrymme (4)	Kofferraum
omväxlande	abwechslungsreich	bilbärgning, -en	Abschleppdienst
pannkaka (1)	Pfannkuchen	bilmekaniker (= plural)	Kraftfahrzeugmechaniker
papper, -et (5)	Papier		
parkeringsplats (3)	Parkplatz	*bokhållare (5)*	*Buchhalter*
plast, -en	Plastik	*byggnadsarbetare (5)*	*Bauarbeiter*
position (3)	Position	*däck (5)*	*Reifen*
punktering (2)	Reifenpanne	*dörr (2)*	*Tür*
på ort och ställe	an Ort und Stelle	*elektriker (5)*	*Elektriker*
reparation (3)	Reparatur	*få, -r upp fick, fått*	*aufbekommen*
reservdel (2)	Ersatzteil	*försäkring (2)*	*Versicherung*

Lektionswortschatz

Gula sidorna	"Gelbe Seiten"
gå, -r sönder gick, gått	kaputtgehen
ingå, -r i	Bestandteil sein von
installatör (3)	Installateur
inte ens	nicht einmal
kostnadsfri	kostenlos
larmcentral (3)	Notrufzentrale
läcka, -er	lecken
målare (5)	Maler
programmerare (5)	Programmierer
reseledare (5)	Reiseleiter
rör (5)	Rohr
själva larmförmedlingen	die Notrufvermittlung als solche
småskollärare (5)	Kindergärtner(in)
snickare (5)	Tischler
strålkastare (5)	Scheinwerfer
stänkskärm (2)	Kotflügel
stötfångare (5)	Stoßstange
trädgårdsmästare (5)	Gärtner
typograf (3)	Typograf
var du än befinner dig	wo du dich auch immer befindest
vindruta (1)	Windschutzscheibe
vindrutetorkare (5)	Scheibenwischer

Lektion 23

avresedag (2)	Tag der Abreise
avbryta, -er -bröt, -brutit	abbrechen
badbyxor (plural)	Badehose
baddräkt (3)	Badeanzug
blåsig	windig
(vi) borde	(wir) sollten
bricka (1)	Spielmarke
chansa, -r	es darauf ankommen lassen
dagen därpå	am Tag darauf
det är på tiden	es ist an der Zeit
dimma (1)	Nebel
dra, -r upp (värmen) drog, dragit	(die Heizung) höher stellen
dörr (2)	Tür
efter det att	nachdem
elda, -r	Feuer machen
energi, -n	Energie
ett tag	eine Weile
fara (1)	Gefahr
fimpa, -r	Zigarette ausmachen
framåt	vorwärts
fram på (dagen)	später am (Tag)
fullständig	vollständig
grad (3)	Grad
göra, gör upp eld (gjorde, gjort)	Feuer machen
helt enkelt	ganz einfach
hamna, -r	landen
hårspray, -en	Haarspray
i alla fall	in jedem Fall
i förtid	vorzeitig
i helgen	am Wochenende
i onödan	unnötigerweise
(det är) inga dåliga grejor	nicht schlecht!
isolera, -r	isolieren
kast (5)	Wurf
kasta, -r	würfeln
komma, -er ifrån kom, kommit	wegkommen von
kyla, -n	Kälte
lita, -r på	sich verlassen auf
låta, -er lät låtit	lassen
lämna, -r tillbaka	zurückbringen
matsäck (2)	mitgebrachtes Essen, Proviant
miljö, -n	Umwelt
mulen, mulet	bewölkt
omväxling, -en	Abwechslung
otur, -en	Unglück, Pech
packa, -r ner	einpacken
pingst, -en	Pfingsten
plantera, -r	pflanzen
preposition (3)	Präposition
returpapper, -et	Recyclingpapier
rinna, -er rann, runnit	laufen, rinnen
rita, -r av	abzeichnen
ruta (1)	Feld
(en) sexa	(eine) Sechs
skräpa, -r ner	verschmutzen

skärgård (2)	Schärengürtel	oljepanna (1)	Ölkessel
solsken, -et	Sonnenschein	omkring	um (herum)
spartips (5)	Spartip	procent, -en	Prozent
spel (5)	Spiel	(100 procent)	
stackars Kerstin!	arme Kerstin!	på en del håll	stellenweise
stenhäll (2)	Steinplatte	regnskur (2)	Regenschauer
studiecirkel (2)	Kurs	ren	sauber
stå, -r över	aussetzen	se, -r över såg, sett	überprüfen
tak (5)	Dach	solig	sonnig
tomflaska (1)	leere Flasche	ställa, -er in	einstellen
tvinga, -r (auch:)	zwingen	stänga, -er av	abstellen
tvang, tvungit		sätta, -er på	auf (20 Grad) ein-
täta, -r	abdichten	(20 grader)	stellen
utsikt (3)	Aussicht	syd	Süden
var och en	ein jeder	sydlig	südlich
vara, -r	dauern	termostat (3)	Thermostat
vara, är med	dabeisein	trimma, -r	justieren
vara på den säkra	sicher gehen	uppehåll(sväder)	schönes, beständiges
sidan			Wetter
varandra	einander	vind (2)	Wind
varmvatten, -vattnet	Warmwasser	växlande	wechselnd
varna, -r (för)	warnen (vor)	öka, -r	zunehmen
väderleksrapport (3)	Wetterbericht	övervägande	überwiegend
(nord)västra	(nord)westliches		
åskväder (5)	Gewitter		
återlämna, -r	zurückgeben		
ösa, -er ner	schütten, stark regnen		

Lektion 24

R		alkohol, -en	Alkohol
besparing (2)	Ersparnis	alldeles för (mycket)	viel zu (viel)
brännare (5)	Brenner	allting	alles
bränslebesparing, -en	Brennstoffersparnis	andas	atmen
byta, -er ut	auswechseln	anse, -r + infinitiv	halten für ...
element (5)	Heizkörper	ansåg, ansett	
böra, bör + infinitiv	müssen + Infinitiv	arm (2)	Arm
dimmoln (5)	Nebelschwaden	ben (5)	Bein
drag (5)	Zug	besvär (5)	Beschwerde
element (5)	Heizkörper	betingat	bedingt
gammalmodig	altmodisch	brist på aptit	Appetitlosigkeit
helt och hållet	ganz und gar	bröst (5)	Brust
håll (5)	Richtung	chef (3)	Chef
isolering (2)	Isolierung	dietplan (3)	Diätvorschrift
klart	aufgeklart	dokumentärfilm (3)	Dokumentarfilm
moln (5)	Wolke	dra, -r slutsatser	Schlüsse ziehen
molnighet, -en	Bewölkung	drog, dragit	
mot (kvällen)	gegen (Abend)	fackbok (-böcker) (3)	Fachbuch
		feber, -n	Fieber

finger, fingret(!) (2)	Finger	nysa, -er nös (nyste), nyst	niesen
fot (fötter) (3)	Fuß	omskola, -r sig	sich umschulen (lassen)
(tre veckor) framåt	für die Dauer von (drei Wochen)	ont i halsen (huvudet)	Halsweh (Kopfweh)
frossa, -n	Schüttelfrost	ordentlig	ordentlich, reichlich
frysa, -er frös, frusit	frieren	ordinera, -r	verordnen
fundera, -r på	daran denken, in Erwägung ziehen	ordningsföljd (3)	Reihenfolge
försvinna, -er försvann, försvunnit	verschwinden	panna (1)	Stirn
		patient (3)	Patient
gapa, -r	den Mund aufmachen	personbil (2)	Personenauto
göra, gör ont (gjorde, gjort)	weh tun	prosit!	Gesundheit!
		psykisk	psychisch
haka (1)	Kinn	rapport (3)	Bericht
hals (2)	Hals	recept (5)	Rezept
hand (händer) (3)	Hand	ropa, -r upp	aufrufen
historisk	historisch	rygg (2)	Rücken
hjärta, -t (plural: hjärtan, hjärtana)	Herz	räcka, -er ut	herausstrecken
		rökvanor (plural)	Rauchergewohnheiten
hosta, -n	Husten	röntga, -r	röntgen
hosta, -r	husten	röntgen	Röntgenabteilung
hår (5)	Haar	saker och ting	Dinge
illamående, -et	Unwohlsein	sedan ... (tillbaka)	seit ...
influensa, -n	Grippe	sjukdom (2)	Krankheit
inte någon ... alls	überhaupt keine(n) ...	sjukskriva, -er -skrev, -skrivit	krankschreiben
i slutet av (veckan)	Ende (der Woche)		
jobba, -r	arbeiten	skrivbord (5)	Schreibtisch
kind (3)	Wange	skåpbil (2)	Lieferwagen
knä, -(e)t (4)	Knie	smärta (1)	Schmerz
kollega (kolleger, kollegor)	Kollege	snuva, -n	Schnupfen
		sportvagn (2)	Sportwagen
komma, -er överens (med) kom, kommit	auskommen (mit)	svetsare	Schweißer
		symptom (5)	Symptom
kryssa, -r för	ankreuzen	syster	Sprechstundenhilfe ("Schwester")
kärlek, -en	Liebe		
limpa (1)	Stange Zigaretten	sänka (1)	Blutsenkung
lugnande	beruhigend	sömnlöshet, -en	Schlaflosigkeit
mardröm (2)	Alptraum	terapi (3)	Therapie
magbesvär (5)	Magenbeschwerden	thriller, -n	Thriller, Schocker
medicin (3)	Medizin	tills vidare	bis auf weiteres
mellangärde, -t	Zwerchfell	trötthet, -en	Müdigkeit
motion, -en	körperliche Bewegung	tunga (1)	Zunge
motionera, -r	sich bewegen	tyda, -er på	darauf hindeuten
motsvarande	entsprechend	tå (tår) (3)	Zehe
mottagning (2)	Sprechstunde	utslag, -et	Ausschlag
må, -r illa	Übelkeit verspüren		

Lektionswortschatz

vana (1)	Gewohnheit	den gången	damals
verkstan (= verkstaden)		det har hunnit bli kallt	es ist inzwischen kalt geworden
vilda västern	Wilder Westen	det var länge sen (sedan)	es ist lange her
vändning (2)	Wendung		
önskvärt	wünschenswert	engagerad	engagiert
öra, -t (öron)	Ohr	favoritsport, -en	Lieblingssport
		favorisera, -r	Anhänger sein von …
R		fotbollslag (5)	Fußballmannschaft
abort (3)	Abtreibung	ful	hässlich
akut	akut	för något år sedan	vor ungefähr einem Jahr
allmän	allgemein		
avtal (5)	Vereinbarung	fördelaktigt utseende	vorteilhaftes Aussehen
behandling (2)	Behandlung		
enligt	gemäß	förening (2)	Verein
frossa, -n	Schüttelfrost	förhållandevis	verhältnismäßig
få, -r del av …	an … partizipieren	göra, gör åt	machen gegen
försäkra, -r	versichern	gladlynt	fröhlich, gut gelaunt
hjälpmedel (5)	Hilfsmittel	hemstad, -en	Heimatstadt
konvention (3)	Vereinbarung	hålla, -er på med	sich beschäftigen mit
lag (2)	Gesetz		
läkarvård, -en	ärztliche Betreuung	idrottsförening (2)	Sportverein
massage (3)	Massage	intressant	interessant
omfatta, -r	umfassen, betreffen	kila, -r	laufen, rennen
preventivmedel (5)	Verhütungsmittel	kondition, -en	Kondition, körperliche Verfassung
rådgivning, -en	Beratung		
sjukförsäkring (2)	Krankenversicherung	kontaktsökande	Kontaktsuchende(r)
sjukhusvård, -en	Betreuung im Krankenhaus	kvarter (5)	Stadtviertel
		käre	lieber
sjukvård, -en	medizinische Betreuung	lyhörd	hellhörig
		längdåkning, -en	Langlauf
sjukvårdande behandling, -en	Krankengymnastik	matta (1)	Teppich
		medlem (2)	Mitglied
tandvård, -en	Zahnbehandlung	mullig	mollig, rundlich
utprovning, -en	Erprobung	modernisera, -r	modernisieren
villkor (5)	Bedingung	orka, -r + infinitiv	es schaffen zu
vård, -en	Betreuung	otrolig	unglaublich
		passa, -r till	passen zu
		placeringen i tabellen	Tabellenstand
Lektion 25		populär	populär, volkstümlich
		på grund av	wegen
allihopa	alle miteinander	på nolltid	im Nu
barnkär	kinderlieb	på topp	auf der Höhe
blond	blond	påsk (2)	Ostern
bära, bär bar, burit	tragen	rekord (5)	Rekord
cykeling, -en	Fahrrad fahren	ridning, -en	Reiten

rusa, -r iväg	losrasen	fritidsförvaltning, -en	Freizeitverwaltung
rusningstid (3)	Hauptverkehrszeit, Rushhour	föreställa, -er sig	sich vorstellen
		förvandla, -r	verwandeln
ryska	russisch	gryning, -en	Morgengrauen, Hoffnungsschimmer
råka, -r + infin.	zufällig + Infinitiv		
sekelskifte, -t	Jahrhundertwende	humor, -n	Humor
simning, -en	Schwimmen	i 10-årsåldern	im Alter von 10 Jahren
skidåkning, -en	Schi laufen	livskamrat (3)	Lebensgefährte
slå, -r slog, slagit	schlagen	längta, -r	sich sehnen
smal	schlank	meningsfull	sinnvoll
sporta, -r	Sport treiben	motionsutövare (5)	Sporttreibender
sportälskande	sportinteressiert, liebt Sport	musikintresserad	musikinteressiert
		parant	apart
stadsdel (2)	Stadtteil	pensionär (3)	Rentner
tabell (3)	Tabelle	preparera, -r	präparieren
tidskrävande	zeitraubend	skötsam	ordentlich, strebsam
tillförlitlig	zuverlässig	smärt	schlank
trots att	obwohl (trotzdem, dass)	sparsam	sparsam
		språkkunskap (3)	Sprachkenntnis
träningstimme (2)	Trainerstunde	spår (5)	Loipe
tullavgift (3)	Zollgebühr	vital	vital
tyckas, tycks	scheinen	vänskap (3)	Freundschaft
ungdomlig	jugendlich	änka (1)	Witwe
ursinnig	wütend	öm	zärtlich, empfindsam
uteservering (2)	Straßencafé		
utrustning (2)	Ausrüstung		
utseende, -t	Aussehen	## Lektion 26	
utöva, -r	ausüben	ansökningshandlingar	Bewerbungsunterlagen
vad mycket	wie viel		
vetta, -er åt	gehen auf	arbetskamrat (3)	Arbeitskamerad
(o)vårdad	(un)gepflegt	arbetsmiljö (3)	Arbeitsmilieu, -klima
väva, -er	weben	arbetstagare (5)	Arbeitnehmer
åka, -er utför	(mit Skiern) abfahren	arbetsuppgift (3)	Arbeitsaufgabe
		arbetsvillkor (5)	Arbeitsbedingung
ärlig	ehrlich	arkitekt (3)	Architekt
		belägen	gelegen
R		bisats (3)	Nebensatz
blond	blond	bransch (3)	Branche
angiven tid	angegebene Zeit	busschaufför (3)	Busfahrer
anläggning (2)	Anlage	bussig	lieb, nett
attraktiv	attraktiv	byggvaruhandel, -n	Baustoffhandel
bekantskap (3)	Bekanntschaft	det känns motigt	es ist einem zuwider
(vara) bilburen	ein Auto haben, motorisiert sein	dikt (3)	Gedicht
		drömjobb (5)	Traumjob
ensamhet, -en	Einsamkeit	ekonomisk	finanziell
entré (3)	Eintritt		

Lektionswortschatz   211

enligt överenskommelse	nach Vereinbarung	representant (3)	Repräsentant, Vertreter
erfarenhet (3)	Erfahrung	roa, -r sig	sich vergnügen
fackansluten	gewerkschaftlich organisiert	(ha) råd med ...	sich ... leisten können
		röst (3)	Stimme
facket	die Gewerkschaft	samvaro, -n	Zusammensein
flextid (= flexibel arbetstid)	gleitende Arbeitszeit	sann, sant	wahr
		sköta, -er	betreuen
fräscha lokaler	neue, freundliche Räume	stimulerande	anregend
		ställa, -er upp	mitmachen, sich beteiligen
företag (5)	Unternehmen		
företagsledning (2)	Unternehmensleitung	sätta, -er värde på (satte, satt)	Wert legen auf
författarförbund (5)	Schriftstellerverband		
författarskap, -et	schriftstellerische Tätigkeit	trivsam	dem Wohlbefinden dienend
försörja, -er sig	sich ernähren	trygghet, -en	Geborgenheit
halvtid	halbtags	uppleva, -er	erleben, empfinden
hålla, -er till höll, hållit	sich aufhalten	utförlig	ausführlich
		utgå, -r (från) utgick, utgått	ausgehen (von)
infödd	Einheimischer		
inköp (5)	Einkauf	utvilad	ausgeruht
innebära, -bär -bar, -burit	beinhalten, bedeuten	yrkeserfarenhet (3)	Berufserfahrung
		yrkesgrupp (3)	Berufsgruppe
intryck (5)	Eindruck	ärva, -er	erben
kommunalanställd	städt. Angestellter	övertid	Überstunden
kontorist (3)	kaufmännische Angestellte		

R

korrespondens (3)	Korrespondenz, Briefwechsel	däremellan	dazwischen
		hall (2)	Halle
ljus	hell	nyanställd	neu angestellt
lön (3)	Gehalt	om igen	noch einmal (von vorn)
med anledning av	anlässlich, wegen		
nattetid	nachts	rusning, -en	Stoßzeit, Rushhour
nattskift (5)	Nachtschicht	vissa dagar	an bestimmten Tagen
novell (3)	Novelle		
nöjd	zufrieden		
obekväm	unbequem		

Lektion 27

omgående	sofort, unverzüglich
ordna, -r	es einrichten
permittering (2)	Entlassung
platsannons (3)	Stellenanzeige
posthantering, -en	Postabfertigung
programvärdinna (1)	Moderatorin, Leiterin der Sendung
	behaupten
påstå, -r påstod, påstått	

attentatsman (-män)	Attentäter
bakgrundsinformation (3)	Hintergrundsinformation
band (5)	Band
behandla, -r	behandeln
beteckning (2)	Bezeichnung
björk (2)	Birke
dagstidning (2)	Tageszeitung

det allra minsta	das Geringste	smak, -en	Geschmack
djup (5)	Tiefe	streck (5)	Strich
djur (5)	Tier	ställningstagande (4)	Stellungnahme
familjemedlem (2)	Familienmitglied	svala (1)	Schwalbe
finna, -er fann, funnit	finden	synas	zu sehen sein
följetong (3)	Fortsetzungsroman	ta, -r upp tog, tagit	aufgreifen
främsta orsaken	die Hauptsache	tecken, tecknet (5)	Zeichen
för att (= därför att)	weil	tecknad serie	Comic
gilla, -r	mögen (umgangsspr.)	tidningsrubrik (3)	Zeitungsüberschrift
gripa, -er grep, gripit	greifen, festnehmen	tonåring (2)	Teenager
gå, -r på djupet	der Sache auf den Grund gehen	typexempel (5)	typisches Beispiel
		understreckare (5)	Artikel "unter dem Strich"
gök (2)	Kuckuck		
hemtrakt (3)	Heimatgegend	urklipp (5)	Zeitungsausschnitt
hälsa, -n	Gesundheit	utställning (2)	Ausstellung
höslåtter, -n	Heuernte	vapen (5)	Waffe
iakttagelse (3)	Beobachtung	vardaglig	alltäglich
informera, -r sig	sich informieren	veckotidning (2)	Wochenzeitung
kommentera, -r	kommentieren	vikingagrav (2)	Wikingergrab
konservativ	konservativ	vårtecken, -tecknet (5)	Frühlingsanzeichen
kontinentaleuropé (3)	Kontinentaleuropäer	ämne (4)	Thema
kost, -en	Kost		
kulturevenemang (5)	kulturelles Ereignis	**R**	
kvällstidning (2)	Abendzeitung	*avgå, -r avgick, avgått*	*zurücktreten*
kåseri, -et(!) (3)	Plauderei, Lokalglosse	*bekräfta, -r*	*bestätigen*
		dödsoffer, -offret (5)	*Todesopfer*
ledare (5)	Leitartikel	*jordbävning (2)*	*Erdbeben*
lärka (1)	Lerche	*justitieminister (2)*	*Justizminister*
lösnummer, -numret	Einzelnummer	*kräva, -er*	*fordern*
lövsprickning, -en	Austreiben der Blätter	*lamslå, -r -slog, -slagit*	*lahmlegen*
		regering (2)	*Regierung*
moderat	gemäßigt	*skatt (3)*	*Steuer*
nyutkommen	neu herausgekommen	tusentals	Tausende von
nämna, -er	nennen	*älg (2)*	*Elch*
obunden	ungebunden		
prenumerera, -r	abonnieren	# Lektion 28	
publicera, -r	veröffentlichen		
på ledarplats	an führender Stelle	anta, -r antog, antagit	annehmen
raljera, -r	glossieren, spöttisch kommentieren	beklaga, -r	bedauern
		bero, -r på	beruhen auf
rapportera, -r	berichten	besvära, besvär i kassan	zur Kasse bemühen
recensera, -r	rezensieren, besprechen		
		blixt (2)	Blitz
ring (2)	Ring	bry, -r sig om	sich kümmern um
serie (= tecknad serie)	Comic	butik (3)	Boutique, Laden
skjuta, -er sköt skjutit	(er)schießen	byta, -er	umtauschen

bärsa (1)	Bier (umgangsspr.)	krympa, -er	eingehen
champinjonsås (3)	Champignonsoße	kundtjänst (3)	Kundendienst
det gäller att ...	es handelt sich darum, zu ...	kvalité, -n (= kvalitet, -en) (3)	Qualität
det är inget fel på ...	es fehlt nichts an ...	käka, -r	essen (umgangsspr.)
doja (1)	Schuh (umgangsspr.)	lättnad (3)	Erleichterung
dropptorka, -r	tropfnass aufhängen	macka (= smörgås) (1)	
dyka, -er dök, dykt upp	auftauchen	mode, -t	Mode
		modeskapare (5)	Modeschöpfer
eller hur?	oder etwa nicht?	modevind (2)	"Modewind", die neueste Mode
expediera, -r	bedienen		
farsa, -n	umgangsspr. für "far"	märka, -er	merken
		parera, -r	parieren, reagieren auf
finskjorta (1)	(das) gute Hemd	pjäxa (1)	Skistiefel, Wanderstiefel
flott	flott, elegant		
fräsch	frisch, sauber	principiell	grundsätzlich
färga, -r	(ab)färben	promenadsko (3)	Straßenschuh
förgäves	vergeblich	pröjsa, -r	zahlen (umgangsspr.)
garderob (3)	Garderobe	på modet	in Mode
gälla, -er	gelten (für)	reagera, -r	reagieren
hur står det till?	wie geht es?	resa, -er runt	herumreisen
hur är läget?	wie geht's und steht's? (umgangsspr.)	resultat (5)	Ergebnis
		riktmärke (4)	Richtschnur
		rota, -r	wühlen, kramen
hygglig	einigermaßen, leidlich	självfallet	selbstverständlich
		skjorta (1)	Hemd
hänga, -er med	mitkommen (umgangsspr.)	skonsam	schonend
		skribent (3)	Artikelschreiber
i antågande	im Anzug, im Kommen	skötselråd (5)	Waschanleitung
		snygg	hübsch
inköpare (5)	Einkäufer	spalt (3)	Spalte
jaga, -r	jagen	spara, spar (sparar)	aufheben
jeans (5)	Jeans	spola kröken	Antialkohol-Slogan
joggingdojor (plural)	Joggingschuhe (umgangsspr.)	spänn (plural)	Kronen (umgangsspr.)
kjollängd (3)	Rocklänge	storlek (2)	Größe
klassisk	klassisch	stå, -r sig stod, stått	sich halten, überdauern
Kläderna gör mannen (blått) klär dig!	Kleider machen Leute (Blau) steht dir!	stå, -r till tjänst	dienen
konjunktursvacka (1)	Tiefkonjunktur, Konjunkturschwäche	syrra, -n (1)	Schwester (umgangsspr.)
konjunktursvängning (2)	Konjunkturumschwung	talspråk (5)	Umgangssprache
		tidsanda, -n	Zeitgeist
kontant	bar	till den grad	so sehr
kontinent (3)	Kontinent, Festland	tioårig	zehnjährig
kort	kurz	tjej (3)	Mädchen (umgangsspr.)

tjäna, -r	dienen	ansöka, -er (om)	sich bewerben (um)
tjänare!	Servus!	avgörande	entscheidend
tolka, -r	interpretieren, deuten	barn utom äktenskap	uneheliche Kinder
torka, -r	trocknen	bl. a. (= bland annat)	u. a.
torktumlare (5)	Trockenschleuder, Wäschetrockner	block (5)	Block
		borgerlig	bürgerlich
trend (3)	Trend	bosätta, -er sig (bosatte, bosatt)	sich ansiedeln
tvättmaskin (3)	Waschmaschine		
tågluffa, -r	mit dem Zug "landstreichern"	brudkrona (1)	Brautkrone
		bröllop (5)	Hochzeit
tåla, tål	vertragen	bröllopsfest (3)	Hochzeitsfeier
utbud (5)	Angebot	båda	beide
vad får det lov att vara?	was darf es sein?	delstat (3)	Bundesland
		dessförinnan	vorher
vansinnigt flott	wahnsinnig schick	det är vackert med …	es ist etwas Schönes an …
vardagsklädd	alltäglich gekleidet		
visa, -r sig	sich zeigen	dop (5)	Taufe
visst	gewiss, klar	däremot	dagegen
världen runt	rund um die Welt	enda	(der, die, das) einzige
öppet köp	Kauf mit Umtauschrecht	erkänd	anerkannt
		frånskild	geschieden
R		4%-spärren	4%-Klausel
balja (1)	*Bottich, Wanne*	främmande språk (5)	Fremdsprache
cirkel (2)	*Kreis*	födelse, -n	Geburt
fyrkant (3)	*Viereck*	förlova, -r sig	sich verloben
försedd med	*versehen mit*	förlovad	verlobt
handtvätt, -en	*Handwäsche*	förrätta, -er	"verrichten", durchführen
kemtvätt, -en	*chemische Reinigung*		
klorblekning, -en	*Chlorbleiche*	gemensam	gemeinsam
max (= maximalt)	*höchstens*	gräl (5)	Streit
märke (4)	*Zeichen*	gräla, -r	streiten
plagg (5)	*Kleidungsstück*	i regeringsställning	an der Regierung
rådgöra, -gör -gjorde, -gjort	*Rat einholen*	institut (5)	Institut
		inträde, -t	Beitritt
strykning, -en	Bügeln	invandrare (5)	Einwanderer, Gastarbeiter
strykjärn (5)	Bügeleisen		
triangel (2)	*Dreieck*	karl (2)	Mann
		kommunalval (5)	Kommunalwahl
# Lektion 29		kristen, kristet	christlich
acceptera, -r	akzeptieren	likadant	ebenso, gleichermaßen
ange, -r angav, angivit	angeben		
anmälan (anmälningar)	Anmeldung, Gesuch	likaså	ebenso
		lycklig	glücklich
ansluta, -er sig anslöt, anslutit	sich anschließen	majoritetsregering (2)	Mehrheitsregierung
		matte (= matematik)	
		miljöförstöring, -en	Umweltzerstörung

missnöjd	unzufrieden	valbarometer (2)	Wahlbarometer, Meinungsbild
muntlig(en)	mündlich		
opinion, -en	öffentliche Meinung	van vid	gewöhnt an
opinionsundersökning (2)	Meinungsumfrage	varken ... eller	weder ... noch
		viga, -er	(kirchlich) trauen
parti, -et(!) (3)	Partei	vissla, -r	pfeifen
pastor, -n (3)	Pastor, Pfarrer	väljare (5)	Wähler
pastorsexpedition (3)	Amtsräume des Pastors, Pfarramt	vänsterflygel, -n	linker Flügel
		yrkesinriktad	berufsbezogen
politisk	politisch	äktenskap (5)	Ehe
poströster (plural)	per Briefwahl abgegebene Stimmen	änka (1)	Witwe
		änkling (2)	Witwer
prioritera, -r	den Vorrang geben	överens om	einig über
riksdag (2)	Reichstag		
riksdagsval (5)	Wahl zum schwedischen Reichstag	**R**	
		acceptera, -r	akzeptieren
rådhus (5)	Rathaus	*elev (3)*	*Schüler*
rösta, -r blankt	sich der Stimme enthalten	*fackskola (1)*	*Fachschule*
		förrättning (2)	*Amtshandlung*
rösta, -r	(ab)stimmen	*gudstjänst (3)*	*Gottesdienst*
röstberättigad	stimmberechtigt	*gymnasieskola, -n*	*schwedische Einheitsschule*
sammanboende	zusammenlebend, -wohnend		
		högmässa (1)	*Hochamt, heilige Messe*
separerad	getrennt		
skolår (5)	Schuljahr	*gymnasium, gymnasiet(!) (3)*	*Gymnasium*
skäl (5)	Grund		
slöja (1)	Schleier	*inrätta, -r*	*einrichten*
stadsfullmäktig, -en (plural: stadsfullmäktige)	Stadtrat	*jordfästning (2)*	*Beerdigung*
		nattvard, -en	*Abendmahl*
		linje (3)	*Zug*
stilig	gut aussehend, fesch	*sammanslagning (2)*	*Zusammenlegung*
tillräckligt	ausreichend	*slutbetyg (5)*	*Abgangszeugnis*
tilltagande	zunehmend	*såväl ... som*	*sowohl ... als auch*
trossamfund (5)	Glaubensgemeinschaft	*söka, -er (till)*	*sich bewerben (an)*
		teoretisk	*theoretisch*
träkyrka (1)	Holzkirche	*utbildning, -en*	*Ausbildung*
tungan på vågen	das Zünglein an der Waage	*vigsel (vigslar) (2)*	*Trauung*
		yrkesskola (1)	*Berufsschule*
undersökning (2)	Untersuchung	*yrkesutövning, -en*	*Berufsausübung*
utom äktenskap	außerhalb der Ehe, außerehelich	*årskurs (3)*	*Klasse*
utträda, -er (ur)	austreten (aus)		
utträde (4)	Austritt		
val (5)	Wahl		
val, -et till stadsfullmäktige	Stadtratswahl		

Lektion 30

annorlunda	anders(artig)
antingen … eller	entweder … oder
avsluta, -r	abschließen, beenden
avstånd (5)	Abstand
barrskog (2)	Nadelwald
breddgrad (3)	Breitengrad
bro (2)	Brücke
bryta, -er bröt, brutit	unterbrechen
båtuthyrning (2)	Bootsverleih
dike (4)	(Wasser)graben
dra, -r drog, dragit	ziehen
dra, -r fram drog, dragit	durchziehen
drabbas (av)	betroffen sein (von)
drakhuvud (5)	Drachenkopf
driva, -er drev, drivit	dahintreiben
drömma, -er	träumen
dua, -r	duzen
dvs. (= det vill säga)	d. h.
dyrka, -r	verehren
dån, -et	Getöse
därför att	weil
en gång i tiden	einst(mals)
exportera, -r	exportieren
fantasi, -n	Fantasie
flod (3)	Fluss
folktäthet, -en	Bevölkerungsdichte
frihet (3)	Freiheit
(ett) fåtal	(eine) geringe Zahl, wenige
för, -en	Bug
förbindelse (3)	Verbindung
för hand	mit der Hand
glesbygd (3)	dünn besiedeltes Gebiet
gudar (plural)	Götter
huvudsats (3)	Hauptsatz
hård	hart
i kombination med	in Verbindung mit
industriland, -et(!) (-länder) (3)	Industrieland
invånare (5)	Einwohner
istäckt	eisbedeckt
kartong (3)	Karton
klippa, -er ur	ausschneiden
konjunktion (3)	Konjunktion, Satzverbindung
kortslutning (2)	Kurzschluss
kristendom, -en	Christentum
känsla (1)	Gefühl
led (3)	Fahrweg
luta, -r sig	sich lehnen
lägga, -er bort titlarna (lade, lagt)	”Titel ablegen”, das ”Du” anbieten
lövskog (2)	Laubwald
m. m. (= med mera)	und dergleichen mehr
malm (2)	Erz
mild	mild
norra Sverige	Nordschweden
norrländsk	Adj. zu ”Norrland”
nuförtiden	heutzutage
nån sorts	eine Art von
näringsliv, -et	Wirtschaft(sleben)
Oden	Odin
olycka (1)	Unglück
omöjlig	unmöglich
original (5)	Original
oröd	unberührt
paddlare (5)	Paddler
pappersmassa, -n	Holzschliff
paradis (5)	Paradies
peka, -r ut	zeigen
polcirkel, -n	Polarkreis
pryda, -er	schmücken
prägla, -r	prägen
påminna, -er (om)	erinnern (an)
regnrock (2)	Regenmantel
runsten (2)	Runenstein
runt omkring	ringsumher
runt knuten	um die Ecke
ryggsäck (2)	Rucksack
Ryssland	Russland
same (3)	Same, Lappe
sedan	nachdem
sedan dess	seitdem
själ (2)	Seele
sjösystem (5)	Seensystem
skeppssättning (2)	Steine, in Schiffsform gesetzt

Lektionswortschatz

skidort (3)	Skiort, Wintersportort	ta, -r del av tog, tagit	Kenntnis nehmen
skriva, -er av skrev, skrivit	abschreiben	tröskel (2)	Schwelle
		turistmål (5)	Touristenziel
släpa, -r	gleiten lassen	vandra, -r	wandern
statlig	staatlich	vattendrag (5)	Gewässer, Flusslauf
ström, -men (2)	Strom	viking (2)	Wiking
stödåtgärd (3)	Stützungsmaßnahme	vikingaskepp (5)	Wikingerschiff
subjekt (5)	Subjekt	vila, -r	ausruhen
sug, -et	Faszination, Anziehungskraft	vända, -er sig till	sich wenden an
		yta (1)	Oberfläche
svettning, -en	(das) Schwitzen	åkermark (3)	Ackerland
sydspets, -en	Südspitze	ända till	bis nach
söka, -er sig till	aufsuchen	äventyr (5)	Abenteuer

Wortschatz der Hintergrundtexte

(soweit nicht im Gesamtwortschatz enthalten)

ans (= ansökan) 26
anslagstavla (1) 24   Anschlagtafel
brännvinskung (2) 12   Branntweinkönig
båtluffarkort (5) 23   Rabattkarte für Schiffsreisen im Schärengürtel
deltid, -en 26   Teilzeit
dock 18   doch
ej krav 26   keine Bedingung
ekonomi, -n 26   Ökonomie, (Betriebs)wirtschaft
fjät (5) 19   Schritt (altertüml.)
flykta, -r 19   fliehen
formell 18   formell
framkomligheten 16   das Vorankommen
förbättra, -r 24   verbessern
förlät 19   verließ (altertüml.)
försäljare (5) 26   Verkäufer
ge, -r sig ut 23   auslaufen
grovdisk, -en 26   Grobabwasch
gå ur tiden 18   aus der Mode kommen
herrgård (2) 12   Herrenhof
husvagnsekipage (5) 16   Wohnwagengespann
hålla, -er rent 26   sauberhalten
hälsa, -r välkommen 18   willkommen heißen
hämtbutik (3) 12   Laden mit Selbstbedienung
i vissa sammanhang 18   in bestimmten Zusammenhängen
inom kontaktavstånd 18   innerhalb eines Abstands, der Kontakt ermöglicht
inte … förrän 18   nicht bevor, erst
kontakta, -r 26   Kontakt aufnehmen
källarvarv (5) 12   Kellergewölbe
ljus (5) 19   Licht
lokalvårdare (5) 26   Raumpfleger(in)
lätt att umgås 26   umgänglich
motionslokal (3) 24   Gymnastikraum
olycksrisk (3) 16   Unglücksrisiko
ordförande, -n (5) 24   Vorsitzender
ordningssinne, -t 26   Ordnungssinn
parvis 18   paarweise
pogrammering, -en 26   Programmierung
provanställning 26   Probezeit
på topp 24   auf der Höhe
rejäl 12   kräftig

renat brännvin 12   unverschnittener Branntwein
runda, -r 23   umrunden
ruva, -r 19   brüten
samlas 23   sich sammeln
samling (2) 12   Sammlung
sed (3) 18   Sitte
seglare (5) 23   Segler
skugga (1) 19   Schatten
sky (2) 19   Wolke, Himmel
skål (2) 18   Trinkspruch
skåla, -r 18   zutrinken
stum 19   stumm
stuva, -n (= stuga) 19
städvana (1) 26   Erfahrung mit Raumpflege
subventionerad lunch 26   Kantinenesse, zu dem Zuschuss gezahlt wird
sus, -et 19   Rauschen
sving (2) 19   Schwung
sälj- och resultatinriktad 26   auf Verkauf und Erfolg eingestellt
tillträde (4) 26   Arbeitsantritt
10 dubbelt renat brännvin 12   10-fach destillierter Branntwein
träkolsgrillad 12   auf Holzkohle gegrillt
tröskel (2) 19   Schwelle
tung 19   schwer
underlätta, -r 16   erleichtern
uppmärksam 18   aufmerksam
(skärgårdens) utpost 23   der Außenposten (des Schärengürtels)
utmärks 16   werden bezeichnet
utrustad 16   ausgerüstet
varaktighet, -en 26   Beständigkeit, Ausdauer
vikariat (5) 26   Vikariat, Aushilfe
vinge (2) 19   Flügel
vägren (2) 16   Randstreifen
värdfolk, -et   Gastgeber
ångbåt (2) 23   Dampfschiff
återkallat körkort 16   Einzug des Führerscheins
(den) äkta mannen 18   der Ehemann
öka, -r 16   vermehren
öppettider (plural) 12   Öffnungszeiten

Gesamtwortschatz

A
abort (3) 24
absolut 14
accelerera, -r 22
accelerationssnabb 16
acceptera, -r 29
ackord, -et 22
adjektiv (5) 16
adoptera, -r 9
adress (3) 6
adverb (5) 16
advokat (3) 20
affär (3) 3, 4
aktiv 20
aktivitet (3) 20
akut 24
aldrig 8
alkohol, -en 16
alla 6
alldeles för (mycket, många) AB 21; 24
alldeles nyss 21
allihopa 25
allmän 24
allt 13
allt fler 20
alltid 9
alltid ska du tjata! 9
allting 24
alltså 2
almanacka (1) 4
alternativ (5) 5
ambitiös AB 26
amerikansk 9
analys (3) 14
andas 24
andra 5
andrahandsvärde, -t 16

ange, -r 29 angav, angivit
angiven tid 25
aning (2) 19
ankom den ... 8
ankomst (3) 5
anledning (2) 18
anläggning (2) 25
anlända, -er 18
anmäla, -er (sig) 18
anmäla, -er 19
anmälan (anmälningar) (2) 19, 29
annan 8
annandag jul (påsk) 8
annars 21
annons (3) 11
annorlunda 30
anse, -r 14 ansåg, ansett
anse, -r + infinitiv 24
ansluta, -er sig 29 anslöt, anslutit
anslutning (2) 21
anställd AB 19
ansöka, -er (om) 29
ansökan (ansökningar) (2) AB 26
ansökningshandling (2) 26
anta, -r 28 antog, antagit
antal (5) AB 19
anteckna, -r 12
antingen ... eller 30
anvisa, -r 12
använda, -er 14
apelsin (3) 9

apelsinjuice (3) 12
apotek (5) 20
apotekare (5) 22
arbeta, -r 22
arbeta, -r samman 13
arbetarrörelse, -n AB 8
arbete (4) 11
arbetsförhållande (4) 22
arbetsförmedling (2) 11
arbetskamrat (3) 26
arbetsmaterial, -et 22
arbetsmiljö (3) 26
arbetsplats (3) 11
arbetsrum (5) 21
arbetstagare (5) 26
arbetsuppgift (3) 26
arbetsvillkor (5) 26
arg 9
argument (5) 14
arkitekt (3) 22, 26
arm (2) 24
arrangemang (5) 20
artikel (2) 2
atmosfär, -en 20
att 5
att + infinitiv 2
att välja på 4
attentatsman (-män) 27
attraktiv 25
au pair-flicka (1) 14
av 5
avbryta, -er 23 -bröt, -brutit
avbeställa, -er AB 23
avdelning (2) 17

220 Gesamtwortschatz

avdelningschef (3) 18
avgiftsfritt 7
avgå, -r 21, *27* -gick, -gått
avgång (2) 5
avgöra, -gör 14 (avgjorde, avgjort)
avgörande 29
avkoppling, -en 20
avlossa, -r 20
avresa, -n 6
avresedag (2) 23
avsikt (3) 4
avsky, -r 8
avsluta, -r 30
avsnitt (5) 14
avstå, -r 14 avstod, avstått
avstånd (5) 30
avtal (5) 24
axelväska (1) AB 15

B
backljus (5) 22
backspegel (2) 16
bada, -r 5
badbyxor (plural) 23
baddräkt (3) 23
badrum (5) 11
badstrand (-stränder) 10
bagage, -t 18
bagageutrymme (4) 16
bakgrundsinformation (3) 27
bakom 22
balja (1) 28
balkong (3) 9
ballong (3) AB 14
banan (3) 6
band (5) 27
bank (3) 6
banklån (5) 17
bankomat (3) 17

banktjänsteman (-män) 6
banta, -r 9
bara 1
bara bra 2
bara du ... (= om du bara ...) 13
barn (5) 5
barn utom äktenskap 29
barndomshem (5) 10
barnkammare (2) 21
barnkär 25
barnledig 11
barrskog (2) 30
bastu, -n 8
be, -r 17 bad, bett
bebo, -r AB 13
bedöma, -er 22
befinna, -er sig 22 befann, befunnit
begåvad 22
begära, begär 21
behaglig 16
behandla, -r 27
behandling (2) 24
behändig 18
behöva, -er 2
behöva, -er + infinitiv 16
bekantskap (3) 25
beklaga, -r 28
bekräfta, -r 27
bekväm *16*, 26
belägen 26
ben (5) 24
bensin, -en 16
bensinmack (2) 10
bensinsnål 16
bensinstation (3) 8
bero, -r på 20, 28
beroende (av) 16
berätta, -r 11
berättelse (3) 19
berättiga, -r 21
berömd (för) 17

besiktning (2) 21
beskriva, -er 11 beskrev, beskrivit
besparing (2) 23
bestrida, -er bestred, bestridit AB 28
bestå, -r av bestod, bestått AB 29
beställa, -er 6
beställning (2) 12
bestämd 2
bestämma, -er 12
bestämma, -er sig 20
bestämmelse (3) 21
besviken 19
besvär (5) 15, 24
besvära, -r i kassan 28
besök (5) 4
betala, -r 2
beteckning (2) 27
betingad 24
betyda, -er 13
betydelse (3) 17
betyg (5) 22
bevarad 17
beväpnad 20
bibliotek (5) 10
bil (2) 5
biff (2) 12
(vara) bilburen 25
bilbälte (4) 16
bilbärgning, -en 22
bild (3) 6, 22
bilda, -r 9
bildning, -en AB 29
biljett (3) 9
biljettkontor (5) 9
biljettlucka (1) 21
billig 4
bilmekaniker (5) 22
bilmärke (4) 19
bilnyckel (2) 15
bilolycka (1) 11
bilplats (3) AB 22
bilsemester (2) 1

Gesamtwortschatz 221

bio, -n (= biograf) 4
biograf (3) 4
bisarr 17
bisats (3) 26
bit (2) 4
bitti 12
bjuda, -er 12 bjöd,
    bjudit
björk (2) 27
bl. a. (bland annat)
    29
bland 9
blankett (3) 8
bli, -r *8*, 11 blev,
    blivit
bli, -r bekant med 16
bli, -r rädd 18
blinker, -n 16
blixt (2) 28
block (5) 29
blod, -et 17
blomma (1) 6
blommande 17
blond 25
blus (2) 8
blyg AB 26
blå, blått 8
blåbär (5) 5
blåbärskräm (3) 12
blåsa, -er 18
blåsig 23
bläddra, -r igenom 20
blöta, -er upp 13
bo, -r 3
boardingkort (5) 18
bofast 20
bok (böcker) (3) 5
boka, -r 15
bokhandlare (5) 14
bokhållare (5) 22
bokrea (1) 14
boktitel (2) 14
bomullsklänning
    (2) 12
bord (5) 2
(vi) borde 23

bordsservering,
    -en 13
borgerlig 29
borsta, -r tänderna 9
bort 12
(där) borta 12
bortbjuden 18
bortrest 9
bosatt 19
bostad (bostäder)
    (3) 11
bostadsförmedling
    (2) 11
bostadsområde (4) 16
bostadsupplåtare
    (5) 8
bosätta, -er sig 29
    (bosatte, bosatt)
bota, -r AB 30
bottenvåning (2) 21
bra 2
bransch (3) 26
bred AB 24
breddgrad (3) 30
brev (5) 2
brevbärare (5) AB 10
brevpapper, -et
brevväxla, -r AB 14
bricka (1) 2
bricka (1) 23
brist på aptit 24
bro (2) 30
bror, broder
    (bröder) 5
*brorsdotter
    (-döttrar) 5
brorson (-söner) 3*
broschyr (3) 20
brottsplatsunder-
    sökning (2) 20
brudkrona (1) 29
bruka, -r
    + infinitiv 5
brun 8
bry, -r sig om 28
bryna, -er 13

bryta, -er 30 bröt,
    brutit
bråttom 16
bränna, -er 13
brännare (5) 23
*bränslebesparing,
    -en 23*
bröllop (5) 29
bröllopsfest (3) 29
bröllopsklänning (2)
    AB 11
bröst (5) 24
bugga, -r 14
bulle (2) 2, 13
buller, bullret 16
burk (2) 9
buss (2) 7
busschaufför (3) 26
bussemester (2) 1
busshållplats (3) 16
bussig 26
butik (3) 20
by (2) 11
bygga, -er 11
*byggnadsarbetare
    (5) 2*
byggvaruhandel,
    -n 26
byta, -er 28
byta, -er ut 23
byxor (plural) 8
båda 29
både ... och 11
båt (2) 5
båtsemester (2) 1
båtuthyrning (2) 30
bädd (2) 3
bädda, -r 3
bänk (2) 9
bär (5) 5
bära, bär 25 bar, burit
bärnsten (2) AB 20
bärsa (1) 28
bäst 10
böra, bör + infinitiv
    23

222   Gesamtwortschatz

börja, -r 9
böter (plural) 16

C

c/o (= care of) 6
(en) centimeter
  (10 centimeter) 7
campingplats (3) 19
centralen (= central-
  stationen) 7
centralstation (3) 7
centralvärme, -n *3*, 11
champinjonsås (3) 28
chans (3) 14
chansa, -r 23
charterresa (1) 18
check (2) 6
checka, -r in 18
chef (3) 24
chokladkaka (1)
  AB 20
cigar(r)ett (3) 2
cigar(r)ettändare (5) 2
cigarr (3) 7
cigarill (3) 7
cirka 7
cirkel (2) 28
civilstånd, -et AB 19
cykel (2) 2
cykelsemester (2) 1
cykeluthyrning (2) 17
cykla, -r 3
cykling, -en 25

D

dag (2) 5
dagbok (-böcker)
  (3) 19
dagen därpå 23
dagens rätt 12
dagens sportprogram
  14
daghem (5) 7
dagis (= daghem) 10
dagligen 10

dagmamma (1) 11
dagstidning (2) 27
dammsuga, -er 10
  -sög, -sugit
Danmark 5
dans (3) 4
dansa, -r 6
dansk (2) 1
danska (1) 1
dator (datorer) (3) 19
datum, -et AB 8
datumparkering,
  -en 17
de (dom) 1
debutroman (3) 10
deciliter 4
deckare (5) 14
del (2) 14
dela, -r 17
delat med 2
dels ... dels 22
delstat (3) 29
delta, -r *4*, 19 deltog,
  deltagit
dem 5
den 3
den (5 juli) 8
den gången 25
den här färgen kan
  jag inte med 16
den offentliga
  sektorn AB 20
den som 20
denna, detta 18
deras 7
dess 7
dessa 18
dessförinnan 29
dessutom 9
det 1
det allra minsta 27
det beror på 22
det blir expresståg 21
det blir rum 305   8
det faller mig inte in
  AB 20

det fina med 16
det finns 2 fanns,
  funnits
det går bra att ... 19
det gäller 19
det gäller att ... 28
det gör det inte 7
det gör ingenting 8
det har hunnit bli
  kallt 25
det här 1
det krävs 21
det känns 26
det känns motigt 26
det lär (vara
  varmt) 18
det märks 14
det ordnar sig 7
det ska du säga
  AB 16
det som 20
det tror jag nog 7
det var länge sen 25
det vattnas i munnen
  (på dem) 13
det är dags 21
det är din (Görans)
  tur 3
det är inget fel
  på ... 28
det är jämnt! 12
det är lika bra att
  jag ... 7
det är på tiden 23
det är vackert
  med ... 29
dialog (3) 9
dietplan (3) 24
dig 5
dike (4) 30
dikt (3) 26
dimma (1) 23
dimmoln (5) 23
din(a) 5
direktgående 21
disk, -en 17

Gesamtwortschatz   223

disk (2) 20
diskmaskin (3) 10
diskotek (5) 4
diskutera, -r 8
disponera, -r 21
dit 7
ditt 4
diverse 13
djup (5) 27
djupfryst 13
djupgående AB 14
djur (5) *14*, 27
docka (1) AB 15
doja (1) 28
doktor (doktorer) (3) 20
dokumentärfilm (3) 24
dop (5) 29
dopp (5) 18
dotter (döttrar) (2) 5
dotterdotter (-döttrar) (2) 5
dotterson (-söner) (3) 5
dra, -r 30 drog, dragit
dra, -r bensin 16
dra, -r fram 30
dra, -r in 16, 20
dra, -r slutsatser 24
dra, -r upp värmen 23
drabbas (av) 30
drag (5) 23
drakhuvud (5) 30
Dramaten (= Kungliga Dramatiska Teatern) 3
dramatik, -en 20
dreja, -r 20
dricka, -er 2 drack, druckit
driva, -er 30 drev, drivit
driva, -er med någon 9

dropptorka, -r 28
dräkt (3) 8
dröja, -er 13, 15
dröjsmål (5) 18
drömjobb (5) 26
drömma, -er 30
dryck (3) 7
du 1
dua, -r 30
dubbelrum (5) 8
duka, -r 10
dukning, -en 13
dum 15
dusch (2) 3
duscha, -r 11
dys. (= det vill säga) 30
dygn (5) 7
dyka, -er upp 28 dök, dykt
dyr 4
dyrka, -r 30
då 2
då så 8
då och då 6
dålig 16
dån, -et 30
däck (5) 22
där 2, 8
där borta 2
där ser man 4
därefter 20
däremellan 26
däremot 29
därför 6
därför att 30
därtill AB 15
därutöver 21
dödsoffer (5) 27
dölja, -er 20 dolde, dolt
döpa, -er AB 29
dörr (2) *22*, 23

E
effektförvaring, -en 18

efter 8
efter det att 23
efterlysa, -er 16
eftermiddag (2) 5
efternamn (5) *4*, 8
efterrätt (3) 12
eftersom 18
egen, eget 11
egendom (2) 21
egendomlig 17
egennamn (5) 10
egenskap (3) 16
ej *3*, 7
ekonomisk 26
elda, -r 23
eldfast form 13
elektriker (5) 22
element (5) 23
elev (3) 29
eller 3
eller hur? 28
elspis (2) 13
emot 23
en 2
en bra bit 17
en bra stund 13
en del 16
en gång (i tiden) 9,30
en tid 7
en ... till 6
enas om 14
enda 29
energi, -n 23
energikrävande AB 29
enformig 22
engagerad 25
engelska (1) 1
engelsman (-män) 1
enkel 6
enkelbiljett (3) AB 21
enkelriktad gata 8
enkelrum (5) 9
enkrona (1) 6

enligt *24*
enligt överenskom-
   melse 26
ensam 11
ensamhet, -en 25
entré (3) 25
er 5, 7
erbjuda, -er 21
   erbjöd, erbjudit
erfarenhet (3) 26
erkänd 29
ersätta, -er 10
   (ersatte, ersatt)
ersättning (2) 21
espresso, -n 12
etc. (= et cetera) 4
ett 2
ett foto på din mor 5
ett par 10
ett tag 23
exempel (5) 3
expediera, -r 28
expedit (3) 4
expert (3) 14
exportera, -r 30
expressbrev (5) 6
expresståg (5) 5
extrasäng (2) 17

F
fackansluten 26
fackbok (-böcker)
   (3) 24
facket 26
fackskola (1) 29
faktiskt 5
falukorv (2) 4
familj (3) 12
familjemedlem (2) 27
fantasi, -n 30
fantastisk 16
far, fader (fäder) 5
fara (1) 23
farbror, -n, farbroder,
   -n (farbröder) 5
farfar (farfäder) 5

farföräldrar(plural) 5
farlig 16
farmor (farmödrar)
   (2) 5
farsa (1) 28
fasanbröst (5) 12
fascinerande AB 14
fast 22
faster (fastrar) (2) 5
fastighetsägare (5) 21
fastland, -et 17
fattas 12
fattig 9
favoriträtt (3) 13
favoritsport, -en 25
favorisera, -r (25)
feber, -n 24
fegis (2) 18
fel 3
fel (5) 5
(fem) minuters väg 11
fest (3) 13
film (3) 7
filmatisering (2) *9*, 14
filmjölk, -en 4
filmstjärna (1) 9
filt (2) 11
filterbyte (4) AB 21
fimpa, -r 23
finger, fingret(!)
   (2) 24
finhackad 13
Finland 11
finländare (5) 1
finländska (1) 1
finna, -er 27 fann,
   funnit
finnas 2 fanns, funnits
finns det …? 3
finska 1
finskjorta (1) 28
fint! 2
fira, -r 13
firma (1) 18
fisk (2) 10
fiska, -r 5

fiske, -t *10*, 20
fiskekort (5) 10
fixa, -r själv 21
fjällstation (3) 20
fjällstuga (1) 11
fjällvandra, -r 5
flaska (1) 4
flegmatisk AB 26
flera 1
flextid
   (= flexibel
   arbetstid) 26
flicka (1) 5
flod (3) 30
flott 28
(med) flyg 7
flyga, -er 3 flög,
   flugit
flygfält (5) 18
flygpersonal, -en 18
flygplats (3) 18
flygvärdinna (1) 9
flytande 8
flytta, -r 11
flytta, -r ut 21
flyttning, -en 21
flyttstädning, -en 21
fläck (2) AB 12
fläskfilé (3) 4
fläskfärs, -en 13
fläskkotlett (3) 4
folk (kollektiv) 19
folktäthet, -en 30
form (3) *13*, 17
forma, -r 13
forsla, -r bort 17
fort 6
fortfarande 7
fortsätta, -er 8
   (-satte, -satt)
fortsättning (2) 17
fortsättningskurs
   (3) 18
fot (fötter) (3) 24
fotboll, -en *9*, 14
fotbollslag (5) 25

Gesamtwortschatz   225

foto (4) 5
fotogenbelysning,
    -en 3
fotograf (3) 11
fotografera, -r 20
fotografi, -et(!) (3) 6
fototävling (2) 11
fram 12
fram på (dagen) 23
fram till ... 8
framför 22
framkomlighet, -en 16
framme 5, 12
framtid, -en 19
(3 veckor) framåt 24
framåt 23
fransk 6
franska 1
fransman (-män) 1
fransyska (1) 1
fridlyst AB 19
frihet (3) 30
frimärke (4) 2
frimärkssamling (2)
    AB 9
frisk AB 16, 23
frisör (3) 18
fritidsförvaltning,
    -en 25
frossa, -n 24
frosta, -r av 10
fru (2) 1
frukost, -en 13
frukt, -en 9
frys, -en 10
frysa, -er 13, 24, 27
    frös, frusit
frysbox (2) 13
fråga, -r 4
fråga (1) 7
från 1
från och med
    (fr. o. m.) 11
frånskild 29
främmande språk
    (5) 29

främsta orsaken 27
fräsa, -er 13
fräsch 28
fräscha lokaler 26
ful 25
full 20
fullbokad 8
fullständig 23
fundera, -r på 24
fungera, -r 22
fylla, -er i 5
fylla, -er år 18
fylld 12
4%-spärren 29
fyrkant (3) 28
fysik, -en 22
få, -r 4 fick, fått
få, -r + infinitiv 16
få, -r del av 24
få, -r i present 7
få se 13
få, -r tag i 15
få, -r upp 22
fågel (2) 12
får (5) 17
fårskalle (2) 17
(ett) fåtal 30
fälla, -er ner AB 15
fängelsestraff (5) 16
färdiglagad mat 13
färdledare (5) 20
färg (3) 8
färga, -er 28
färgpenna (1) 8
färgstark 12
färja (1) 21
färs, -en 13
föda, -er AB 29
född 8
födelse, -n 29
födelsedag (2) 18
födelsedagsfest (3) 18
födelsedatum, -et 8
födelseland, -et 8
följa, -er 11
följa, -er med 12

följande 6
följetong, -en 27
fönster (5) 2
för 1
för, -en 30
för all del! 3
för att + infinitiv 9
för att (= därför att)
    27
för att (inte)
    + infinitiv 6
för att inte tala
    om 13
för det mesta 22
för hand 30
för min del 15
för något år sen 25
för nära 19
för ... sedan 11
föra, för in 7
förbereda, -er 10
förbindelse (3) 30
förbjuden AB 16
förbruka, -r AB 29
förbud (5) AB 16
fördel (2) 20
fördelaktig 25
före 6
föredra, -r framför 13
    föredrog, föredragit
förekomma, -er
    22 förekom,
    förekommit
förening (2) 25
Förenta Staterna 11
föreslå, -r 9 föreslog,
    föreslagit
föreställa, -er sig 25
föreställning (2) 9
företag (5) 26
företagsledning (2) 26
författare (5) 7
författarförbund
    (5) 26
författarinna (1) 7
författarskap, -et 26

Gesamtwortschatz

förgäves 28
förhållandevis 25
förklara, -r 18
förkortning (2)
　　AB 11
förkörsrätt, -en 16
förlova, -r sig 29
förlovad 29
förlåt! 3
förmedla, -r 11
förmedling (2) 11
förmiddag (2) 5
förnamn (5) 4
förorena, -r AB 29
förr 11
förr i tiden 28
förra (året) 11
förresten 16
förrätt (3) 12
förrätta, -er 29
förrättning (2) 29
försedd (med) 28
försiktig 16
förskollärare (5) 22
förslag (5) 20
först 8
förstå, -r 5 förstod,
　　förstått
förstås 19
förstöra, förstör 16
försvinna, -er
　　24 försvann,
　　försvunnit
försäkra, -r 24
försäkring (2) 24
försöka, -er 13
försörja, -er sig 26
förtjusande 18
förtjust i 7
(för)tjäna, -r
　　AB 19
förtulla, -r 7
förutom AB 20
förutsatt 22
förvandla, -r 25
förvarna, -r 19

förvånad AB 29
förälder (föräldrar)
　　5, 16
förändring (2) 21
föröva, -r 20

G
gaffel (2) 2
Gamla Stan 3
gammal 5
gammalmodig 23
ganska 15
gapa, -r 24
garderob (3) 28
gardin (3) 13
gata (1) 3
gatukorsning (2) 8
ge, -r 5 gav, gett
　　(givit)
gemensam 29
gemenskap, -en 20
genast 18
genom 17
genom att (fråga) 22
genomvåt 20
genuin 12
geting (2) 12
gift 18
gifta, -er sig 9
gilla, -r 27
gissa, -r 10
gitarrkurs (3) 10
glad, glatt 9
gladlynt 25
glas (5) 2
glasruta (1) 20
glass, -en 12
gles 16
glesbygd (3) 30
glo, -r 9
glädje, -n 20
glömma, -er 6
glömma, -er kvar 15
god natt! 7
god, gott 4

goddag! 12
Gott Nytt År 17
gott om tid 7
grad (3) 23
gram (5) 4
granne (2) 9
gratinerad 12
grattis på födelse-
　　dagen! 18
gratulationskort
　　(5) 18
gratulera, -r 18
grav (2) 10
gravlax 12
grekiska AB 23
Grekland 11
gripa, -er 27 grep,
　　gripit
grov 16
gryning, -en 25
gryta (1) 12
grå 12
gråta, -er 9 grät, gråtit
grädde, -n 13
gräddsås (3) 12
gräl (5) 14
gräla, -r 29
gränd (3) 10
gränsa, -r 13
gräsmatta (1) 30
grön 8
Grönköping 14
grönsak (3) 9
grönsallad (3) 12
gudar (plural) 30
gudstjänst (3) 29
gul 8
Gula sidorna 22
guldgul 13
gymnasieskola (1) 29
*gymnasium, gymna-
　　siet(!) (3) 29*
gymnastik, -en 22
gyttjebad, -et AB 24
gå, -r gick, gått 3
gå, -r ifrån AB 18

Gesamtwortschatz　　227

gå, -r på bio 4
gå, -r på djupet 27
gå, -r sönder 22
gå, -r upp 10
gå, -r ut 10
gå, -r ut i skogen 5
gång (3) 11
går det att ... 11
gädda (1) 12
gälla, -er 21
gällande 21
gärna 30
gärna för mig! 9
gäst (3) 12
gök (2) 27
göra, gör 2 (gjorde, gjort)
göra en anmälan 19
göra i ordning 10
göra läxorna 10
göra ont 24
göra upp eld 23
göra åt 25

H

ha, -r 2 (hade, haft)
ha, -r hand (om) 22
ha, -r kul 13
ha, -r på sig 12
ha, -r rätt 8
haka (1) 24
halka, -n AB 23
hall (2) 21
hall (2) 26
hals (2) 24
halstra, -r 17
halv 4
halvlek, -en 14
halvljus (5) 16
halvtid 26
halvtimme, -n 15
hammare (5) 22
hamna, -r 23
hamnarbetare (5) AB 26

han 1
han lyckas 14
hand (händer) (3) 24
handarbete (4) 15
handel, -n 17
handelsmän 30
handikappad 9
handla, -r 7
handla, -r om 9
handling, -en 14
handtvätt, -en 28
handväska (1) 15
hans 7
Hansan 10
hastighet (3) 16
hastighetsbegränsning (2) 16
hatt (2) 8
hav (5) 18
havsbad (5) 3
hedendom, -en 17
hej så länge 2
hej 1
hejdå! 1
hekto, -t (plural: hekto) 4
hela 5
hela dagarna 5
helgen (i helgen) 5
helljus, -et 16
hellre 12
helt 8
helt enkelt 23
helt och hållet 23
hem (5) 10
hem 7
hembygdsgård (2) 16
hemland, -et 8
hemma 4
hemort (3) 4
(jag är) hemskt ledsen 18
hemstad, -en 25
hemtrakt (3) 27
henne 5

hennes 7
herr (2) 2
heta, -er 1
hinna, -er 7 hann, hunnit
hinna, -er ner 21
hiss (2) 8
historia, -ien 10
historisk 24
hit 16
hitta, -r 5
hitta, -r på 17
hittegods (5) 18
hittills 16
hjälp, -en 12
hjälpa, -er 10
hjälpas, hjälps åt 13
hjälpmedel (5) 24
hjärta, -t (plural: hjärtan, hjärtana) (4) 24
hjärtlig 8
hk (= hästkraft) 16
hobby (hobbyer, hobbies) 20
hoj 17
hon 1
honom 5
hoppa, -r 20
hoppas 5
hos 11
hosta, -n 24
hosta, -r 24
hotell (5) 2
hotellreception (3) 6
hovmästare, -n 12
humor, -n 25
humör, -et 18
hund (2) 10
hundralapp (2) 6
hundägare (5) 10
hungrig 9
hur 2
hur gick det till? 19
hur har du det? 2
hur lång tid? 7

228   Gesamtwortschatz

hur länge som
  helst 19
hur mycket som
  helst 18
hur mycket är
  klockan? 5
hur står det till? 28
hur är läget? 28
hurtbulle (2) 20
hus (5) 5
husdjur (5) 3
husgeråd, -et 19
hushåll (5) 10
hushållssyssla (1) 10
husvagn (2) 3
huvud (5) 20
huvudroll (3) 9
huvudsak (3) 6
huvudsats (3) 30
hygglig 28
hyra, hyr 3
hyra (1) 11
hyresgäst (3) 17
hyresgästförening
  (2) 17
hyresvärd (2) 17
hyresvärdinna (1) 17
hål (5) 20
håll (5) 23
hålla, -er med om 15
  höll, hållit
hålla, -er på att 13
hålla, -er på med ...
  25
hålla, -er sig vaken 9
hålla, -er till 26
hålla, -er tummarna
  13
hår (5) 24
hård 30
hårfrisörska (1) 22
hårresande 14
hårspray, -en 23
hälleflundra (1) 12
hälsa, -r välkommen
  18

hälsa, -n 27
hälsa, -r 7
hälsa, -r på 4
hälsning (2) 5
hälsokost, -en AB 18
hämta, -r 6
hända, -er 16
hänga, -er med 28
hänvisa, -r till AB 28
här 1
hög 16
högmässa (1) 29
högsäsong, -en 3
högt 13
högtidlig 19
höjd (3) 11
höra, hör 5
höra, hör av sig 5
hörn (5) 8
hörs det 22
höslåtter, -n 27
höst (2) 6

I

i 2
i alla fall 23
i antågande 28
i det gröna 13
i det här vädret 18
i efternamn 4
i ett år 16
i förrgår 12
i förtid 23
i går 11
i helgen 23
i hörnet av ...
i jamnhöjd med 22
i kombination
  med 30
i kväll 4
i lagom tid 16
i lugn och ro 20
i morgon 4
i morse 11
i natt 8
i närheten 3, 5

i nästan ett år 16
i onödan 23
i princip 22
i regel 17
i regeringsställning 29
i slutet av
  (veckan) 24
i stil med 20
i så fall 17
i tid 7
i 10-årsåldern 25
i (tolv) 5
i år 5
i övermorgon 12
iakttagelse (3) 27
ibland 9
icke-rökare 21
icke-reflexiv 7
idag (i dag) 4
idé (3) AB 21
ID-kort (5) 15
idrottsförening (2)
  25
ifall 11
igen 9
iklädd (= klädd i) 12
illamående, -t 24
imperativ (3) 6
in 7
inackorderad 17
(en) inbjudan
  (inbjudning) (2) 18
industriland, -et(!)
  (-länder) (3) 30
infalla, -er på 8
  inföll, infallit
influensa, -n 24
inflytande (4) 14
informera, -r sig 27
infödd 26
(det är) inga dåliga
  grejor! 23
ingen, inget (inga) 5
ingen orsak! 3
ingenjör (3) 14
ingenting AB 2; 7

Gesamtwortschatz   229

ingrediens (3) 13
ingå, -r i 22
inkalla, -r till
 militärtjänst *17*
inklusive 17
inköp (5) 26
inköpare (5) 28
innan 11
innanför 17
inne 12
inne i centrum 11
inneboende 17
innebära, innebär 26
 innebar, inneburit
innehåll (5) 6
innehålla, -er 18
 -höll, -hållit
inom 19
inomhus 22
inramad 17
inreda, -er AB 21
inrest 8
inrikesflyg, -et 18
inräknad 11
inrätta, -r 29
insekt (betont auf
 "in") (3) 18
insjö (2) 10
installatör (3) 22
institut (3) 29
inte 3
inte bara ... utan
 också 13
inte ens 22
inte ... heller 14
inte längre 11
inte någon ... alls 24
inte sant? 5
inte ... än(nu) 9
intressant AB 14; 25
intresse (4) AB 25
intressera, -r sig för 1
intresserad av 14
intryck (5) 26
inträde, -t 29
invandrare (5) *4*, 29

investering (2) 21
invånare (5) 30
islandshäst (2) 20
isolera, -r 23
isolering (2) 23
istäckt 30
istället (i stället) 6
italienare (5) 1
italienska (1) 1

J

ja 1
jacka 8
jadå 4
jag 1
jag för min del 14
jaga, -r 28
jaha 1
jaså 3
javisst 2
jeans (5) 28
jo 5
jobb (5) 7
jobba, -r 24
jobbig 6
joggingdojor
 (plural) 28
jordbävning (2) 27
jorden runt 11
jordfästning (2) 29
jordgubbar (plural) 4
jordgubbssås (3) 12
jordnära AB 22
jordvärme, -n AB 29
jordärtskockor 12
journalist (3) 11
ju 8
jubileum, jubileet(!) (3) 18
judotränare (5) 5
jul (2) 17
julafton, -en
 (julaftnar) 8
juldagen 8
julgran (2) 6
julklapp (2) 19

julklappsutdelning
 (2) 19
julskinka (1) 19
jultomte (2) 19
just det 8
just idag 7
just nu 2
*justitieminister
 (2) 27*
jäktig 16
jämföra, -för 4
jämförpris, -et(!)
 (3) 4
jämn 13
jämnt (→ det är
 jämnt) 12
jättegott 12
jätterolig 14
jättestor 7

K

kafé, -(e)t (kaféer) 20
kafeteria (1) 2
kaffe, -t 2
kaffekopp (2) 13
kakelugn (2) 16
kalas (5) 13
kalkon (3) 12
kall, kallt *3,* 23
kalla, -r 14
kallas 17
Kalle Anka 9
kalops 12
kalvfilé (3) 12
kalvfärs, -en 13
kan (→ kunna) 2
kanal (3) 2
kanariefågel (2) 6
kanot (3) 20
kanoting 20
kanske *6,* 9
kanta, -r 17
kappa (1) 8
karaff (3) 12
karakteristisk 17

230   Gesamtwortschatz

karl (2) 29
karriär (3) 18
karta (1) 3
kartong (3) 30
kassa (1) 6
kassörska (1) 6
kast (5) 23
kasta, -r (soporna) 10
kasta, -r (tärning) 23
katalytisk avgasrening 16
katt (3) 6
kavaj (3) 8
kemtvätt, -en 28
keramik, -en 20
kila, -r 25
kilo (10 kilo) 4
kilometer (10 kilometer) 7
kind (3) 24
kjol (2) 8
kjollängd (3) 28
klappa, -r AB 24
klar 4
klara, -r (sig) 18
klarblå 16
klart 23
klass (3) 12
klassisk 28
klasskamrat (3) 19
klimat (5) 17
klippa, -er gräsmattan 10
klippa, -er sig AB 18
klippa, -er ur 30
klippblock (5) 17
klocka (1) 2
klockan (fem) 2
klockan är mycket 9
klorblekning, -en 28
kloster (5) 17
klä, -r 19
klä, -r av sig 11
klä, -r på sig 11
kläder (plural) 8

Kläderna gör mannen 28
klänning (2) 12
(blått) klär dig! 28
klättra, -r upp 20
knappast 20
kniv (2) 12
knut (2) 14
knytkalas (5) 13
koka, -r 13
knä, -(e)t 24
kock (2) 22
kokt 12
kokbok (-böcker) (3) 13
kokerska (1) 22
kokkärl (5) 13
kolla, -r 7
kollega (1) 24
kollektiv (5) 17
kombinera, -r 8
komma, -er 1 kom, kommit
komma, -er att + infinitiv 4
komma, -er ifrån 23
komma, -er ihåg 9
komma, -er överens (med) 24
kommentera, -r 27
kommun (3) 22
kommunalanställd 26
kommunalval (5) 29
komparativ (3) 16
kompis (2) 18
komplettera, -r 13
kondis, -et 18
kondition, -en 25
konditori, -et(!) (3) 2
konfirmera, -r 17
konfirmerad 11
konjunktion (3) 30
konjunktursvacka (1) 28
konjunktursvängning (2) 28

konsert (3) 16
Konserthuset 3
konservativ 27
konstutställning (2) 4
kontakt (3) 11
kontaktförmedling, -en 11
kontaktsökande, -n 25
kontant 28
kontinent (3) 28
kontinentaleuropé (3) 27
kontor (5) 9
kontorist (3) 26
konvention (3) 24
kopia (1) 21
kopierad 6
kopp (2) 2
koppla, -r (till) 22
koppla, -r av 9
korrespondens (3) 26
korsa, -r
korsvirkeshus (5) 10
kort 28
kort (5) 4
kortslutning (2) 30
korv (2) 4
kost, -en 27
kosta, -r 2
kosta, -r på 21
kostnad (3) 11
kostnadsfri 22
kostym (3) 8
krabba (1) 12
kreativ 20
kreditbank (3) 11
kreditkort (5) 15
kring 6
kristen, kristet 29
kristendom, -en 30
krona (1) 2
kroppsvisitera, -r 18
krukväxt (3) 6
krydda, -r 17
krympa, -er 28

kryssa, -r för 24
krångla, -r 22
kräfta (1) 6
kräftpremiär (3) 19
kräva, -er 27
kul (utr. = neutr.) 18
kulinarisk 17
kulturevenemang
   (5) 27
Kulturhuset 10
kumpan (3) 20
kund (3) 6
kunde (= skulle
   kunna) 14
kundtjänst (3) 28
Kungliga Slottet 10
Kungliga Biblioteket
   3
kunna, kan 2
kunskap (3) AB 30
kurdisk 14
kursdeltagare (5) 7
kursiverad 10
kurskamrat (3) 5
kurslokal (3) 16
kurva (1) 16
kusin (3) 5
kvadratmeter (kvm)
   (= plural) 3, 4
kvalité, -n (= kvali-
   tet, -en) (3) 28
kvalmatch (3) 14
kvar 9
kvart, -en 5
kvarter (5) 25
kvinna (1) 14
kvitto (4) 6
kvm (= kvadrat-
   meter) 3
kväll (2) 5
kvällen innan 19
kvällstidning (2) 27
kyckling (2) 12
kyl, -en 10
kyla, -n 23
kylig 19

kyrka (1) 3
kyrkbåt (2) 10
kyrkogård (2) 10
kåseri, -et(!) (3) 27
käka, -r 28
källare (5) 12
källarvåning (2) 21
kämpig 20
känd för 10
kändis (2) 18
känna, -er 5
känna, -er för 18
känna, -er igen 19
känna, -er sig
   (besviken) 19
känna, -er till 7
kännas (→ det
   känns) 14
känsla (1) 30
kär i 9
kära 5
käre 25
kärlek, -en 24
kö (3) 18
kök (5) *3*, 13
köksbord (5) 13
köksmöbel (3) 13
köksredskap (5) 13
köpa, -er 4
köpcentrum
   (-centra) 15
köra, kör 8
köra, kör på 17
körkort (5) 15
körsbär (5) 6
kött, -et 4
köttbullar (plural) 13
köttfärs, -en 4
kötträtt (3) 12

L
lag (2) 24
laga, -r 17
laga, -r mat 3
lagom 13
lakan (5) 11

lammfärs, -en 17
lampa (1) 13
lampskärm (2) 15
lamslå, -r 27 -slog,
   -slagit
land, -et(!) (länder)
   (3) 11
landskap (5) 10
lanthandel, -n 22
lappad 12
larmcentral (3) 22
larmtjänst 22
le, -r 18 log, lett
lax (2) 12
led (3) 30
ledare (5) 27
ledig 5, 8
ledsen 8
leende (4) 21
legitimation (3) 6
leka, -er 9
leksak (3) 9
lektion (3) 10
leta, -r efter 11
leva, -er 18
leverpastej, -en 2
ligga, -er 1 låg, legat
ligga, -er på 9
liggplats (3) 21
(är) lika med 2
lika ... som 9
likadant 29
likaså 29
likna, -r 5
liknande 9
lilla 8
limpa (1) 24
lingon (5) 5
linjal (3) 22
linje (3) 2; 29
linjeflyg, -et 18
lista, -r upp 14
lita, -r på 23
lite grann (litet
   grand) 8
lite (litet) 7

liten, litet (små) 3
liter, -n (10 liter) 4
litteraturhistoria,
    -historien 10
liv, -et 9, 16
livsfarlig 16
livskamrat (3) 25
livsmedelsprodukt
    (3) 17
ljud (5) 22
ljudisolerad AB 25
ljus (5) 17
ljus 26
ljusblå 8
ljuvlig 17
lodrätt AB 12
lokalvårdare (5)
    AB 26
loppmarknad (3) 15
lotsa, -r 20
lova, -r 6
Luciadagen 8
luciasången 19
luft, -en 16
luftfärd (3) 14
lugn 9
lugnande 24
lukta, -r 13
lunch (3) 10
lur (2) 21
lussa, -r 19
lussekatter 19
lust, -en 18
luta, -r sig 30
lutfisk, -en 19
lycka till! 21
lyckas (→ han
    lyckas) 14
lycklig 29
lyckönskning (2) 18
lyfta, -er 18, 21
lyhörd 25
lysa, -er AB 21
låg 16
låglandsled (3) 20
lågpris (3) 21

lågsäsong, -en 3
lån (5) 11
låna, -r 6
låna, -r telefonen 14
lånesedel (2) 14
lång 7
lång 16
långfilm (3) 14
långsam 6
långtradare (5)
    AB 26
långtråkig 18
låntagare (5) 14
låsa, -er 6
låta, -er 20, 23 lät, låtit
låta, -er bli 9
låtsas 14
läcka, -er 22
läckerhet (3) 17
läckert! 18
läder, lädret 22
lägenhet (3) 3
lägereld (2) 20
lägga, -er 9 (la[de],
    lagt)
lägga, -er bort
    titlarna 30
lägga, -er på 21
(gå och) lägga,
    -er sig 9
lägga, -er undan 9
läkare (5) 9
läkarråd (5) AB 10
läkarvård, -en 24
lämna, -r AB 7, 20
lämna, -r efter sig 15
lämna, -r tillbaka 23
lämna, -r återbud AB 18
län (5) 11
längdåkning, -en 25
länge 7
längta, -r 25
lära, lär sig 14
lära, lär känna 9
lärare (5) 5
lärka (1) 27

läsa, -er 9
läsa, -er upp 19
läsa, -er (svenska) 11
(en) läsk AB 13
lätt 16
lättbrynt 13
lättgången 20
lättnad (3) 28
läxa 10
lök (2) 13
lön (3) 26
löna, -r sig 10
lönande 15
lösa, -er AB 7
lösa, -er in 6
lösnummer,
    -numret 27
lövskog (2) 30
lövsprickning, -en 27

M

m. m. (= med mera)
    30
macka (= smörgås)
    (1) 28
mackföreståndare
    (5) 8
magbesvär (5) 24
mage (2) 18
majonnäs, -en 4
majoritetsregering (2)
    29
majstång, -en 6
makaroner (plural)
    AB 13
makt (3) 14
mala, mal AB 13
malm, -en 30
mamma (1) 6
man 4
man (män) 1
mandel (2) 19
manus (5) 6
manövrera, -r 16

Gesamtwortschatz   233

mardröm (2) 24
margarin, -et 13
markera, -r *21*, 23
marknad (3) 15
marsch i säng! 9
maskinskrivning,
  -en 22
(en) massa 13
massage (3) 24
massor av 5
mata, -r 6
matcha, -r 8
matematik, -en 22
matfett, -et AB 13
matlagning, -en 22
matpatrull (3) 8
maträtt (3) 12
matsedel (2) 12
matsked (2) 13
matsäck (2) 23
matta (1) 25
matte (= matematik)
  29
max (= maximalt) 28
med 2
med anledning av 26
med detsamma 17
medan 10
medborgare (5) *8*, 19
meddela, -r 18
meddelande (4) 21
medeltid, -en 17
medeltida 17
medförs 7
medicin (3) 24
medlem (2) 25
medvurst 4
mellan 7
mellangärde, -et 24
mellansäsong, -en 3
men 2
mena, -r 8
mening 13
meningsfull 25
mera
  (→ mycket)

metall (3) 22
meter (10 meter) 7
middag (2) 10
midnattssol, -en 10
midsommar (2) 13
mig 1
mikrovågsugn (2) 13
mil, -en(!) (5) 7
mild *17*, 30
miljonär (3) 9
miljö, -n 23
miljöförstöring,
  -en 29
miljövänlig 16
min 1
mineralvatten,
  -vattnet 12
Minilivs 18
minnas 11
minnsann 13
minusgrad (3) 23
minut (3) 5
Minuten 18
missa, -r 14
missa, -r tåget 15
missnöjd 29
misstänka, -er AB 28
mitt 1
mitt, -en 10
mittemot 22
mitt i 5
mjuk AB 13
mjöl, -et 13
mjölkpaket (5) 2
mode, -t 28
modell (3) 22
moderat 27
Moderna museet 3
modernisera, -r 25
modersmål, -et 22
modeskapare (5) 28
modevind (2) 28
mogen, moget 6
moln (5) 23
molnighet, -en 23
moped (3) 17

mor, moder
  (mödrar) 5
morbror (-bröder) 5
morfar 5
morföräldrar 5
morgon (morgnar) 5
mormor 5
morot (morötter) (3) 9
mosa, -r 13
moster (mostrar)
  (2) 5
mot 13
motion, -en 24
motionera, -r 24
motionsslinga (1)
  AB 17
motionsspår (5) 25
*motionsutövare
  (5) 25*
mot kvällen 23
motor (3) 22
motorbåt 2 AB 29
motorcykel (2) 18
motorväg (2) 16
motsvarande 24
mottagning (2) 24
mulen, mulet 23
mullig 25
mun (2) 13
muntligen, muntligt
  29
museum, museet(!)
  (3) 4
musikintresserad *25*,
  26
mycket 3
mysig 13
må, -r bra 9
må hon leva 18
må, -r illa 24
mål (5) 20
måla, -r 13
måla, -r sig 12
målare (5) 22
målning (2) 10
målning (2) 21

månad (3) 6
många 5
måste 16
mängd (3) 20
människa (1) 9
märka, -er 28
märkas (→ det
  märks) 14
märke (4) 28
möjlig 10
möjligen 10
möjlighet (3) 15
möjligtvis 10
mönstrad 8
mörda, -r 9
mörk 16
mörkblå 8
mössa (1) 20

N
nackdel (2) 20
namn (5) 1
natt (nätter) (3) 7
nattetid 26
nattskift (5) 26
(senaste) nattuppehåll
  (5) 8
nattvard 29
natur, -en 20
naturlig 10
naturligtvis 10
naturupplevelse (3)
  20
nedan 17
nedanför 17
nedför 17
nedre botten 21
nej 1
ner 12
nere 12
ni 1
nobelpristagare (5) 19
nog 7
Norden 8
Norge 13

normal 21
norr 14
norr om 16
norra Sverige 30
norrländsk 30
norrman (-män) 1
norrut 21
norska (1) 1
novell (3) 6, 26
nu 8
nuförtiden 30
numera 10
nummer, numret
  (5) 2
nummerlapp (2) 3
nummerskylt (2) 22
ny 8
nyanställd 26
nyckel (2) 8
nyckelknippa (1) 15
nyfiken 17
nyligen 10
nymålad 13
nypa (1) 13
nypåstigna? 7
nysa, -er 24 nös
  (nyste), nyst
nyss 21
nyttig 14
nyutkommen 27
nyårsdagen 8
nån (= någon)
någon 7
någon gång 12
någonstans 9
någonting 4
någonting annat? 4
något 8, 13
något som 20
några 7
nån sorts 30
nämligen 21
nämna, -er 27
när 2
när som helst 19
nära (till) 16

näringsliv, -et 30
närmare 11
närmaste 3, 13
närmsta (= närma-
  ste) 13
närvarande 21
näsa (1) 5
nästa 8
nästan 16
nödvändig 18
nöjd 26
nöje (4) 20
nötkött, -et 13

O
obebodd 13
obehaglig 22
obekväm 26
oberoende 20
obestämd 2
obetydlig AB 24
obs! (= observera!)
  10
obunden 27
och 1
också 1
Oden 30
ofarlig 16
ofta 9
ogift AB 19
olika 4
olja (1) *4*, 13
oljemålning (2) 15
oljepanna (1) 23
olycka (1) 30
oläslig AB 24
om 4
om 7, 9, 30
om (en kvart) 7
om igen 26
ombord 18
omfatta, -r 24
omgående 26
omkring 23
omkörning (2) AB 16
omljud (5) 16

omodern 8
område (4) 16
omskola, -r sig 24
omtalad 9
omväxlande 22
omväxling, -en 23
omöjlig 30
ont i halsen
　(huvudet) 24
ont om pengar
　AB 16
opera (1) 3
operera, -r 17
opinion, -en 29
opinionsundersök-
　ning (2) 29
ord (5) 11
ordentlig 24
ordentligt 20
ordinera, -r 24
ordna, -r 13, 26
ordna, -r sig 7
ordning (2) 11
ordningsföljd (3) 24
original (5) 30
orka, -r + infinitiv 25
"Ormens väg" 14
orsak (3) 7
orörd 30
oss 5
ost (2) 2
ostfräst 12
osv. (= och så
　vidare) 17
osötad 13
otrolig 25
otur, -en 23
oumbärlig 16
ovan 16
ovanför 17
oxbringa (1) 12
oxfilé (3) 4

P
packa, -r ner 23
packning, -en 20

paddlare (5) 30
paket (5) 4
panerad 17
panna, -n 24
pannkaka (1) 22
pappa (1) 12
papper, -et (5) 22
pappersmassa, -n 30
papperspåse (2) 20
paprikalåda (1) 12
par (5) 8
paradis (5) 30
parant 25
paraply, -et (!) (3) AB 23
parentes (3) 10
parera, -r 28
parfym (3) 7
park (3) 8
parkera, -r 16
parkeringskassa (1) 18
parkeringslucka (1) 16
parkeringsmöjlighet
　(3) 11
parkeringsplats (3)
　22
parti, -et(!) (3) 29
pass (5) 7
passa, -r 8, 10
passa, -r till 25
passera, -r 18
passkontroll (3) 18
pastor (3) 29
pastorsexpedition
　(3) 29
patient (3) 24
peka, -r ut 30
pendeltåg (5) 21
pengar (plural) 4
penna (1) 2
pensionerad 11
pensionär (3) 25
pepparkakor
　(plural) 19
pepparrotssås (3) 12
per (liter) 4
permanent 6

permittering (2) 26
perrong (3) 7
person (3) 12
personal, -en 20
personbil (2) 24
personligen 20
personnummer,
　-numret (5) 19
perspektiv (5) 20
pigg 9
pimpla, -r 27
pingst, -en 23
pirra, -r 18
pistol (3) AB 20
pittoresk 17
pjäxa (1) 28
placera, -r 11
placeringen i tabellen
　25
plagg (5) 28
plan (= flygplan)
　(5) 18
plantera, -r 23
plast, -en 22
plats (3) 16
plats (3) 11
platsannons (3) 26
platsbiljett (3) 7
plocka, -r 5
plocka, -r in 10
plommon (5) 9
plugga, -r 9
plötslig 10
pojke (2) 5
polcirkel, -n 30
polis (3) 16
polisstation (3) 8
politisk 29
pollettera, -r 21
populär 25
porslin, -et 15
portier (3) 8
portmonnä (3) 15
position (3) 22
post, -en 6
posta, -r brevet AB 6

poste restante 6
posthantering, -en 26
postkontor (5) 20
postrånare (5) 20
poströster (plural) 29
potatis (2) 11
potatismos, -et 17
praktiskt taget 20
prata, -r 7
pratsam AB 26
prenumerera, -r 27
preparera, -r 25
preposition (3) 23
present (3) 7
presentera, -r 1
pressbyrå (3) 18
preventivmedel (5) 24
principiell 28
prioritera, -r 29
pris, -et(!) (3) *3*, 4
privatperson (3) 17
problem (5) 7
procent, -en (100 pro-
 cent) 23
program (5) 14
*programmerare
 (5) 22*
programvärdinna (1)
 26
promenadsko (3) 28
prosit! 24
protokoll (5) 21
prova, -r 8
pryda, -er 30
prylar (plural) 15
prägla, -r 30
pröjsa, -r 28
pröva, -r 8
psykisk 24
publicera, -r 27
punktering (2) 22
putsa, -r fönster 10
pyjamas (5, 2) 8
på 2
på bättre humör 18
på det hela taget 16

på en del håll 23
på ena sidan 6
på grund av 25
på köpet 16
på ledarplats 27
på modet 28
på nolltid 25
på något sätt 18
på olika sätt 6
på ort och ställe 22
på topp 25
påminna, -er (om) 30
påsk (2) *19*, 25
påskdagen 8
påskkärring (2) 19

påstå, -r 26 påstod,
 påstått
påtår 2
pälsverk AB 30
päron (5) 9

R
rabatt (3) 21
rabatteras 21
rabattkort (5) 15
rad (3) 6
radhus (5) 21
radio, -n 6
rafsa, -r åt sig 20
raka, -r sig 11
rakapparat (3) 18
rakhyvel (2) 18
rakt fram 7
raljera, -r 27
randig 8
rapport (3) 24
rapportera, -r 27
ratt (2) 20
rea (= realisation)
 (1) 14
reagera, -r 28
recensera, -r 27
recept (5) 24

redan 8
reduktion, -en (3) 21
reflexiv 7
regalskepp (5) 3
regel (3) 21
regering (2) 27
regissör (3) 7
registreringsnummer,
 -numret (5) 19
regn, -et 14
regna, -r 10
regnrock (2) 30
regnskur (2) 23
rekommendera, -r 8
rekommenderat
 brev 6
rekord (5) 25
ren 23
renovera, -r 17
reparation (3) 22
reparera, -r 17
replik (3) 8
reportage (5) 11
representant (3) 26
resa (1) 4
resa, -er 6, 19
resa, -er runt 28
resa, -er på
 semester 6
resa, -er utomlands
 AB 20
resande (plural: re-
 sande, resandena)
 21
resebroschyr (3) 17
resebyrå (3) 3
resebyråmannen 20
resehandbok
 (-böcker) (3) 10
reservdel (2) 22
resmål (5) 20
resp.(= respektive) 11
restaurang (3) 3
restaurangvagn (2) 7
resultat (5) 28
resväska (1) 18

Gesamtwortschatz 237

returpapper, -et 23
revbensspjäll (5) 12
rida, -er 10 red, ridit
ridning, -en *10*, 25
ridstall (5) 18
riksdag (2) 29
riksdagsval (5) 29
riktig 9
riktmärke (4) 28
riktnummer, -numret
    (5) 22
rim (5) 19
ring (2) 27
ring för besked 8
ringa, -er till 2
ringmur (2) 10
rinna, -er 23 rann,
    runnit
rinnande (5) 3
risgrynsgröt, -en 19
riskera, -r 16
rita, -r av 23
roa, -r sig 26
rock (2) 8
rolig 9
roll (3) 8
rom, -men 7
roman (3) 10
(väl) romantisk 15
ropa, -r upp 24
ros (1!) 17
rota, -r 28
ruin (3) 17
rum (5) 3
rund 13
rundtur (3) 20
runsten (2) 30
runt hörnet 3
runt knuten 30
runt omkring 30
rusningen 26
rusningstid (3) 25
rusa, -r iväg 25
ruta (1) 8; 23
rutig 8
ryamatta (1) AB 20

rygg (2) 24
ryggsäck (2) 30
rymlig 21
ryska 25
Ryssland 30
(ha) råd med 26
rådgivning, -en 24
*rådgöra, -gör 28
    (-gjorde, -gjort)*
rådhus (5) 29
råka, -r + infinitiv 25
råka, -r ut för 11
råka, -r ut för en
    bilolycka 11
rån (5) 20
rånare (5) 20
räcka, -er 17
räcka, -er ut 24
(vara) rädd 8
räkcocktail (-cock-
    tailar, -cocktails) 12
räkna, -r ut 5
rälsbuss (2) 21
rätt 9
rättighet (3) AB 19
röd, rött 8
röja, -er 21
röka, -er 6
rökare (5) 21
röktobak 7
rökvanor (plural) 24
röntga, -r 24
röntgen 24
rör (5) 22
röst (3) 26
rösta, -r 29
rösta, -r blankt 29
röstberättigad 29

S

sa (= sade)
saft (3) 2
saga (1) 9
sak (3) 5
saker och ting 24
sakna, -r 16

saknas (det saknas)
    12
sallad (3) 12
salt, -et 13
saltad 17
samarbeta, -r 11
sambo (3) 19
same (3) 30
samhälle (4) 16
samla, -r 20
samma 7
sammanboende 29
*sammanslagning
    (2) 29*
sammansättning
    (2) 19
samtal (5) 6
samvaro, -n 26
samvete, -t 16
sandstrand
    (-stränder) (3) 17
sann, sant 26
sax (2) 2
scen (3) 12
se, -r 3 såg, sett
se, -r till 21
se, -r ut 5
se. -r över 23
sedan ... (tillbaka)
    24
sedan (sen) 8, 30
sedan dess 30
seg 12
segla, -r 6
segling, *-en* 10, 25
sekelskifte, -t 25
sekreterare (5) 22
sekund (3) 5
semester (2) 2
semestra, -r 3
sen 10
senare 7
senast 9, 18
senaste nattuppehåll
    8
separerad 29

serie (= tecknad
   serie) (3) 27
serie (3) 14
servera, -r 12
servitris (3) 2
ses 7
   sågs, setts
sevärdhet (3) AB 22
(en) sexa 23
sida (1) 6
siden, -et 12
siffertipset AB 18
siffra (1) 5
Silverbibel, -n 10
silverbröllop (5) 18
simning, -en 25
sin 5
sista 9
sitta, -er 9
   satt, suttit
sitta, -er stilla 22
sittplats (3) 21
situation (3) 18
sjuk 14
sjukdom (2) 24
sjukförsäkring (2) 24
sjukhus (5) 10
sjukhusvård, -en 24
sjukskriva, -er 24
   -skrev, -skrivit
sjukvård, -en 24
sjukvårdande be-
   handling, -en 24
sjukvårdsbiträde
   (4) 11
sjunga, -er 18 sjöng,
   sjungit
själ (2) 30
själv 2
*själva larmförmedling-
   en 22*
självfallet 28
självservering (2) 2
sjö (2) 5
Sjörövartallrik (2) 12
sjösystem (5) 30

ska 3 (→ skola)
(jag, du etc.) ska +
   infinitiv 4
skada, -r 20
skadad AB 19
skaffa, -r 16
skakande 14
skala, -r AB 13
skaldjur (5) 12
skapligt! 9
skatt (3) 27
sked (2) 12
skeppsättning (2) 30
skick (5) 21
skicka, -r 6, 18
skicka, -r återbud 18
skida (1) 5
skidlift (2) 10
skidort (3) 30
skiftarbete (4) 22
skiftnyckel (2) 22
skildring (2) 14
skilja, -er (från) 17
skilja, -er sig 12
skillnad (3) 18
skilsmässa (1) AB 29
skina, -er 9 sken,
   skinit
skinka (1) 2
skiss (3) 22
skiva (1) 13, 15
skiva, -r AB 13
skjuta, -er 27 sköt,
   skjutit
skjorta (1) 28
sko (3) 8
skoaffär (3) 19
skog (2) 5
skola (1) 14
skola, ska(ll) 3
   (skulle, skolat)
(i) skolåldern 10
skolår, -et 29
skolämne (4) 22
skonsam 28
skorpmjöl, -et 13

skott (5) 20
skottlossning, -en 20
skottår (5) 21
skrapande 22
skratta, -r 15
skribent (3) 28
skridsko (3) 6
skriftlig 18
skriva, -er skrev,
   skrivit 2
skriva, -er av 30
skriva, -er upp 22
skrivbord (5) 24
skrivmaskin (3) 15
skrivning (2) AB 14
skruvmejsel (2) 22
skräddare (5) 22
skräddarsydd 13
skräpa, -er ner 23
skuld, -en 14
skulle vilja 3
skulle kunna 7
skyddsvärd AB 19
skyldig 14
skylt (2) 17
skynda, -r sig 19
skål (2) 13
Skåne 1
skåp (5) 10
skåpbil (2) 24
skäl (5) 29
skärgård (2) 23
skön 8, 20
sköta, -er 26
sköta, -er hushållet
   10
skötsam 25
skötselråd (5) 28
slagbord (5) 15
slippa, -er 10 slapp,
   sluppit
slips (2) 8
slott (5) 3
slussa, -r 18
slut (5) 3
sluta, -r 11

Gesamtwortschatz   239

sluta, -r skolan 11
slutligen 10
slutbetyg (5) 29
slå, -r 25 slog, slagit
slå, -r in 19
slå, -r sig ner 13
släcka, -er 6
släde, förspänd med
  renar AB 20
släkting (2) 19
släpa, -r 30
slöja (5) 29
slöjda, -r AB 30
slösa, -r 15
smak, -en *17*, 27
smaka, -r 10
smaka, -r 13
smaka, -r på 20
smaksätta, -er 13
  -satte, -satt
smal 10, 25
smutsig 22
smycke (4) 17
små (plural) 6
småsamhälle (4) 22
småstad (småstäder)
  (3) 14
smärt 25
smärta (1) 24
smör, -et 13
smörgås (2) 2
smörgåsbord (5) 7
snabb 10
snabbvärma, -er
  AB 13
snart 19
snett emot 22
snickare (5) 22
snuva, -n 24
snygg 28
snäll 9
snälla du 6
snö, -n 10
snöa, -r 10
snöfall, -et 23
socker, sockret 13

sol (2) 9
solbränd 9
soldyrkare (5) 18
solglasögon
  (plural) 15
solig 23
solsken, -et 23
som 7, 8
som (utlänning) 16
sommar (somrar) 6
sommarklädd
  AB 23
sommarvärme, -n 5
somna, -r 11
son (söner) 5
sondotter (-döttrar)
  (2) 5
sonson (sonsöner)
  (3) 5
sort (3) 4
souvenir (3) 15
sova, -er 9 sov, sovit
sova, -er middag
  AB 24
sova, -er ut 9
sovplats (3) 21
sovrum (5) 21
spalt (3) 28
spanjor (3) 1
spanjorska (1) 1
spanska 1
spara, spar (sparar)
  4, 28
sparsam 25
spartips (5) 23
specialitet (3) 17
speciellt 19
spegel (2) 2
spel (5) 23
spela, -r (kort) 4
spola kröken 28
sport, -en 14
sporta, -r 25
sportig 16
sportvagn (2) 24
sportälskande 25

springa, -er 5 sprang,
  sprungit
sprit, -en 7
språk (5) 14
språkkunskap (3) *25*
spår (5) *2*, 21
spänn (plural) 28
spänna, -er fast
  säkerhetsbältet 18
spännande AB 14
spänning (2) 20
stackars Kerstin! 23
stad, staden (= stan)
  (städer) (3) 5
stadsdel (2) 25
stadsfullmäktig, -en
  (plural: stadsfull-
  mäktige) 29
stadsteater, -n
  (2) 8
stan (= staden) 7
standard (3) 21
stanna, -r 8, 16
stanna, -r hemma
  4, 6
stark 11
starköl, -et 7
starta, -r 22
statlig 30
stava, -r 4
stek (2) 13
steka, -er 13
stekpanna (1) 13
stekt 12
stenhäll (2) 23
stenografi, -n 22
stiga, -er av 15 steg,
  stigit
stiga, -er in 15
stiga, -er på 15
stiga, -er upp 9
stiga, -er ur 15
stilig 29
stimulerande 26
stjäla, stjäl 17 stal,
  stulit

stol (2) 13
stor 4
storlek (2) 28
strand (stränder)
   (3) 9
strax 19
streck (5) 27
strimla, -r AB 13
stryka, -er under 17
   strök, strukit
strykjärn (5) 28
strykning, -en 28
strålkastare (5) 22
ström, -men (2) 30
studiecirkel (2) 23
studiekamrat (3) 19
studieuppehåll (5)
   AB 11
stuga (1) 3
stå, -r 2 stod, stått
stå, -r sig 28
stå, -r till tjänst 20
stå, -r över 23
städa, -r 3
städerska (1) AB 26
städning, -en AB 4
ställa, -er 19
ställa, -er in 17, 23
ställa, -er upp 26
ställningstagande
   (4) 27
stämma, -er 17
stämpla, -r 20
stänga, -er 6
stänga, -er av 23
stänkskärm (2) 22
stödord (5) 16
stödåtgärd (3) 30
stökig 21
störa, stör AB 16
stötfångare (5) 22
subjekt (5) 30
sug, -et 30
superlativ (3) 16
sur AB 10
svag 11

svala (1) *14*, 27
svamp (2) 5
svar (5) 11
svara, -r 12
svart 8
Svensk bilprovning
   17
svensk (2) 1
svenska (1) 1
svenskspråkig 14
Sverige 1
svetsare (5) 24
svettas 14
svettning, -en 30
svår 12
svänga, -er 8
svärföräldrar (plural)
   AB 5
sy, -r 13
syd 23
sydspets, -en 30
syfta, -er på 18
symbol (3) 21
symptom (5) 24
synas 27
syrran 28
syskon (5) 5
sysselsättning (2) 20
syster (systrar) (2) 5, 24
systerdotter (-döttrar)
   (2) 5
systerson (-söner)
   (3) 5
så 3, 4
så där 4
så fort 16
så här dags 9
så här års 10
så klart 18
så länge 18
så småningom 11
(en) sådan 12
sådana 15
såll (5) 13
sånt (= sådant) 20
sås (3) 12

såväl ... som 29
säck (2) 11
säga, -er (sade, sagt)
   6
säga, -er emot 14
säker *6*, 19
sälja, -er 15 (sålde,
   sålt)
sällan 22
sällsam 14
sällsynt AB 19
säng (2) 9
sänka, -er 21
sänka (1) 24
särskild 21
sätt (5) 6
sätta, -er på 6, 23
   (satte, satt)
sätta, -er på sig 18
sätta, -er värde på 26
söder om AB 22
Söderhavet 9
södra 20
söka, -er (till) 29
söka, -er 15
söka, -er plats 11
söka, -er sig till 30
sömnig 9
sömnlöshet, -en 24
söt, sött 10
sötsaker (plural)
   AB 20

T
T-centralen (= Tun-
   nelbanecentralen) 7
ta, -r 2, 7 tog, tagit
ta, -r barnledigt 11
ta, -r del av 30
ta, -r det lugnt 4
ta, -r emot 12
ta, -r hand om 6
ta, -r hänsyn 14
ta, -r på sig 12

Gesamtwortschatz   241

ta, -r reda på 6
ta, -r sig över 17
ta, -r tid 16
ta, -r upp 12, 27
ta, -r ut semestern 5
tabell (3) 25
tack 2
tack detsamma! 19
tack för senast! 18
tack så mycket! 3
tack så hemskt mycket! 7
tacka, -r ja (nej) 18
tacksam 9
(ett) tag 24
tak (5) 23
tala, -r 1
tala, -r om (för någon) 10
(60)-talet 14
tallrik (2) 13
talspråk (5) 28
tand (tänder) (3) 9
tandläkare (5) 7
tandvård, -en 24
tant (3) 6
tapet (3) 21
tapetsera, -r 21
tavla (1) 15
taxi, -n 8
taxicentral (3) 15
te, -et 2
teater (2) 4
tecken (5) 27
tecknad serie 27
teckning (2) 20
teknisk 22
telefon (3) 2
telefonhytt (3) AB 2
telefonkatalog (3) AB 4
telefonnummer, -numret (5) 2
telefonsamtal (5) 11
telegram (5) 27
Televerket 11

temperamentsfull 9
tennis, -en 4
tentamen (tentamina) 18
teoretisk 29
terapi (3) 24
termostat (3) 23
terrängbil (2) 16
tesked (tsk) (2) 13
text (3) 7
texta, -r 6
thriller, -n 24
tid (3) 7
tidigt 15
tidning (2) *6*, 7
tidningsrubrik (3) 27
tidsanda, -n 28
tidskrävande 25
tidtabell (3) 5
till *3*, 5
till den grad 28
till exempel (t. ex.) 3
till fots 20
till höger *6*, 8
till höger om 13
till landet 3
till middag AB 5
till och med 21
till sist AB 8
till vänster 8
till yrket AB 19
tillagning, -en 13
tillbaka 12
tillbringa, -r (semestern) 11
tillförlitlig 25
tillhöra, -hör 17
tillräckligt 29
tills 8
tills vidare 24
tillsammans 5
tillstånd, -et 21
tilltagande 29
tillåten 16
tillägg (5) 18

tillönskas av ... 17
timme (2) 5
timmerflotte (2) 20
tiokrona (1) 6
tioårig 28
titta, -r 4
titta, -r på TV 4
titta, -r sig omkring 15
tjat, -et AB 20
tjata, -r 9
tjej (3) 28
tjockis (2) 18
tjusning, -en 20
tjäna, -r 28
(för)tjäna, -r AB 19
tjänare! 28
toalett (3) 9
tobak (3) 7
tolka, -r 28
tomat (3) 9
tomflaska (1) 23
tonåring (2) 27
toppen! 18
topphastighet (3) 16
torka, -r 28
torktumlare (5) 28
torn (5) 17
torrklosett (3) 3
trafik, -en 16
trafikförbindelse (3) AB 30
trafikljus (5) 8
trafikmärke (4) 16
trafikskola (1) 16
trappa (1) 21
trasig AB 15
trasmatta (1) 15
trassel, trasslet 22
tredje
trend (3) 28
trevlig 5
triangel (2) 28
trimma, -r 23
trist 14
trivas, trivs 11

trivsam 26
tro, -r 5
trossamfund (5) 29
trots att 25
trycka, -er 6
trycksak (3) 6
tryckt 6
tryckår (5) 14
trygghet, -en 26
trång 16
trä, -et 13
träd (5) AB 6; 20
trädgård (2) 12
trädgårdsmästare
 (5) 22
trädgårdstäppa (1) 17
träff (2) 16
träffa, -r 20
träffas ...? 7
träffas 2
träkyrka (1) 29
trängsel, -n 20
träningstimme (2) 25
tröja (1) 8
tröskel (2) 30
trött 9
trötthet, -en 24
tull (2) 7
tullavgift (3) 25
tullbestämmelse (3) 7
tullfri 19
tulltjänsteman
 (-män) 7
tunga (1) 24
tungan på vågen 29
tunn 17
tunnelbana (1) 7
tunnelbanestation
 (3) 10
tur och retur 21
turas om AB 11
turist (3) 19
turistattraktion (3) 10
turistbyrå (3) 17
turistmål (5) 30
turkiska AB 23

tusenlapp (2) 6
tusentals 27
TV (teve) 3, 4
tv-program (5) 4, 14
tv-textad 14
tvinga, -r 23 (auch:
 tvang, tvungit)
tvärgata (1) 8
tvätt, -en 10
tvätta, -r 4
tvättmaskin (3) 28
tvättstuga (1) 21
tycka, -er 8
tycka, -er om (att
 fiska) AB 6
tyckas, tycks 25
tyda, -er på 24
tyglampa (1) 13
typ (3) 20
typexempel (5) 27
typisk 16
typograf (3) 22
tysk (2) 1
tyska (1) 1
Tyskland 5
tyvärr 5
tå (tår) (3) 24
tåg (5) 5
tågbyte (4) 21
tågluffa, -r 28
tågsemester (2) 1
tåla, tål 28
tång (tänger) 22
tält (5) 3
tälta, -r 5
tända, -er 2
tänka, -er 15
tänka, -er + inf. 4
tärna (1) 19
tät 16
täta, -r 23
tättbebyggd 16
tävling (2) 18
töras, törs 21
törstig 9

U
u-land 11
udda 20
ugnstekt kyckling 12
undantag (5) 12
under 5, 13
underbar 9, 11
underhållande 14
underhållsreparation
 (3) 21
underkänna, -er 17
understreckare (5) 27
undersökning (2) 29
undervisa, -r 5
undra, -r 19
undre AB 29
ung 9
ungarna 5
ungdomar 18
ungdomlig 25
ungefär 11
ungkarl (2) AB 29
universitet (5) 10
universitetsbibliotek
 (5) 10
universitetsstad
 (-städer) (3) 10
upp 12
uppdrag (5) 11
uppe 12
uppehåll(sväder) 23
uppehålla, -er 21
 -höll, -hållit
uppför 17
uppgift (3) 12
uppleva, -er 26
upplysning (2) 11
uppmana, -r 18
uppochnedvänd 12
uppskatta, -r 20
upphluppen 19
uppställningsplats
 (3) 19
upptaget AB 21
upptäcka, -er 20
ur 13

Gesamtwortschatz 243

urklipp (5) 27
ursinnig 25
ursäkta! 3
ut 12
utan *14*, 16
utan att + infinitiv 15
utanför 16
utbilda, -r sig 11
utbildning (2) 29
utbildningsmöjlighet (3) 16
utbud, -et 28
ute 12
uteservering (2) 25
utflykt (3) 15
utflyktsmål (5) 15
utfärda, -r 18
utför 17
utföra, -för 20
utförlig 26
utgå, -r (från) 26
 -gick, -gått
utgång (2) 18
uti (= i) 18
utkant (3) 11
utklädd AB 20
utländsk 13
utlänning (2) 16
utmaning, -en 20
utmärkt 12
utom äktenskap 29
utomhus 16
utomlands 11
utprovning, -en 24
utrikesflyg, -et 18
utrustning (2) 25
utseende, -t 25
utsikt (3) 23
utslag, -et 24
utspela, -r sig
 (= utspelas) 10
utställning (2) 27
utträda, -er ur 29
utträde (4) 29
utvilad 26

utöva, -r 25

V

vaccinera, -r sig AB 23
vacker 10
vad 1
vad får det lov att vara? 28
vad ... för 6
vad för slags 24
vad gäller det? 19
vad menas med 17
vad mycket 25
vad som helst 19
vad sägs om ... 15
vad var det mer? 6
vad är klockan? 5
vaken 9
vakna, -r 9
val (5) 29
val till stadsfullmäktige 29
valbarometer (2) 29
Valborgsmässoafton 8
valuta (1) 6
van (vid) *29*
vana (1) 24
vandra, -r 30
vandrarhem (5) 3
vandring (2) 20
vanlig 9
vanligtvis 10
vansinnigt flott 28
vapen (5) 27
var 1
var (= varje) 21
var det beställt? 8
var det bra så? 4
var för sig 12
var du än befinner dig 22
var och en 23
var sin (sitt) 21

var snäll och ... 6
var ... än 15
vara, är 1 var, varit
vara, -r 23
vara (1) 4
vara i fred 17
vara med 23
vara med om 19
vara på den säkra sidan 23
vara trött på 14
vara ute efter ... 20
varandra 23
varannan dag 10
vardaglig 27
vardagsklädd 28
vardagsrum (5) 6
vare sig ... eller 15
varför 16
variera, -r 6
varifrån 1
varit 15
varje 7
varken ... eller 29
varm *3*, 14
varmvatten, -vattnet 23
varna, -r (för) 23
varselljus (5) 16
varsågod! 6
vart 21
vartannat 21
varuhus (5) 4
varva, -r ned AB 13
vas (3) 15
vatten, vattnet *3*, 13
vattenkant (3) 17
vattendrag (5) 30
vattna, -r 6
vecka (1) 3
veckotidning (2) 27
vem 5
vem som helst 19
vems 7
veranda, -n AB 9
verb (5) 11

verkligen 13
verkstad (-städer) 22
verkstan
   (= verkstaden) 24
verktyg (5) 22
vet du vad? 8
veta, vet 7 visste,
   vetat
vetta, -er åt 25
vi 1
vi har (5 minuter)
   på oss 7
vi hörs 21
vi skulle kunna 8
vid 22
vid (tolv)tiden 7
vidare 14
vidbränd 12
viga, -er 29
vigsel (vigslar) (2) 29
viking (2) 30
vikingagrav (2) 27
vikingaskepp (5) 30
viktig 6
vila, -r 30
vilda västern 24
vildmark, -en 20
vilja, vill 2
vilken 3
vilket 3
vilket 20
villa (1) 11
villkor (5) 24
vilt 12
vin, -et(!) (3) 5
vind (2) 12, *23*
vindjacka (1) AB 23
vindruta (1) 22
vindrutetorkare
   (5) 22
vindruva (1) 9
vindsrum (5) 21
vinna, -er *14*, 18
   vann, vunnit
vinter (vintrar) 6
vinterhimmel, -n 16

visa, -r 3
visa, -r sig 28
visa, -r upp 18
vissa dagar 26
vissla, -r 29
visst 28
vistas 22
vit, vitt 8
vital 25
vitpeppar, -n 13
vittne (4) 5
vore 18
vuxen (vuxna) 17
vykort (5) 6
våg (2) AB 15
våga, -r 14
vågrätt AB 12
våning (2) 8
vår (2) 6
vår 7
vård, -en 24
vårtecken, -tecknet
   (5) 27
väcka, -er AB 6
väckarklocka (1) 19
väder, vädret 13
väderleksrapport
   (3) 23
vädermakterna
   (plural) 13
vädra, -r AB 23
väg (2) 8
väga, -er 18
-vägen 7
vägg (2) 20
väl 7, 13
välbehållen 15
väldigt bra 11
välja, -er (valde,
   valt) 4
väljare (5) 29
välkommen, välkom-
   na! *3*, 11
vän (3) 1
vändning (2) 24
väninna (1) 18

vänja, -er sig (vande,
   vant) 16
vänlig 8
vänskap, -en 25
vänsterflygel, -n 29
vänta, -r 6
värd (→ husvärd)
värdfolk, -et 18
värld, -en 5
världen runt 28
värme, -n 5
väska (1) 15
väster om AB 22
(nord)västra 23
väta, -er 20
väva, -er 25
växel, -n 6, 15
växelkurs (3) 6
växla, -r 6
växla, -r ner 16
växlande 23

W
WC 3

Y
ylletröja (1) 18
yrke (4) 22
yrkeserfarenhet
   (3) 26
yrkesgrupp (3) 26
yrkesinriktad 29
yrkesskicklighet,
   -en AB 30
yrkesskola (1) 29
yrkesutövning, -en 29
yta (1) 30
ytterdörr (2) 17

Å
å andra sidan 16
Åhléns 3
åka, -er 10
åka, -er på semester
   AB 18

åka, -er skidor 5
åka, -er utför 25
åkermark (3) 30
ålder (2) 20
år (5) 5
årtal (5) 11
årskurs (3) 29
årstid (3) 6
åskväder (5) 23
åt 6
återbetala, -r 17
återge, -r
  -gav,
  -givit 19
återkalla, -r 16
återkomma, -er 22 -
  kom, -kommit
återlämna, -r 23
återseende (4) 21
återstå, -r 13, 18
  -stod, -stått
återvändsgränd (3) 8
åtminstone 9

Ä
äga, -er 17
ägare (5) AB 17
ägg (5) 13
ägna, -r sig åt ... 20
äktenskap (5) 29

(de) äldre 14
älg (2) 27
älgstek (2) 12
älska, -r 5
älskling (2) 16
älsklingsfärg (3) 8
ämne (4) 27
än 12, 16
ända till 30
ändå 18
änka (1) *25*, 29
änkling (2) 29
äntligen 10
äpple (4) 5
är (→ vara)
är på fyra rum 3
ärlig 25
ärt (3)
ärva, -er 26
äsch! 15
äta, -er åt, ätit 2
även 14
även om 19
äventyr (5) *30*

Ö
ö, -n (öar) (2) *6*, 10
öga (plural: ögon) 12
ögonblick (5) 6
öka, -r 23

öl (5) 12
öm 25
önska, -r 17
önskemål (5) AB 25
önskvärd 24
öppen, öppet 2
öppen spis 3
öppet köp 28
öppna, -r 2
öra (plural: öron) 24
öre, -t (10 öre) 4
ösa, -er ner 23
öster om AB 22
österrikisk 14
Östersjön 17
östra 23
över 13
över (tolv) 5
överens om 29
övergångsställe (4) 19
överraskning (2) 18
överta, -r 8 -tog, -tagit
övertala, -ar AB 18
övertid 26
övertyga, -r 14
övertygad (om) 11
övervikt, -en 18
övervägande 23
övre AB 29
övrig 17

246   Gesamtwortschatz

Verzeichnis wichtiger starker Verben
(Grundbedeutungen)

be – bad – bett
binda – band – bundit
bita – bet – bitit
bjuda – bjöd – bjudit
bli – blev – blivit
brinna – brann – brunnit
bryta – bröt – brutit
bär – bar – burit
delta – deltog – deltagit
dra – drog – dragit
dricka – drack – druckit
driva – drev – drivit
dyka, -er – dök – dykt
dö – dog – dött
falla – föll – fallit
fara – for – farit
finna – fann – funnit
flyga – flög – flugit
frysa – frös – frusit
få – fick – fått
försvinna – försvann – försvunnit
ge – gav – givit (gett)
glida – gled – glidit
gripa – grep – gripit
gråta – grät – grätit
gå – gick – gått
hinna – hann – hunnit
hålla – höll – hållit
komma – kom – kommit
lida – led – lidit
ligga – låg – legat
låta – lät – låtit
rida – red – ridit
rinna – rann – runnit
se – såg – sett
simma – sam – summit (auch schwach!)
sitta – satt – suttit
skina – sken – skinit
skjuta – sköt – skjutit

bitten – bat – gebeten
binden – band – gebunden
beißen – biss – gebissen
einladen – lud ein – eingeladen
werden – wurde – geworden
brennen – brannte – gebrannt
brechen – brach – gebrochen
tragen – trug – getragen
teilnehmen – nahm teil – teilgenommen
ziehen – zog – gezogen
trinken – trank – getrunken
treiben – trieb – getrieben
tauchen – tauchte – getaucht
sterben – starb – gestorben
fallen – fiel – gefallen
fahren – fuhr – gefahren
finden – fand – gefunden
fliegen – flog – geflogen
frieren – fror – gefroren
bekommen – bekam – bekommen
verschwinden – verschwand – verschwunden
geben – gab – gegeben
gleiten – glitt – geglitten
greifen – griff – gegriffen
weinen – weinte – geweint
gehen – ging – gegangen
(Zeit finden; es schaffen)
halten – hielt – gehalten
kommen – kam – gekommen
leiden – litt – gelitten
liegen – lag – gelegen
lassen – ließ – gelassen
reiten – ritt – geritten
rinnen – rann – geronnen
sehen – sah – gesehen
schwimmen – schwamm – geschwommen
sitzen – saß – gesessen
scheinen – schien – geschienen
schießen – schoss – geschossen

Verzeichnis wichtiger starker Verben

skriva − skrev − skrivit	schreiben − schrieb − geschrieben
skära − skar − skurit	schneiden − schnitt − geschnitten
slippa − slapp − sluppit	(darum herumkommen)
slå − slog − slagit	schlagen − schlug − geschlagen
sova − sov − sovit	schlafen − schlief − geschlafen
spricka − sprack − spruckit	zerspringen − zersprang − zersprungen
springa − sprang − sprungit	laufen − lief − gelaufen
stiga − steg − stigit	steigen − stieg − gestiegen
strida − stred − stridit	streiten − stritt − gestritten
stå − stod − stått	stehen − stand − gestanden
stjäla − stal − stulit	stehlen − stahl − gestohlen
suga − sög − sugit	saugen − saugte − gesaugt
supa − söp − supit	saufen − soff − gesoffen
tvinga − tvang − tvungit (auch schwach!)	zwingen − zwang − gezwungen
vara (är) − var − varit	sein − war − gewesen
vika − vek − vikit	weichen − wich − gewichen
vinna − vann − vunnit	gewinnen − gewann − gewonnen
växa − (växte) − vuxit	wachsen − wuchs − gewachsen
äta − åt − ätit	essen − aß − gegessen

Verzeichnis unregelmäßiger Verben

dölja − dolde − dolt	verbergen − verbarg − verborgen
göra − gjorde − gjort	machen − machte − gemacht
heta − hette − hetat	heißen − hieß − geheißen
lägga − lade − lagt	legen − legte − gelegt
säga − sade − sagt	sagen − sagte − gesagt
sälja − sålde − sålt	verkaufen − verkaufte − verkauft
sätta − satte − satt	setzen − setzte − gesetzt
välja − valde − valt	wählen − wählte − gewählt
vänja − vande − vant	gewöhnen − gewöhnte − gewöhnt